自贸区港口产业生态圈演化机理及成熟度评价

刘天寿　著

哈尔滨工程大学出版社
Harbin Engineering University Press

内 容 简 介

本书利用区域经济学、产业经济学、国际贸易等相关理论知识进行分析,指出现阶段中国在建设自由贸易区、自贸区港口过程中面临的问题和发展机遇。通过构建自贸区港口产业生态圈评价指标体系,进而构建数学模型,对自贸区港口产业生态圈的关键因素识别、演化机理及成熟度评价等进行实证分析,并提出自由贸易港的发展模式。

本书适用于水运交通行业相关领域的科技工作者、大中专院校的师生阅读,并希望能够为广大港口企业务实推进自贸区港口、自由贸易港建设和管理提供指导与帮助。

图书在版编目(CIP)数据

自贸区港口产业生态圈演化机理及成熟度评价/刘天寿著.—哈尔滨：哈尔滨工程大学出版社,2024.4
ISBN 978-7-5661-4279-5

Ⅰ.①自… Ⅱ.①刘… Ⅲ.①自由贸易区-港口-产业发展-研究-中国 Ⅳ.①F552

中国国家版本馆 CIP 数据核字(2024)第 045417 号

自贸区港口产业生态圈演化机理及成熟度评价
ZIMAOQU GANGKOU CHANYE SHENGTAIQUAN YANHUA JILI JI CHENGSHUDU PINGJIA

选题策划	邹德萍
责任编辑	王丽华
封面设计	李海波

出版发行	哈尔滨工程大学出版社
社　　址	哈尔滨市南岗区南通大街 145 号
邮政编码	150001
发行电话	0451-82519328
传　　真	0451-82519699
经　　销	新华书店
印　　刷	哈尔滨市海德利商务印刷有限公司
开　　本	787 mm×1 092 mm　1/16
印　　张	11.25
字　　数	275 千字
版　　次	2024 年 4 月第 1 版
印　　次	2024 年 4 月第 1 次印刷
书　　号	ISBN 978-7-5661-4279-5
定　　价	58.00 元

http://www.hrbeupress.com
E-mail:heupress@ hrbeu.edu.cn

序　一

　　建设自由贸易试验区（以下简称"自贸区"）、自贸区港口和自由贸易港是中共中央、国务院的重大战略部署。到 2023 年底，中国先后规划建设了上海等 21 个自贸区，这些自贸区以货物贸易自由、金融汇兑自由等手段获得优势，加快适应了国际贸易变革，促进了经济发展和产业结构转型升级。港口作为货物贸易、商品流通的平台和功能性节点，是自贸区货物贸易、商品流通依托的核心载体，是对外开放的窗口和货物进出口贸易的平台，对区域经济和社会发展具有重要的作用。许多自贸区将港口功能区纳入自贸区的核心发展区域，并将其作为自贸区创新驱动新平台建设的发展引擎。在绿色发展理念和交通强国建设战略下，我国交通运输行业取得了重大进展，我国已成为港口大国。港口作为重要交通基础设施物流、商品、经贸、金融和航运服务的平台，其基础设施硬件建设成果显著，特别是在大数据、人工智能和 5G 技术的广泛应用下，港口智慧化、数字化等软环境改善成效明显。随着上海、大连、天津、深圳和广州等国际航运中心建设的推进，我国的自贸区、自贸区港口和自由贸易港的规划建设、绿色发展进一步得到重视，为实现我国由港口大国向港口强国的转变夯实基础。

　　本书以绿色、低碳发展理念为指导，以自贸区、自贸区港口、港口产业为基础，以自贸区港口产业生态圈演化机理及成熟度为主要研究内容，为适应新时代自贸区、自贸区港口、临港产业发展的新变化，在重视自贸区港口产业生态圈发展的实践研究基础上，探讨了自由贸易港的发展模式。希望本书的出版，对中国自贸区、自贸区港口和自由贸易港建设与发展有所裨益。

大连海事大学教授、大连东北亚国际航运中心

研究院院长

2024 年 2 月

序　二

　　为实现中华民族伟大复兴，2013年中国政府通过顶层设计设立了中国(上海)自由贸易试验区(以下简称"自贸区")。自贸区以货物贸易自由、金融汇兑自由、人员往来自由等优势，在加快我国适应国际贸易变革、促进经济发展和产业结构转型升级方面起到了引擎作用。港口作为货物贸易、商品流通的平台和功能性节点，是自贸区货物贸易、商品流通依托的核心载体，是对外开放的窗口和货物进出口贸易的平台，对区域经济和社会发展具有重要的作用。规划建设自贸区港口、自由贸易港既是我国经济发展的需要，也是为融入全球经济一体化以及积极参与世界经济竞争的需要，成为构建人类命运共同体的重要组成部分，其意义极为重大。截至2023年，我国先后设立了21个自贸区，自贸区的设立是由点到线，由线到面，由沿江沿海到内陆省份的布局，并以自贸区、自贸区港口和自由贸易港等作为与世界互联互通的重要窗口和平台，成为与世界各国沟通的桥梁和纽带。交通发展推动经济融通、人文交流，使世界成为紧密相连的"地球村"，也为建设绿色、安全、便捷、高效、经济、包容、韧性的国际综合交通体系提供重要借鉴。

　　我国秉持"共商、共建、共享"的理念，更好地造福世界各国人民。自贸区港口、自由贸易港是我国综合交通体系的重要组成部分，对中国致力于推动全球交通合作、以自身发展为世界提供新机遇，为我国奋力加快建设交通强国、以开放包容心态与各国精诚合作，也为建设现代化四通八达的交通网络、实现互联互通夯实了基础。

　　希望本书的出版，可以为我国自贸区、自贸区港口和自由贸易港建设发展，融入"一带一路"沿线国家的综合交通体系，以及为多边经贸合作等互联互通提供借鉴。

东南大学交通学院教授　张永

2024年2月

前　　言

　　为实现中国经济可持续发展和中华民族伟大复兴,国家继续实施深化改革和扩大对外开放策略。2013—2019年,党中央、国务院先后批准设立了上海等18个自由贸易试验区(以下简称"自贸区"),自贸区以货物流通、贸易和金融自由等手段获得优势,港口作为货物贸易流通的功能性节点,是自贸区货物贸易依托的核心载体。自贸区的相继成立以及多项创新政策将对我国港口产业转型和升级产生深远影响。交通运输部统计的数据显示,2018年,中国大陆规模以上港口的货物吞吐量和集装箱吞吐量分别为1 334 499万吨和24 982.43万标准箱,同比分别增长2.9%和5.3%,两者吞吐量均排名世界第一,且自贸区港口的货物吞吐量和集装箱吞吐量均占了全国总量的一半以上。基于港口的功能以及对区域经济和社会发展的重要影响,除河南、陕西、云南和黑龙江自贸区之外,其他自贸区均把辖区内的某一港口(或港区)规划成自贸区港口进行建设和发展。自贸区港口作为自贸区的一部分,既是对外开放的窗口和货物进出口贸易的平台,也是整个国民经济体系中非常重要的一环,对国民经济和社会发展具有非常重要的作用。值得关注的是,世界上制度完善、发展成熟的自由贸易港有完善的政策制度和良好的营商环境,辖区内各产业形成的产业链,加上交通、物流、金融、服务和政府管理部门等形成的产业生态圈使之成为区域经济增长极。相比之下,我国自贸区港口产业的发展仍显得不完善、不成熟。如何识别和提取中国自贸区港口产业生态圈的关键影响因素?自贸区港口产业生态圈的演化机理是什么?如何评价自贸区港口产业生态圈发展过程的成熟度?自贸区港口转型升级及其发展模式是什么?鉴于这些疑问,本书进行了一系列的深入研究。

　　第一,提取了自贸区港口产业生态圈的关键影响因素。影响自贸区港口产业生态圈发展、壮大和成熟等的关键因素诸多,且它们之间相互关联,而如何识别和区分这些关键因素并找出原因型的因素和结果型的因素,是本书研究的焦点。针对传统决策试验与评价实验室方法(DEMATEL)的缺点进行了改进,提出了适合于影响因素识别的改进BP-DEMATEL方法,先用改进双链量子遗传算法(IDCQGA)优化BP神经网络,再用优化的BP神经网络计算目标指标和影响因素指标之间的权值,从而得到直接关联矩阵,然后利用传统DEMATEL方法分析影响因素。本书利用改进BP-DEMATEL和自贸区港口实证数据进行了实证分析。实证结果表明,影响自贸区港口产业生态圈的原因型的影响因素为自贸区生产总值、进出口贸易总额、外商直接投资额、工业增加值、固定资产投资额、港口货物吞吐量、港口集装箱吞吐量、港口旅客吞吐量、出口货物平均通关时间、累计改革创新成果和改革创新成果全国推广数等11个影响因素指标,而对自贸区港口产业生态圈发展影响最大的因素有港口货物吞吐量、港口集装箱吞吐量、工业增加值,结果证实所提出的方法具有可行性。

第二,对自贸区港口产业生态圈的发展演化机理进行建模和仿真分析。随着中国经济的快速发展,进出口贸易增加,促进了港口发展。在绿色发展的理念下,国家对港口提出了供给侧结构性改革,自贸区港口既是港口改革的重点,也是驱动区域经济发展的增长极,因此,绿色发展成为人们关注的焦点问题。自贸区港口产业生态圈演化机理非常复杂,根据前面对自贸区港口产业生态圈关键因素的识别结果,从区域发展、港口因素、改革成效、产业支撑、社会效益和环境影响等6个维度,构建自贸区港口产业生态圈的指标体系。以上海自贸区港口产业生态圈为例,利用其2013—2018年的历史数据,运用系统动力学(SD)对自贸区港口产业生态圈发展的演化机理进行建模和仿真分析,用 Vensim 软件分析了影响自贸区港口产业生态圈发展的几个重要因素的演化机理,验证了模型的可行性。结果表明,自贸区生产总值、工业增加值、港口吞吐量、改革成效和固定资产投资额是影响上海自贸区港口产业生态圈发展的重要因素。研究结论可以为决策者提供自贸区港口产业生态圈的绿色发展理论方面的参考和指导。

第三,对自贸区港口产业生态圈成熟度进行评价。自贸区港口作为我国深化改革、对外开放的窗口和进出口贸易平台,为区域经济做出了重要贡献。为了解自贸区港口产业生态圈发展情况,有必要对我国自贸区港口产业生态圈成熟度进行评价。在自贸区港口产业生态圈的演化机理仿真分析的基础上,针对自贸区港口产业生态圈成熟度评价具有多维性和复杂性这一特点,该部分从区域经济支撑和其他交通支撑两个维度构建区域发展差异系数指标体系,利用组合权重 TOPSIS 的算法模型构建了区域差异系数,从港口因素、改革成效、支撑产业、社会效益和环境影响5个维度构建自贸区港口产业生态圈成熟度的指标体系。并依托软件成熟度理论和三级模糊综合评判法,提出了自贸区港口产业生态圈成熟度的概念,基于上海等10个自贸区港口产业生态圈的2017—2018年的历史数据进行实证研究,得出各个自贸区港口产业生态圈的成熟度等级并进行排序。根据计算结果进行分析,提出了相应的对策与建议,为自贸区港口的发展规划和产业布局提供参考,弥补了现有研究的不足。

第四,对中国自由贸易港发展模式进行研究。自贸区港口成为自贸区、港口和产业发展的重要抓手和经济增长引擎,在自贸区港口产业生态圈成熟度评价结果的基础上,基于我国对港口进行供给侧结构性改革的顶层设计,围绕中国自由贸易港发展模式进行研究,利用扎根理论的研究方法体系,对上海等10个自贸区港口和新加坡等典型自由贸易港进行系统的调查、设计和实施,获取丰富的资料及数据,进行持续的开放性译码、主轴性译码与选择性译码,提炼出典型自由贸易港发展过程的信息编码,并和上海等10个自贸区港口的发展现状进行对比、分析,进而提出了中国自由贸易港的发展模式,将上海等区位优势明显、辐射面广、条件具备的自贸区港口升级为自由贸易港,将具有发展潜力的深圳、广州等自贸区港口作为"准自由贸易港",而其他相对薄弱的自贸区港口借鉴自由贸易港的经验发展和充实,尽快上升到"准自由贸易港"的层次规划发展;完善法规、配套政策和管理制度,转变政府管理职能,优化营商环境;发展环渤海、长三角、大湾区,辖区内的自贸区港口融入大湾区港口群一体化发展,推进与"一带一路"沿线港口的合作,促进港口产业生态圈的发展、成熟和区域业务增长。该部分的研究拓展了自贸区港口、自由贸易港的相关理论及管理策略,探讨了扎根理论在港口规划与管理中的具体运用。

本书是笔者在导师匡海波教授主持的国家自然科学基金《自贸区港口生态圈演化、平衡及评价机制研究》(项目编号:71672016)的基础上开展的研究。由衷感谢匡教授在笔者学习和科研过程中所提供的支持和帮助。同时,还要感谢大连海事大学航运经济与管理学院的刘家国教授、东南大学交通学院张永教授对笔者的热心指导和帮助。

著　者

2024 年 1 月

目　　录

1 绪 论

1.1 研 究 背 景

2013—2019 年,中国政府在内地先后设立了中国(上海)自由贸易试验区(简称上海自贸区,是中国政府在上海设立的区域性自由贸易园区,位于上海市浦东新区,属中国自由贸易区范畴)等 18 个自贸区。这是国家层面上做出的重大战略决策,是新时代推进改革开放的战略举措。自贸区在投资、金融创新、贸易和政府职能转变等领域先行先试,一批批可复制、可推广的制度创新成果从自贸区产生再复制推向全国。不断扎实推进制度创新的自贸区已成为新时代改革开放的新高地,推动形成了我国新一轮全面开放格局,促进了我国进一步扩大对外开放,加快适应全球国际贸易变革,促进了我国经济转型和产业结构升级。统计数据显示,2018 年,这 18 个自贸区省份的国内生产总值(GDP)总量占全国的 78.7%,人口占全国的 71.77%。因此,自贸区被称为我国改革开放的"新试验田",基本形成了"1+3+7+1+6"(2013 年设立上海自贸区;2015 年设立天津、福建和广东 3 个自贸区;2017 年设立辽宁、浙江、河南、湖北、重庆、四川和陕西 7 个自贸区;2018 年设立海南自贸区;2019 年设立山东、江苏、广西、河北、云南和黑龙江 6 个自贸区)的开放格局。

在此需要说明的是,中国的香港、澳门、台湾(简称中国港澳台地区)也有自贸区、自贸区港口(比如中国台湾高雄港)和自由贸易港(比如中国香港自由贸易港),但由于中国港澳台地区的自贸区相关数据可获得性较难,难以对相关地区展开研究。因此,根据数据的可获得性,本书仅以中国内地 2013 年以来设立的沿江、沿海部分自贸区(及下属片区、自贸区港口)为对象展开研究。

自贸区以金融贸易、货物流通、高科技和先进制造业等为手段获得优势,坚持创新发展的理念,主动服务并融入国家实施重大发展战略和对外开放总体规划布局,推动经济和社会高质量发展。以上海自贸区为例,它作为我国第一个规划发展的自贸区,承担着在新时期为全面深化改革和扩大对外开放探索新途径的任务。其在投资、贸易、金融等领域先行先试、大胆创新、自主改进,取得了一系列成果;在促进贸易投资便利化、自由化方面逐步探索建立起一系列创新制度,担负起创造可复制、可推广经验的重任。港口是我国扩大对外开放和开展对外贸易的平台,促进了国民经济和社会发展。新时代背景下,以码头能力、吞吐量为核心竞争力已难以适应高质量发展的需要,高质量发展已经成为港口未来发展的主旋律。

自贸区通过制度创新、实施"证照分离"和"放管服"等举措,对照世界上制度完善自贸区的最高标准,大胆试、大胆闯、自主改,全面深化改革,扩大开放,推动地区经济增长。港口作为货物流通、金融贸易的功能性节点,成为自贸区依托货物贸易的核心载体,因此自贸区发展规划将港口纳入其中。经过几年的实践,自贸区实施的多项创新政策对港口吞吐能力、临港产业转型和升级产生了深远的影响。以港口吞吐量为例,根据中国交通运输部统计的数据显示,2018年,中国内地规模以上港口完成货物吞吐量1 334 499万吨,同比增长2.9%,吞吐量1亿吨以上的港口共有41个(沿海25个,内河16个),共完成货物吞吐量1 135 765万吨,约占全国港口货物吞吐量的85%。在港口货物吞吐量全球排名前20名的港口(包括内河港、河口港和海港,下同)中,中国大陆占了14个,港口吞吐总量占全球排名前20名港口货物吞吐总量的73.66%。其中,中国上海等6个自贸区港口的货物吞吐量占全球排名前20名港口货物吞吐总量的37.25%。2018年全球前20名港口货物吞吐量排序如表1.1所示。

表1.1 2018年全球前20名港口货物吞吐量排序

排名	港口名称	所在国家	货物吞吐量/万吨	同比增长
1	宁波舟山港	中国	108 439	7.40%
2	上海港	中国	73 047	−3.00%
3	唐山港	中国	63 710	11.10%
4	新加坡港	新加坡	63 000	0.01%
5	广州港	中国	59 396	4.20%
6	青岛港	中国	54 250	6.10%
7	苏州港	中国	53 227	−12.00%
8	黑德兰港	澳大利亚	52 374	5.70%
9	天津港	中国	50 774	1.40%
10	大连港	中国	46 784	2.80%
11	鹿特丹港	荷兰	46 658	−2.20%
12	烟台港	中国	44 308	10.60%
13	日照港	中国	43 800	8.90%
14	釜山港	韩国	43 372	6.10%
15	营口港	中国	37 001	2.00%
16	湛江港	中国	30 185	7.00%
17	黄骅港	中国	28 771	6.45%
18	光阳港	韩国	28 734	−1.30%
19	香港港	中国	25 850	−8.20%
20	深圳港	中国	25 127	4.10%

数据来源:根据中华人民共和国交通运输部网站公布的数据整理。

在港口集装箱吞吐量方面,2018年,中国内地规模以上港口完成集装箱吞吐量24 982.43万国际标准箱(twentyfoot equivalent unit,TEU),同比增长5.3%,吞吐量100万TEU以上的港口共有 26 个(沿海 21 个,内河 5 个),其集装箱吞吐量约占全国港口集装箱吞吐量的 90%。在集装箱吞吐量全球排名前 20 名的港口中,中国大陆港口占了 8 个,集装箱吞吐总量占全球排名前 20 名港口集装箱吞吐总量的 48.21%。其中,上海港等 7 个中国大陆自贸区港口的集装箱吞吐量占全球排名前 20 名港口集装箱吞吐总量的 42.79%。2018 年全球前 20 名港口集装箱吞吐量排序如表 1.2 所示。

表 1.2　2018 年全球前 20 名港口集装箱吞吐量排序

排名	港口名称	所在国家	集装箱吞吐量/万 TEU	同比增长
1	上海港	中国	4 201	4.42%
2	新加坡港	新加坡	3 660	8.70%
3	宁波舟山港	中国	2 635	7.10%
4	深圳港	中国	2 574	2.10%
5	广州港	中国	2 187	7.40%
6	釜山港	韩国	2 166	5.70%
7	香港港	中国	1 960	−5.70%
8	青岛港	中国	1 932	5.50%
9	洛杉矶/长滩	美国	1 755	3.90%
10	天津港	中国	1 601	6.20%
11	迪拜港	阿拉伯联合酋长国	1 495	−2.70%
12	鹿特丹港	荷兰	1 451	5.68%
13	巴生港	马来西亚	1 232	2.80%
14	安特卫普港	比利时	1 110	6.20%
15	厦门港	中国	1 070	3.10%
16	高雄港	中国	1 045	1.70%
17	大连港	中国	977	0.60%
18	丹戎帕拉帕斯港	马来西亚	896	7.00%
19	汉堡港	德国	877	−0.10%
20	林查班港	泰国	807	2.01%

数据来源:根据中华人民共和国交通运输部公布的数据整理。

在港口旅客吞吐量方面,世界上大多数自贸区港口或自由贸易港均为邮轮母港。邮轮母港是旅客规模较大、服务功能较为完备和港口城市邮轮集聚度较高的始发港,邮轮公司选择邮轮母港作为运营基地,需具备始发港、维修保养、运营管理等功能。2014 年 9 月,交通运输部为促进国内邮轮运输业健康、可持续发展,实行先行先试,批准天津等四港开展邮轮运输、邮轮产业发展试点示范工作,以积累经验。截至 2018 年,中国上海等 11 个邮轮母港顺势发展邮轮业务,将货运码头改造成邮轮港口,如海口港的秀英港区、北部湾港的铁山港区等,但从总体上来说,中国邮轮母港在空间上发展不均衡,上海吴淞口国际邮轮港、深圳蛇口邮轮母港、天津国际邮轮母港、厦门国际邮轮中心相对其他港口具有较明显优势。2018年,这11个邮轮母港共接待邮轮1 181艘次,同比增长17%;邮轮旅客出入境4 954 960人次,同比增长8%;共接待母港邮轮1 098艘次,同比增长18%;访问港邮轮83艘次,以国内游客为主的母港艘次出入境4 780 697人次,同比增长11%,以境外为主的访问港艘次出入境174 263人次,同比下降37%。因此,从邮轮母港乘船出游的游客增减数量也成为衡量港口发展的重要指标。以上海港的吴淞口国际邮轮港为例,2013—2018年,非以该港为母港的邮轮挂靠艘次、以上海港为母港的邮轮艘次和邮轮旅客吞吐量占全国邮轮客流量的六成,分别居世界第四、亚洲第一。2013—2018年挂靠上海港的吴淞口国际邮轮艘次和旅客吞吐量统计数据如表1.3所示。

表1.3 2013—2018年挂靠上海港的吴淞口国际邮轮艘次和旅客吞吐量统计数据

年份	靠港邮轮/艘次	母港邮轮挂靠/艘次	旅客吞吐量/万人次	旅客同比增长
2013	197	167	75.66	120%
2014	269	240	121.52	60.6%
2015	341	317	164.26	35.2%
2016	509	482	289.38	76.2%
2017	512	482	297.29	2.7
2018	406	378	275.29	−7.4%

数据来源:根据上海市统计局公布的2013—2018年上海市国民经济和社会发展统计公报的数据整理。

在制度改革和创新方面,自贸区的制度创新成为政府管理理念转变的一个因素。其促使政府管理理念注重向事后监管、主动服务企业、整体集成优化管理、依法治理的职能转变,各自贸区制度的创新成果经中央政府核实批准后可向其他区域复制和推广。

在优化营商环境方面,自贸区围绕市场主体要求,聚焦转变政府职能,规范对内外资企业等各类市场主体一视同仁的营商环境基本制度。其作为改革"新试验田",成为深化改革,扩大对外开放,促进公平竞争,推进建设市场法治化、国际化营商环境、增强市场活力并推动经济社会高质量发展的内生动力。2019年10月22日,国务院审议通过了《优化营商环境条例》,政府及管理部门围绕该条例,通过优化营商环境、提效降费和"互联网+政务服务"为自贸区的产业发展助力。此阶段各自贸区发挥了"试验田"和窗口的作用,通过设立自贸区的改革试点,释放的红利不断涌现,明显改善了营商环境,使国内营商便利度的世界排名明显提升。在世界银行(World Bank,WB)发布的《全球营商环境报告(2020)》中,中国营商环境在全球排名第31位,其中,中国等10个经济体连续两年营商环境改善幅度最大,它们实施了全球范围内所记录的五分之一的改革。2014—2020年中国内地营商环境改善的数据变化及排名如表1.4所示。

表 1.4　2014—2020 年中国内地营商环境改善的数据变化及排名

指标	2014	2015	2016	2017	2018	2019	2020
办理施工许可证时间/天	266	266	266	266	262	155	111
办理施工许可证成本占比/%	9.4	8.9	8.4	8.2	7.8	2.9	2.8
跨境出口贸易时间/小时	26	26	26	26	26	26	21
跨境进口贸易时间/小时	92	92	92	92	92	48	36
跨境出口贸易费用/美元	745	745	745	745	745	326	241
跨境进口贸易费用/美元	484	484	484	484	484	314	256
办税所需时间/(小时/年)	318	261	261	259	207	142	138
电力成本占人均成本比例/%	499.5	459.4	413.3	390.4	356	0	0
连接新电力所需时间/天	143	143	143	143	143	34	32
开办企业所需时间/天	32	29	29	27	23	9	9
营商环境全球综合排名	96	90	84	78	78	46	31

资料来源:根据中华人民共和国商务部网站公布的数据整理。

在经济发展方面,自 1978 年中国大陆实行对外开放以来,首先以沿海地区开放为主,带动内地发展并逐步开放;商品以出口为导向,推动进出口贸易的发展,以引进外资发展国内经济;工商产业、工业、建筑业等领域先行开放;随后商业、金融、贸易等领域也逐步开放;加入世界贸易组织(WTO)后服务业等广泛开放,开放之初被动适应国际环境、国际游戏规则,倒逼了国内的各种制度改革和法律完善,推动了营商环境的国际化、市场化。2010 年,中国成为世界上第一大进出口贸易国,凭借其 GDP 成为世界第二大经济体和第三大外资引进国。改革开放 40 多年的历史数据也证明此经济规律:出口大国未必是经济大国,有可能是劳动密集型、原材料加工出口或粮食农副产品出口的国家,但进口大国肯定会成为经济大国,进口大国说明内需大,外汇储备也多,对世界商品有定价权,也是走向经济强国的必由之路。在经济总量上,1979 年,中国大陆经济总量仅占全球的 1%,到了 2018 年,占全球的 16%;相比 1979 年,中国 GDP 仅占美国的 4%,到了 2018 年,中国 GDP 占美国的 66.3%。根据世界银行公开数据库的资料显示,2018 年,我国的 GDP 为 90.03 万亿元人民币,约合 13.6 万亿美元,全球排名第 2 位;而美国的 GDP 为 20.51 万亿美元,是中国 GDP 的 1.508 倍。1999—2018 年,中美经济总量与增速对比如图 1.1 所示。

在区域发展和融合联通方面,通过改革创新和扩大对外开放释放改革和制度创新红利,有效服务环渤海经济圈、京津冀一体化、长三角区域一体化、长江沿岸经济带、粤港澳大湾区发展和"一带一路"建设;推动产业高端化、集群化、融合化、国际化和创新化等发展,助力中东西部地区协调发展;推进与"一带一路"沿线国家和地区的自贸区港口(或自由贸易港)在港口、码头建设互相投资、参股持股、货物通关、航运信息共享等方面的融通和优化合作;推动自贸区内外、自贸区之间的合作发展。

在运作面积方面,在所设立的 18 个自贸区中,除上海自贸区和海南自贸区外,运作面积一般在 120 平方千米以内。上海自贸区在 2013 年最先规划面积为 28.78 平方千米,2014 年

12 月 28 日,区域扩容到 120.72 平方千米,2019 年 8 月,国务院再批准设置上海自贸区临港新片区,规划面积为 119.5 平方千米,目前上海自贸区所辖面积共计 240.22 平方千米。而海南自贸区的面积更大,其运作面积是海南全省,共 35 400 平方千米。总之,自贸区作为深化改革和对外开放的"新试验田",承载着国家发展战略和实现中华民族伟大复兴的时代使命。

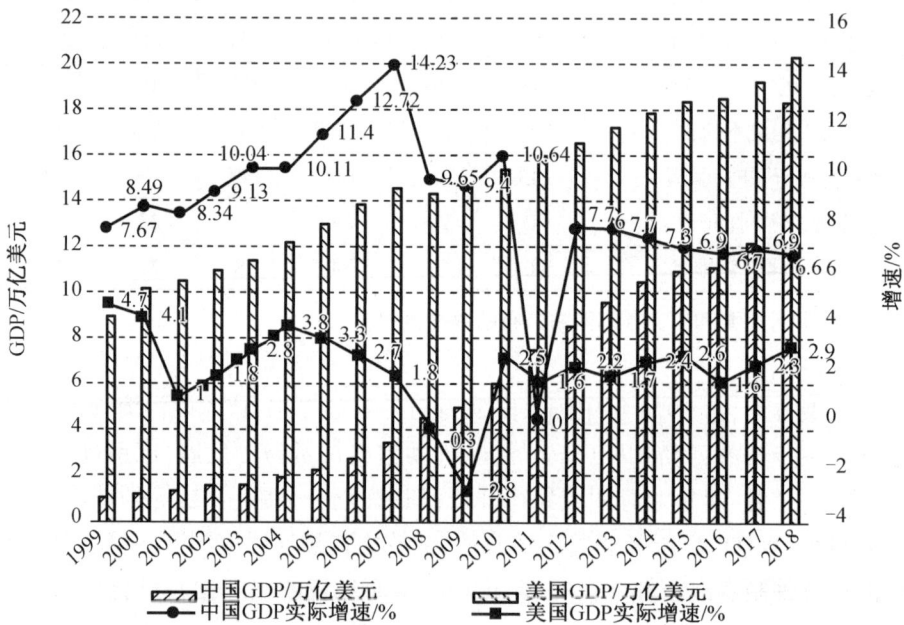

数据来源:根据中国国家统计局、世界银行发布的数据整理。

图 1.1 1999—2018 年中美经济总量与增速对比

在港航物流服务方面,自贸区以港航服务产业集群为发展重点,港航企业已成为自贸区服务贸易的主体,体现了港口对自贸区产业集聚和经济带动的显著作用。规划用地方面优先给予港航物流等关联产业发展使用,体现了自贸区的整体建设是以港航系统为先导,率先围绕港口通关服务进行的制度创新,以减少通关时间和提升工作效率。以上海自贸区港口为例,2018 年,货物进出口平均通关时间较区外缩短 78.5%,降低物流成本 10%,进出口通关无纸化率达 95.6%,国际贸易"单一窗口"平台用户 6 000 多家,服务企业 27 万家;客户均通过单一窗口办理口岸货物申报和船舶申报,其中,货物申报环节缩减 24%,船舶申报环节缩减 65%。另外,上海自贸区通过利用上海港对接长江三角洲地区和长江沿岸经济带的航运便利优势,集装箱吞吐量稳定上升。2018 年,上海港完成集装箱吞吐量 4 201 万TEU,同比增长 4.4%,位居全球首位。

在招商引资方面,2018 年上海自贸区新设企业有 7 200 多家,自 2013 年其设立以来累计新设企业 5.88 万家,辖区内共有企业 8.85 万家,各类总部企业落户上海自贸区有 360 多家,其中,港口、航运、金融企业占企业总数的 40%左右。除上海自贸区外,其他各个自贸区共形成了 170 项可复制、可推广的制度创新成果,有力推动了全国形成综合性改革的良好态势,对外开放的水平不断提升,对外商投资限制的措施从 2013 年的 190 多条减少到 2019 年底的 37 条。商务部数据显示,2018 年,上海等 12 个自贸区新设立企业 61 万家,其中外资企业 3.1 万家。上海、广东、天津、福建自贸区新设立企业数同比增长 2 倍。上海等 12 个自贸试验区吸收合同外资占所在省市吸收合同外资的比重超过 50%,科技研发、创业投资、电子商务等高端产业聚集效应非常明显。

在顶层设计方面,国家对自贸区实施深层次的全面开放政策,自贸区则利用自身区位优势、交通便利等有利条件,吸引着越来越多的中外企业或企业总部进驻、落户本区,互联互通促进了区域发展并形成了良好的产业生态系统。从一定程度上说,港口企业已成为自贸区服务贸易的主体,凸显出港口对区域产业集聚和经济带动的显著作用,即自贸区与港口形成了相互依存、不可分割的耦合关系。因此,港口如何适应自贸区发展需求、港口和自贸区如何协调发展,是我国港口和自贸区在发展中共同面对的重要现实问题。自贸区建设的意义不仅在于推动自贸区本身的发展,还在于可带动产业发展。我国自贸区的建设,不仅限于本身商贸、物流等业务的发展,还应该致力于推动自贸区所关联和辐射的“企业生态系统”(business ecosystem)和“生态圈”(ecosphere)的发展。借鉴国内外自贸区的发展经验,世界上国际影响显著、经济发达的自贸区都揭示了一个共同的规律:自贸区经济快速增长的背后引擎是港口业务,将货物、金融、物流等要素集聚港口,形成产业集群和产业生态圈。而港口是完成经贸、物流业务的核心载体,自贸区所关联的企业生态圈往往具有枢纽和“龙头”的作用。因此,围绕港口产业如何构建以自贸区为背景的“自贸区港口产业生态圈”,无论对于自贸区条件下港口的发展还是自贸区本身的整体发展都有重要意义,值得深入研究。

为此,本书将以《自贸区港口产业生态圈演化机理及成熟度评价》为题展开研究,拟应用经济、产业、演化等理论和方法研究自贸区港口产业生态圈的关键因素识别和自贸区港口产业生态圈的发展演化趋势,并应用技术经济评价方法对自贸区港口产业生态圈进行成熟度评价,给出自贸区港口转型升级为自由贸易港的发展模式及对策和建议。整个研究过程遵循自贸区港口产业生态圈的发展规律的“关键要素识别—演化机理分析—成熟度评价—发展模式选择”这一逻辑关系,系统地研究我国自贸区港口产业生态圈和自贸区港口未来如何发展的现实问题,为在自贸区条件下实现我国港口产业转型升级以及规范自贸区管理机制提供理论和实践支持。

1.2　研　究　意　义

1.2.1　理论意义

(1)有助于识别各自贸区港口产业生态圈的关键影响因素和演化机理

本研究利用自贸区港口的实证数据和有效的理论分析模型,分析了自贸区港口产业生态圈的关键影响因素和动态演化机理,有助于各自贸区政府和港口管理部门根据自身情况分析所面临的问题,为各自贸区建设和发展绿色增长的产业生态圈寻找自身提升的着手点和政策参考依据。在本研究中,对自贸区港口产业生态圈关键影响因素和演化机理的分析结果是共性的,为各自贸区港口依据自身情况进行分析提供了很好的思路。各自贸区港口可以根据自身情况调整指标体系,以更好地把握影响自贸区港口产业生态圈发展的关键因素和演化机理。

(2)可以为各自贸区港口产业生态圈发展过程中遇到问题时提供决策参考

本书依据中国自贸区港口产业的实证数据和相关研究,对自贸区发展过程中遇到问题进行决策开展了模拟和仿真分析,可以为自贸区港口解决实际问题提供有价值的参考。根据本书的研究方法和结论,自贸区港口可以依据自身实际情况做出对自身最有利的选择,以达到优化配置的目的。

(3)有助于对中国自贸区港口产业生态圈发展过程的成熟度进行评价

对自贸区港口产业生态圈发展过程进行成熟度评价和等级划分,是自贸区、辖区内的产业和自贸区港口企业发展现状的真实体现,也为管理部门制定相关政策提供参考依据。目前,中国各自贸区发展不均衡,尤其在基础设施、运营管理水平等方面存在很明显的差距。随着区域经济的快速发展,各自贸区港口之间的发展程度也不尽相同。在此情况下,对自贸区港口产业生态圈进行成熟度评价和分析,可以为自贸区、港口和各类企业提供更准确有效的评价工具,从而更好地分析自贸区、港口、产业、环境和政府管理的相互关系,并通过制度创新、深化改革和优化营商环境,解决政策出台与落实、港口运营与管理、区域发展、产业支撑、港口因素、环境保护等方面工作存在的问题,帮助自贸区港口管理部门有针对性地制定发展规划和产业布局的政策措施。

(4)有助于为自贸区港口未来发展提供决策参考

自贸区和自贸区港口经过几年的发展,通过自主创新、复制其他自贸区推广的经验,取得了可喜的成就,但和世界上制度完善、发展迅速的自贸区和自由贸易港相比,还存在差距。为了进一步扩大对外开放和深化改革,党的十九大提出了探索建设自由贸易港的建议,通过借鉴国内外典型自由贸易港的发展经验,并结合自贸区港口产业生态圈成熟度进行评价,提出了我国自由贸易港发展模式的对策建议,为决策层提供参考。

1.2.2 实践意义

(1)为自贸区港口各有关部门制定有针对性的监管政策提供理论依据

自贸区港口产业演化机理分析是自贸区港口产业生态圈发展决策的基础,得到的分析结果,一方面反映了自贸区港口产业的发展成果和区域环境对自贸区港口的支撑情况,另一方面也验证了管理部门对于自贸区和自贸区港口的政策与规划的有效性。通过对自贸区港口产业生态圈演化机理的分析以及各自贸区港口之间发展情况的比对,自贸区港口管理部门可以依据不同港口产业的实际情况制定相应的、差异性的政策,最终促进了自贸区港口产业生态圈的绿色增长。

(2)为自贸区港口产业发展、政府及管理部门如何评判自贸区港口产业生态圈的发展阶段提供政策参考在自贸区港口产业生态圈关键因素识别的基础上,本书以上海自贸区经济指标的历史数据为参考,对上海自贸区港口产业生态圈的发展演化过程和关键影响因素进行仿真分析,这些结果可以为各自贸区港口企业和港口属地政府分析辖区内自贸区发展演化提供参考,对如何提升自贸区港口产业生态圈不同发展阶段的层次等级提供政策支持。

(3)对中国自贸区港口产业生态圈的发展具有重要指导意义

港口作为交通运输体系的重要组成部分,其产业生态圈发展的各个阶段直接关系到城市交通运输体系的发展,也关系到区域经济的发展。本书还定量分析了上海等10个自贸区(含下属片区,在此指的是上海、大连、天津、舟山、厦门、深圳、广州、珠海、海口和重庆,下同)港口产业生态圈发展阶段的成熟度,明晰了各自贸区处于什么阶段,这可以有针对性地为自贸区港口产业生态圈成熟度的层次等级提升、自贸区港口产业生态圈的绿色增长提供决策参考。

(4)对中国自贸区港口转型升级具有重要指导意义

自贸区港口的发展直接关系到自贸区乃至港口的发展,也关系到区域经济的发展。在定量分析了上海等10个自贸区港口产业生态圈成熟度的基础上,得出自贸区港口需要深化改革,探索建设自由贸易港,促进港口、产业和自贸区一体化发展的结论。本书通过与世界上典型的自由贸易港进行比较,定性分析了典型自由贸易港发展经验并找出中国自贸区港口的不足,确定中国自由贸易港的发展内涵、运行机制和发展目标,提出了中国自由贸易港的发展模式,为决策层建设自由贸易港提供参考。

1.3 研究内容与目标

1.3.1 研究内容

第1章是绪论。本章主要介绍本研究的选题背景和研究意义,确定研究内容、研究目标和研究方法,并据此绘制出研究技术路线图。

第2章是理论基础与相关文献研究述评。本章明确了本研究所涉及的相关概念的界定和研究的理论基础,主要通过文献回顾和资料查询,从港口、自贸区港口产业生态圈等相关概念界定,自贸区港口产业生态圈演化影响因素识别,自贸区港口产业生态圈演化机理,自贸区港口产业生态圈成熟度评价与自贸区港口发展路径选择等方面对现有研究进行述评。

第3章是自贸区港口产业生态圈关键因素识别。在传统的决策试验与评价实验室(decision making trial and evaluation laboratory,DEMATEL)方法基础上,结合经改进双链量子遗传算法(improve double chains quantum genetic algorithm,IDCQGA)优化BP神经网络(back propagation neural network,BPNN),提出可以进行的关键因素识别的改进BP-DEMATEL方法,根据上海等10个自贸区港口的2018年历史数据,识别了影响自贸区港口产业生态圈由原因型影响因素和结果型影响因素组成的根本型因素。

第4章是自贸区港口产业生态圈演化建模与仿真。在第3章识别影响自贸区港口产业生态圈影响因素的基础上,本章通过构建自贸区港口产业生态圈发展演化机理指标体系,运用系统动力学(system dynamics,SD)方法,以上海自贸区港口产业生态圈的发展演化过程为例,运用 Vensim 软件构建了上海自贸区港口产业生态圈发展演化总体框架、绘制了各子系统因果关系反馈分析以及动态流图,并利用上海自贸区 2013—2018 年的历史数据对演化模型进行了验证,最后利用演化模型对 2019—2022 年总体的发展进行了对比,并对关键影响因素的影响程度进行仿真分析。

第 5 章是自贸区港口产业生态圈成熟度评价。在第 4 章以上海自贸区港口产业生态圈为例,对其进行发展演化建模和仿真分析的基础上,本章从区域经济支撑和其他交通支撑两个维度构建区域发展差异系数指标体系,从港口因素、改革成效、支撑产业、社会效益和环境影响 5 个维度构建自贸区港口产业生态圈成熟度的指标体系,利用组合权重 TOPSIS 的算法模型,构建了区域差异系数;借鉴软件成熟度理论和三级模糊综合评判法,构建了自贸区港口产业生态圈成熟度评价模型;并以上海等 10 个自贸区 2017—2018 年的历史数据,对这 10 个自贸区港口产业生态圈的成熟度进行了评价、等级划分与排序,最后根据成熟度评价结果,提出了自贸区港口的发展规划和产业布局的相应对策与建议。

第 6 章是自贸区港口转型升级及发展模式研究。在参考第 5 章自贸区港口产业生态圈成熟度评价结果的基础上,根据党的十九大提出的探索建设自由贸易港的提议,本章围绕中国自由贸易港的发展模式,采用扎根理论的研究方法体系展开研究,对上海等 10 个自贸区港口和新加坡等典型自由贸易港进行系统的对比、分析,提出了中国自由贸易港的发展模式,并给出对策与建议。

第 7 章是结论与展望。本章是在第 3~6 章研究的基础上,对本书研究结论和存在的不足进行归纳与总结,为后续研究提出展望。

1.3.2　研究目标

本研究的中心议题在于为我国自贸区港口产业生态圈的发展提供理论支撑和解决方法。为了实现这一目标,需要解决如下问题:自贸区港口产业生态圈发展的影响因素之间的相互关系如何? 如何分析识别我国自贸区港口产业生态圈发展的根本性影响因素? 如何解析我国自贸区港口产业生态圈发展的动态演化机理? 如何评价我国自贸区港口产业生态圈成熟度? 自贸区港口的未来发展方向怎样? 鉴于此,本书按照自贸区港口产业生态圈的"关键因素识别—演化机理分析—成熟度评价—发展模式选择"的研究思路,确定了本书拟展开研究的目标体系。基于此,本书引出的研究问题如下:

问题 1　自贸区港口产业生态圈根本性的影响因素是什么?

著者参考国内外文献,分析了一些相关因素对相应产业生态圈的影响程度,发现鲜有针对我国自贸区港口产业生态圈的影响因素采用定性和定量相结合的方式进行分析的文献,如何在众多影响自贸区港口产业生态圈的因素中提取出根本性影响因素值得深入研究。

该问题放在本书第 3 章展开研究,先用改进双链量子算法优化 BP 神经网络,并将经过优化的 BP 神经网络和 DEMATEL 方法相结合,构建了改进 BP-DEMATEL 算法模型。改进

BP-DEMATEL算法是利用改进BP神经网络并用MATLAB软件训练经设定的目标指标和影响因素指标,计算得到这两种指标的权值,再用此权值构建指标间的直接关联矩阵。在实践中,本书提出的模型很好地分析了自贸区港口产业生态圈影响因素之间的关系,解决了传统DEMATEL算法中仅通过构建直接关联矩阵并依赖专家打分或者问卷调查的缺点。利用本书提出的方法提取出根本型指标,从而为自贸区港口产业生态圈演化构建模型提供理论支撑和着手点。

问题2　如何对自贸区港口产业生态圈演化进行建模与仿真分析?

现有文献更多地关注港口产业生态圈评价和单个或者几个影响因素对自贸区港口产业生态圈演化影响的分析,缺乏对自贸区港口产业生态圈动态演化机理的研究。影响自贸区港口产业生态圈各因素是什么?受影响的程度如何?这些都值得深入研究。

该问题放在本书第4章展开研究,对自贸区港口产业生态圈发展演化机理进行建模和仿真分析,利用系统动力学模型(system dynamics model,SDM)研究自贸区港口产业生态圈演化机理。通过SDM构建各指标因素之间以及各指标因素与自贸区港口产业生态圈成熟度的动力方程,分析这些影响因素之间的相互作用,并提取关键影响因素,为自贸区港口产业生态圈发展演化提供理论和实际参考。第4章利用的SDM丰富了关于自贸区港口产业生态圈演化机理研究的理论与方法,为有效提取自贸区港口产业生态圈重要发展因素提供了新视角。

问题3　对自贸区港口产业生态圈成熟度如何进行评价和等级划分?

现有的关于港口发展的评价文献主要关注的是港口可持续发展的评价,针对自贸区港口产业生态圈成熟度的评价研究明显不足。如何对自贸区港口产业生态圈发展处于什么阶段进行评价,各自贸区港口产业生态圈成熟度等级层次怎样,都值得进一步研究。

该问题放在本书第5章展开研究,通过引入区域差异系数概念,借鉴成熟度理论和多级模糊综合评判法,提出了基于区域差异系数、用层次分析法(AHP)和专家打分确定权重、三级模糊综合评判法与软件生产能力成熟度模型(CMM)组合的自贸区港口产业生态圈成熟度评价模型。以上海等10个自贸区为例,根据它们2017—2018年的历史数据,对各个自贸区港口产业生态圈的成熟度进行了评价及等级划分,填补了现有研究的空白,为港口产业生态圈发展和成熟度评价奠定了良好的基础。

问题4　在自贸区的背景下,自贸区港口未来如何发展?

为进一步深化改革和扩大开放,党的十九大提出了探索建设自由贸易港,我国设立自贸区和规划发展自贸区港口时间不久,中国如何建设自由贸易港?我国港口在节能减排、绿色增长的发展理念下,自贸区港口能否转型升级为自由贸易港?其发展模式又是什么?这些都值得进一步深入研究。

该问题放在本书第6章展开研究,在第5章对自贸区港口产业生态圈成熟度定量分析的基础上,采用扎根理论的研究方法体系,对我国上海等自贸区港口和新加坡等典型自由贸易港进行系统的调查、设计和实施,获取丰富的资料及数据,进行持续的开放性译码、主轴性译码与选择性译码,提炼出典型自由贸易港发展过程的信息编码,与自贸区港口现状进行对比、分析,进而提出了中国自由贸易港发展模式;认为可把成熟度等级较高、区位优势明显、符合国家发展战略要求的上海、海南自贸区港口转型升级为自由贸易港,并给出对策建议。通过研究,本书拓展了自由贸易港的相关理论及管理策略,探讨了扎根理论在港口规划与管理中的具体运用。

1.4 研究方法与技术路线

1.4.1 研究方法

本书在交通运输工程学、技术经济学、区域经济学、管理学、工学和产业经济学等学科知识及成熟度理论的指导下,参考国内外专家、学者的研究成果,通过定性分析法和规范分析法归纳出研究的核心问题,以定量分析、历史数据来验证研究设想。本书所用的研究方法如下:

第一,将文献研究法与枚举法、专家评分法和对比分析法相结合。该方法用于本书第 1 章绪论的研究中,通过借鉴国内外学者针对本领域的理论基础和对比分析相关文献,总结出能支持本研究的理论框架和学术观点等。

第二,将定性分析法与规范分析法相结合。该方法用于本书第 2 章的研究中,主要聚焦我国自贸区港口产业生态圈研究主题,参考国内外专家学者的研究成果,将定性分析法与规范分析法相结合,还用归纳分析、结构分析、演绎推理等方法,构建了我国自贸区港口产业生态圈概念模型和研究思路框架。

第三,将定量分析法、专家评分法与实证分析法相结合。该方法用于本书第 3~6 章按相应的逻辑关系层层深入的研究中。在本书第 3 章,采用改进双链量子遗传算法优化 BP 神经网络,经过改进的 BP 神经网络与传统 DEMATEL 方法构成改进 BP-DEMATEL 算法模型,用此算法定量分析了自贸区港口产业生态圈发展的根本性影响因素。在本书第 4 章,利用系统理论、系统动力学理论及方法,构建自贸区港口产业生态圈演化的系统动力学模型。以上海自贸区为例,定量分析上海自贸区港口产业生态圈发展过程的演化机理并进行仿真分析。在本书第 5 章,引入区域差异系数概念,通过借鉴成熟度理论和多级模糊评价方法,提出了基于区域差异系数、AHP 和专家打分确定的组合权重 TOPSIS 模型和三级模糊综合评判法,构建了自贸区港口产业生态圈成熟度评价模型,以上海等 10 个自贸区港口产业生态圈为例,对其进行成熟度评价及等级划分,定量分析了每个自贸区港口产业生态圈处于何种阶段。在本书第 6 章,根据自贸区港口未来的发展趋势和国家的对外开放发展战略规划,以及党的十九大提出的探索建设自由贸易港的提议,结合第 5 章的定量分析,运用扎根理论定性分析世界上典型自由贸易港发展经验,并与我国自贸区相比较,提出了中国自由贸易港发展模式。

1.4.2 技术路线

本书的主要研究工作共分为三个层次五个阶段,每个层次环环紧扣,每个阶段之间存在逐层递进的关系,最后得出研究结论。本书研究的技术路线如图 1.2 所示。

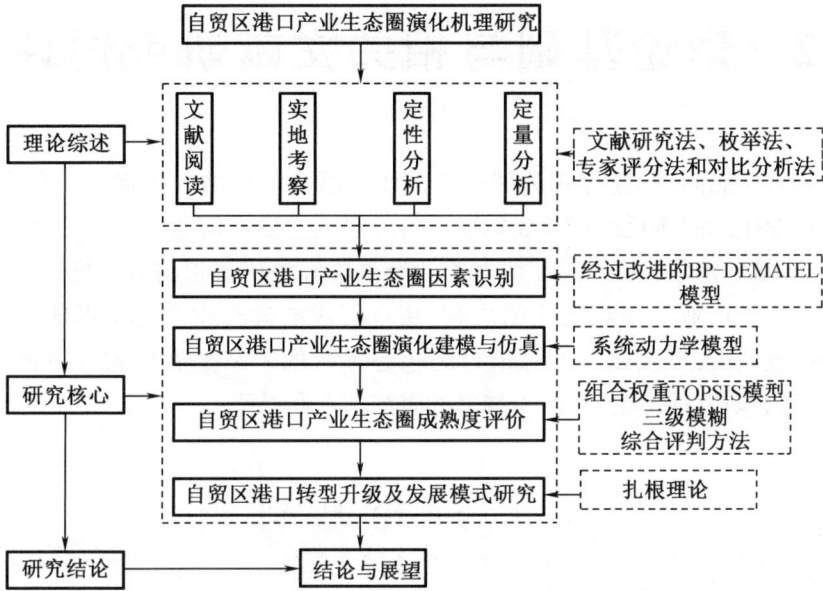

图 1.2　本书研究的技术路线

2　理论基础与相关文献研究述评

本章主要对生态圈、产业等相关理论基础和文献进行总结。从理论的角度来看,关于自贸区港口产业生态圈演化机理及成熟度评价的研究主要应用的理论有交通运输工程学、技术经济学、区域经济学、管理学、工学和产业经济学等学科知识与成熟度理论等。本书围绕现有港口及临港产业发展相关文献研究,从自贸区港口产业生态圈形成的影响因素识别、演化机理、成熟度,以及以自贸区港口为核心平台的未来发展模式等方面展开系统总结,最后根据现有研究的不足,提出了本书的研究重点和思路。

2.1　理　论　基　础

对自贸区港口产业生态圈演化机理及成熟度评价研究是区域经济、交通运输体系和产业集群的重要领域,涉及经济、交通体系、产业的集聚、演化、成熟度等相关概念和基本理论阐述。

2.1.1　相关概念

在国家倡导"创新、协调、绿色、开放、共享"的新发展理念下,自贸区、港口、产业、政府和管理部门之间的统筹协调和如何实现绿色增长,对自贸区港口产业生态圈发展、壮大和成熟来说很重要,因此,很有必要对自贸区、港口、自贸区辖区内的产业组成的自贸区港口产业生态圈的相关概念进行界定。

（1）自贸区

自贸区是从自贸区港口或自由贸易港发展而来的,从发展历程来看,两者共生互补,其贸易自由化、便捷化政策为区域经济和社会发展做出了巨大贡献,制度完善、发展成熟的自由贸易港更是成为世界经济增长的引擎。截至2019年,世界上有1 200多个自贸区,美国是世界上设立自贸区最多的国家,约260个。各国设立自贸区时,区域命名、功能设置和实施政策等不尽相同,一般分为两种:一种是双边或多边设立的自贸区,比如北美自贸区（NAFTA）、欧盟与墨西哥自贸区（EU and Mexico FTA）、中欧自贸区（CEFTA）、中国东盟自贸区（CAFTA）等;另一种是在一个国家或地区的辖区内设立的单边交易贸易区,比如德国汉堡自贸区（Hamburg FTZ）、阿联酋迪拜自贸区（Dubai FTZ）、巴拿马科隆自贸区（Cologne FTZ）、中国上海自贸区（Shanghai FTZ）等。为明确自贸区定义,1973年,国际海关理事会（International Customs Council）签订了《京都公约》,将自贸区定义为:指一国的部分领土内运入的任何货物就进口关税和其他各税而言,被认为在关境以外,并免于常规的海关监管制度的区域。此时的自贸区英语翻译为"Free Trade Zone",缩写为"FTZ"。世界贸易组织(WTO)对自贸区的官方解释是：两个或两个以上的国家(包括独立关税的地区)根据规定，为实现相互之间的贸易自由化所进行的地区性贸易安排(Free Trade Agreement)的缔约方所形成的区域，此时的自贸区英语翻译为"Free Trade Area"，缩写为"FTA"。美国关税委员会对自贸区给出的定义为：用于再出口的商品在豁免关税方面有别于一般关税地区，是一个只要进口商品不流入国内市场即可免除关税的独立封锁地区。可见，FTA 是指实行自由贸易的一批国家或地区，而 FTZ 则是指一个国家内免征关税的贸易区域，范围相对较小。

综上所述，国内外自贸区的功能各异，学界、政府机构对自贸区的定义不尽相同。中华人民共和国商务部于 2008 年专门提出将 FTZ 和 FTA 分别译为"自由贸易园区"和"自贸区"以示区分，明确我国建设的自由贸易试验区是自由贸易园区，即 FTZ。自由贸易试验区是指在贸易和投资等方面实行比世界贸易组织有关规定更加优惠的贸易安排，在主权国家或地区的关境以外，划出特定的区域，准许外国商品豁免关税自由进出。实质上，自由贸易试验区是采取自由贸易港政策的关税隔离区。狭义的自由贸易试验区仅指提供区内加工出口所需原料等货物的进口豁免关税的地区，类似出口加工区。广义的自由贸易试验区还包括自由贸易港和转口贸易区。国际通用的自贸区概念如图 2.1 所示。

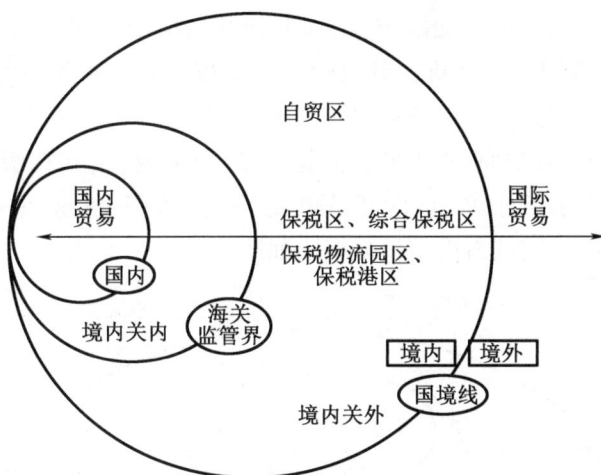

图 2.1 国际通用的自贸区概念图

在图 2.1 中，海关监管界的保税区主要便于货品存储，辖区内所保存货品受海关监管可不办入关手续，并可长期存货；存在的不足是只适合发展物流仓储产业，而自贸区则是互惠互利，在自贸区可以带动很多产业发展，如国际贸易、生产加工等，保存的货品受海关监管，给予外资准入权、贸易自由、人员移动自由、海法选择自由和信息交互自由等权利，既带动产业发展，又拉动人员就业，既促进区域经济发展，又促进商务、经贸、科技、文化等的交流，推动中国深化改革、扩大对外开放，并与国际接轨。

(2)港口

最原始的港口是天然港口，有天然掩护的海湾、水湾、河口等场所供船舶停泊。而今的港口是位于海、江、河、湖、水库沿岸，具有水路联运设备和条件，可供船舶安全进出和停泊的运输枢纽，是水陆交通的集结点，是工农业产品和外贸进出口物资的集散地，船舶停泊、装卸货物、上下旅客、补充给养的场所。港口经历一定时期的发展和功能演化后,成为旅客和货物的集散地,为船舶停靠、旅客候船及上下船、船舶所需要的物料和燃料补给、货物装卸等提供作业服务的场所。港口历来在一国的经济发展中扮演着重要的角色。港口的功能可以归纳为物流服务功能、信息服务功能、商业功能、产业功能,现已成为一个国家或地区对外交流的窗口和平台。

(3)自贸区港口

自贸区港口是设在一个国家或地区境内、受海关监管的,允许境外货物、资金、人员等遵从当地政府政策、法规条件进出的港口区。自贸区港口和自由贸易港、保税港区功能相似,主要区别在于贸易优惠政策、关税减免力度等。发达国家或地区设立的自贸区港口及其产业发展,对整个经济发展起到非常重要的作用。因此,在今后一段时间内,完善制度和优化营商环境是我国自贸区形成经济规模、加大对外开放和提升竞争力的基础,这不仅决定了自贸区经济外溢规模,而且能充分发挥自贸区特殊区域经济的辐射功能。

(4)自由贸易港

自由贸易港是设在一个国家或地区的境内、海关监管关卡之外的,允许境外货物、人员、资金自由进出的港口区。自由贸易港作为目前全球开放水平最高的特殊经济功能区,进出本港的货物、资金、人员可不受限制,绝大部分商品免征关税,并且准许在港内开展货物自由储存、展览、拆散、改装、重新包装、整理、加工和制造等业务。外贸产品经海运进港后,可以销往国内,也可以利用离岸贸易中转到国外;辖区内临港工业区生产的产品免除关税,国内外的单位和个人在辖区内可注册企业,引进资金、技术和初级产品并进行生产加工,也可从事装卸、信息技术服务,区内开设报关、金融、投资、贸易、航运、代理服务和海事综合服务等业务。国际通用的自由贸易港概念如图2.2所示。

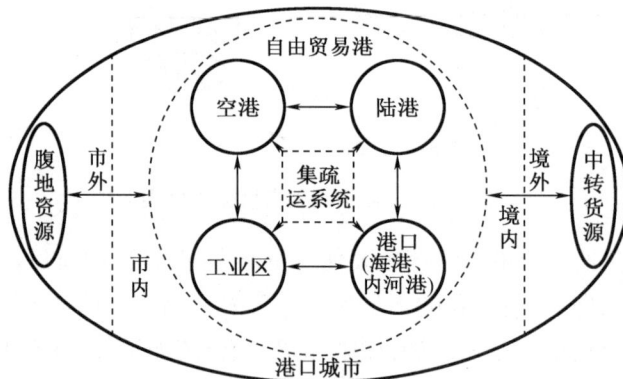

图2.2 国际通用的自由贸易港概念图

(5)产业

产业是社会分工和生产力不断发展的产物。产业的含义具有多种属性:一是指私有财产,即家产,如房屋、土地、工厂等;二是指工业生产,即生产事业,特指工业。产业是具有某种属性的企业经济活动的集合,介于宏观经济与微观经济之间的中观经济,随着社会的发展和生产力水平的提高,产业的内涵和外延得以不断充实、扩展。

（6）自贸区港口产业

自贸区港口产业是依托自贸区和港口资源优势发展起来的，通过传统产业、高科技产业和互联网信息等新兴技术的集聚和应用，促使各行业相互联系、共同发展，形成一定水平和规模的产业集群，从而形成总部经济。

（7）生态圈

生态圈原指生物圈，指地球上出现并受到生命活动影响的地区，现指地表有机体自下而上环境的总称。

（8）产业生态圈

近年来，学者将生态圈理论应用到企业和产业集群中，企业生态系统受到了学界越来越多的重视。国际学界关于企业生态系统的一项受到较大关注的早期成果是20世纪90年代 Moore 在其论文和专著中阐释的企业生态系统的核心理念。传统企业理论是基于企业间的竞争关系来刻画企业所处的市场环境。而在企业生态系统的视野下，企业是其所在的企业生态系统的组成部分，企业之间既相互竞争又彼此合作与依存。基于这一企业生态系统的理念，企业的发展不再单纯定位于在市场中获得竞争优势，而是同时需要注重企业间的协调与合作，适应所处的"生态"环境，并在所在的生态系统中同其他企业及环境共同进化。类似的思想也在同时期的其他学者的一些论著中得以阐述。梁嘉骅等提出的企业生态系统的理念引发了国内学界的共鸣。对于"生态圈"的相关研究已经取得一定成果，叶德磊研究了金融生态圈优化与金融创新问题，袁政从产业生态圈的视角研究企业集群，张洪潮等研究了煤炭经济生态圈，胡青华等研究了移动商务生态圈的价值分配模型等。计春阳在分析中国-东盟跨境电子商务生态圈概念框架的基础上，构建跨境电子商务生态圈并展开研究。谢佩洪等基于平台型企业生态圈对理论研究和实践价值提出了未来值潜在方向等。

综上所述，产业生态圈是指某些产业在某个地域范围内业已形成的以某主导产业为核心的、具有较强市场竞争力和产业可持续发展特征的区域产业多维网络体系，体现了一种新的产业发展模式和产业布局形式。产业生态圈在一定区域范围内集聚了企业，使其相互依存和协作，通过配套基础设施、制度创新和优惠政策，相关专业人才在研发设计、科技创新、生产管理、营销销售、综合服务等方面支撑产业发展，营造了整个区域内融合发展的氛围。

（9）自贸区港口产业生态圈

根据以上对产业生态圈的定义，关于自贸区港口产业生态圈的研究也应符合企业或者产业生态圈的研究理论，对于港口产业生态圈的定义，现有文献存在多种理解。本书认为，自贸区港口产业生态圈是自贸区、基础设施、自然人、环境、各类企业、服务平台、政府、管理部门、科教研发、行业协会等聚集在一起，在自贸区内形成具有较强市场竞争力和产业可持续发展特征的多维网络体系及布局形式。中国自贸区通过深化改革、进一步扩大对外开放、制度创新和优化营商环境，吸引内外资企业进驻自贸区，形成产业集聚。产业发展促进了自贸区和港口发展，使之对外辐射能力不断提高，对金融、信息技术等服务产业的吸引和需求不断扩大，逐步形成以先进制造业和现代服务业为主导的港口产业。自贸区、港口、产业和环境和谐发展，在发展生态型区域的同时提升单位面积产出，最终形成促进地区经济和社会发展的港口产业生态圈。

（10）演化

演化又称进化，在生物学中的进化是指种群里的遗传性状在世代之间的变化，其实质是种群基因频率的改变。演化最初用于生物学家、经济学家和社会学家进行的相关研究中，把生物进化与经济或社会变化进行类比，发现它们有许多相似之处。从概念上看，演化更多的是强调变化过程，因而被广泛应用于经济和社会制度之中，比如会计准则、古今语言变化、交通规则等均是由前例积累而形成。

（11）机理和机理分析

机理是指为实现某一特定功能，一定的系统结构中各要素的内在工作方式，以及诸要素在一定环境条件下相互联系、相互作用的运行规则和原理。从概念上看，机理包括形成要素和形成要素之间的互相关系。机理可以解释为：一是为实现某一特定功能，系统结构中各要素的内在工作方式及各要素在一定环境下相互联系、相互作用所遵循的原理和运行规则；二是事物变化的理由和道理，包括所遵循的逻辑与规律。

机理分析是通过对系统内部原因进行分析研究后找出事物发展变化规律的一种科学研究方法。在科学发展史上，机理分析常与演绎法配合，两者相辅相成，发挥了巨大作用。机理分析广泛应用于数理化建模、管理等领域。例如，在物理学科领域，几乎所有物理理论的建立都离不开机理分析，如万有引力定律的发现和相对论的创立，都是通过机理分析找出变量之间的关系的。

（12）成熟度

成熟度即研究对象与其完美状态的相对值。其主要内涵有两点：一是确定对象的完美状态（基于当前认识的、相对的完美状态）；二是确定对象的目前状态，以及与完美状态的差距。利用成熟度研究的对象一般会有一个或多个衡量维度，常用等级或百分数来衡量。

自然界的成熟度主要应用于地质矿产资源的研究和评价中，分为成分成熟度和结构成熟度。成分成熟度是指碎屑岩中碎屑组分在风化、搬运、沉积作用的改造下，接近最稳定的终极产物的程度。碎屑岩的结构成熟度体现在分选性、磨圆度及基质含量三方面，分选性越好、磨圆度越高，则说明结构成熟度等级越高。

管理科学中的成熟度是指人们对自己的行为承担责任的能力和愿望的大小。它取决于两个要素：工作成熟度和心理成熟度。本书研究的关于自贸区港口产业生态圈成熟度的概念将放在第 5 章中进行阐述。

2.1.2 相关理论

2.1.2.1 经济学对产业集聚研究

（1）产业集聚的定义

产业集聚涉及产业经济学、地理经济学、区域经济学、管理学和社会学等众多学科，缺乏统一的概念界定与研究范式。其中，管理学用"产业集群"（Industrial Cluster）等概念；经济学和区域经济学用"产业集聚"（Industrial Agglomeration）等概念；经济地理学用"产业区"（Industrial District）、"区域集群"（Regional Cluster）等概念。管理学、地理经济学对产业集群的定义界定更加注重微观层面，研究的视角向属地文化、社会制度、区域网络和技术创新等宏观层面上的非物质联系方向拓展。经济学主要是对集聚经济内在机制方面进行探索，强调企业间的物质联系、成本与收益。联合国工业发展组织（UNIDO）把产业集聚定义为：针对与生产、销售等一系列相关或相互补充的产品，面临着相同的机遇与挑战的企业在特定经济部门、地理区位上集中。总结起来，产业集聚是相关产业与机构在特定区域的集聚，既是企业与机构在特定区域的集中，又是产业在某一特定区域的集中形成网络、集结成群。自贸区港口产业生态圈结构如图2.3所示。

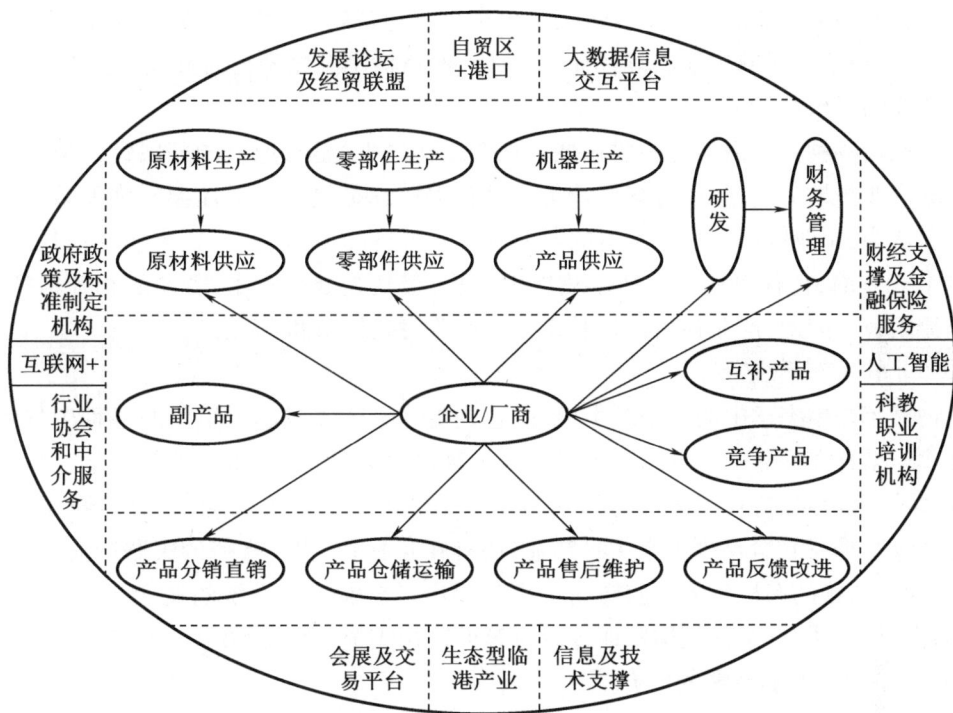

图 2.3　自贸区港口产业生态圈结构图

综上所述，产业在空间上集聚，以相同演化原理体现的深入层次如下：①在一个区域内第一产业与第二、三产业因集聚而造成的分离，导致城乡分开；②一个国家或地区内制造业或服务业在某特定地域内范畴的集聚导致产业地方化；③在国际范围内，某种制造业或服务业在一个或多个国家内集聚导致国际专业化。

尽管不同学科对产业集聚的定义界定大同小异，但学界也从不同视角对产业集聚的地理特征、产业关联特征、经济外部性特征和社会文化特征展开相关研究。产业集聚作为企业空间集聚现象，学界围绕产业的地理特性和产业特性展开研究，认为产业集聚是在某空间领域内互相联系的企业及机构在地理上的集聚。Baptista 等认为产业集聚是某区域、地理上高度密集的关联企业集聚，据此把产业集聚的地理特性归纳为：地理集聚是指企业成员及相关要素在地理上集聚于同一个区域，有显著的地域特征。

除地理特征以外，学界对产业集聚界定的产业特性也展开许多相关研究。Porter 认为，产业集聚包括一系列相关联的、与之有竞争或合作的企业实体。王缉慈认为，企业集聚是空间现象，彼此存在竞合关系。产业特性是指该地域集聚的企业成员从事某一产业相关的生产和服务,他们通过劳动分工和广泛的、紧密的长远关系合作,成员企业(可以是产业链的任何一端、供应商、客户或者存在竞争与合作关系的同行)根据自身特点,彼此构成了一个产业生态系统或者产业生态圈,等等。本书对自贸区的产业集聚的界定同样以地理集聚和产业集聚作为参考依据。

(2)产业集聚的特征

①以中小企业为主特征

产业集聚一般依靠中小企业集群在一起,在总体好的环境下,一些优秀的中小企业发展成为大企业。大企业的存在和成长是以中小企业为基础、以柔性化和专业化合作为前提的,各类企业在某一区域集聚成群,空间上接近、经济活动高度密集而形成产业集群。

②产业的根植性特征

根植性指各种企业活动是构建在地方社会结构之上,是对地方的归属性。朱华晟以浙江地区的产业集群为例,验证传统产业集群具有根植性是建立基于社会网络关系基础之上的。惠宁认为,企业网络是社会资本的重要内容。Putnam认为,社会资本包括信任、规范和社会网络三方面,信任是核心。速水佑次郎认为,信任是社会资本,若缺乏相互信任,容易陷入囚徒困境。因此,产业根植性有利于促进产业时空扩散和"溢出"。

③产业的生态系统特征

生物群落是生态学中的一个基本概念,它是指一定区域或小生境里的各种生物种群相互有规律地结合在一起的一种结构单元种群。种群生态学认为,每个种群在某一特定生态环境内都试图找足支持自己生存与发展的领地。借用生物群落概念,产业集群是一个"企业生态系统",通常包含至少一个主导产业,还有相互配套、相互支持的关联产业,它们是相互依存、相互依赖的有机整体。詹姆斯·穆尔提出了企业生态系统的概念。Amin等认为,企业、商会、行业协会、金融机构和地方政府等可以构成企业生态系统。

(3)经济学对产业集聚的研究

经济学对产业集聚的研究主要集中于分工理论、外部规模经济理论和贸易与分工理论等:

①分工理论

现代的集聚理论继承、发展并延伸了古典经济学中分工的思想,从分工理论的演变到不断深化的过程中得到产业集聚理论的雏形和渊源。亚当·斯密根据工业化初期生产分工和专业化生产所产生的效率,认为劳动分工是国民财富增长的源泉,是经济生活的核心现象,他将分工分为产业分工、企业内分工、企业间分工和社会分工。卡尔·马克思认为建立在协作基础上的企业生产须满足降低成本这一目的,产生更高的交易频率,而交易频率的增加会使交易成本和机会成本增加。蒋漪漪认为,分工生产可以提高劳动生产率,并深入分析了产生分工效率的原因。鞠永春认为,在竞争力较强的新产业区,企业之间若有长期合作的信任关系,会降低监督成本和机会成本,但会增强同行业之间的协作和竞争。

②外部规模经济理论

马歇尔分析了外部规模经济与企业两者之间的密切关系后,认为大规模生产的主要利益是机械经济、原料经济和技术经济。工业集聚包括协同创新环境、专业技能劳动力供需、辅助性工业、劳动力需求结构不平衡、区域经济健康发展和顾客便利等六方面。大规模企业在特定区域里集聚成的产业,其产业发展会使企业整体成本下降。

③贸易与分工理论

亚当·斯密认为,规模经济的本质是专业化生产,他强调区域分工的重要性,即全球化生产网络存在等级层次。学界从古典贸易分工理论中,都试图证明贸易主要是通过分工实现专业化生产的,如大卫·李嘉图的比较成本学说、小岛清的协议性区域分工学说、赫克歇尔-俄林的现代区域分工理论中资源享赋学说和弗农的产品生命周期学说等。不同的区域发展过程中有各自的比较优势:当一个区域内出现资源集聚、基础设施、公用事业时,就会存在产业生产和经营活动带来的经济效益的差异,区域之间也会存在外部经济差异。此外,根据区域比较优势原理,当区域之间的生产要素存在比较优势差异时,资源就会被吸引或趋向流动到效益高的区位,形成产业集群。

本书研究的自贸区港口产业符合区位原论、分工理论、外部规模经济理论和贸易与分工理论,从而形成产业集聚功能和效应。基于此,国内外学者对自贸区的产业发展进行了一系列研究。例如,余振等构建国家间比较优势差异条件下的多国自由流动资本(FC)模型,将广义矩方法(GMM)应用于中国与东盟区域经济一体化对成员国产业空间的布局。邬丽萍等借用分行业的面板数据,分析中国-东盟自贸区内的制造业垂直专业化分工影响区域发展因素。周曙东等采用全球贸易分析模型(GTAP)模拟分析了中韩自贸区对两国产业的影响。潘松挺以乐视为案例对象,旨在探索企业生态圈战略的实现机理和生态优势的来源及其风险。孟广文等在对尼日利亚奥贡广东自贸区发展定位与展望探讨的基础上,利用贸易结合度指数分析双边贸易依赖程度,提出园区产业优化与发展的建议。郭皓月从系统的角度出发,基于哈肯模型构建了电子商务-大数据系统(EBDS)协同演化模型,通过数值拟合,验证了所构建演化模型的可信度并给出建议。徐锦瑞等总结了我国供应链金融发展历程,分析中企云链产业平台的特征和制约因素并提出建议。黎绍凯等基于我国省级季度数据,用前沿"反事实"合成控制法评估上海自贸区对产业结构升级的政策效应。

2.1.2.2　区域经济学对产业集聚研究

区域经济学对产业的集聚研究,主要有韦伯的工业区位论、奥古斯特·勒施的市场区位理论、科洛索夫斯基等学者提出的地域生产综合体理论,佩鲁提出的增长极理论和缪尔达尔提出的积累循环因果关系理论等。

(1)工业区位论

1909年,韦伯用工业区位论对产业集聚展开研究,在他的《区位原论》中阐述了产业集聚,试图寻找工业区位移动的规律。影响工业区位的经济因素分为区域因素和位置因素,对区位的区域因素起作用的主要是运输成本与劳动力成本,对区位的位置因素起作用的主要是集聚因素和分散因素。从韦伯的理论可以看出,企业在发展过程中,通过扩大规模可带来利益或节约成本,许多企业集聚在一个区域内,共同带来收益或节省成本,这就形成了产业集聚或产业集群。

(2)市场区位理论

奥古斯特·勒施编著的《区位经济学》一书,对区位经济学做了充分的论证,论述了产业集聚的有关问题,系统地总结了集聚问题的研究成果,认为企业和产业集聚的原因主要是与企业数目有关的利益、与企业联合有关的利益、中心城市变迁或交通枢纽指向等因素。

（3）地域生产综合体理论

20世纪30年代，苏联科洛索夫斯基等学者提出地域生产综合体理论，认为地域生产综合体是在某工业点或一个完整地区内，根据区域的自然条件、经济条件、运输体系和地理位置，有计划地安置各企业，从而获得特定的经济效果，企业间的经济结合、相互制约的结合称为生产综合体。地域生产综合体的结构就是产业集聚，核心是专业化企业围绕着核心产业及所有企业共同享用的基础设施。地域生产综合体是区域生产专业化与综合发展相结合，根据各地区的自然资源特点确立，各机构间的联系依靠计划经济方式实现。

（4）增长极理论

佩鲁在1950年提出"经济空间"概念，认为经济空间是由各种不同关系的集合和抽象关系组成的，引入"推动性单位"和"增长极"概念以解释支配效果产生非均衡经济增长。推动性单位是一种起支配作用的经济单位，当它在增长或创新过程中，可以诱导其他经济单位增长。佩鲁认为，区域在地理空间上的增长是非均衡、呈点状强度分布的，以各种渠道影响区域经济，增长极理论强调推动型产业在非均衡增长中的作用，当把某种推动性工业引入某一区域后，逐渐形成集聚经济并产生增长中心，进而推动经济的增长。

（5）积累循环因果关系理论

缪尔达尔在《进退维谷的美国》一书中阐述了积累循环因果关系。他认为任何一种形式的循环、相互作用或互为因果关系都是积累的、失衡的，从最初的偶然事件发展为具有大而持久影响的大事件，就是由小事件经累积而发生的，即所谓的厚积薄发；任何一系列互为因果关系的事件在经历一次波动之后都会迅速地收敛到最初的稳定均衡或其他的稳定均衡点，这就是积累循环因果关系理论。累积循环的因果关系过程是动态的，是一系列事件之间相互作用的结果，均衡点可能随着时间变化而变化，起到了传递的作用。自贸区港口产业发展也遵循本理论，产业空间集聚倾向、走势依赖于经济的基本条件，如生产要素、区域空间和人口红利等。自贸区港口产业以最初的港口功能吸引临港产业集聚、推动城市发展，城市为了吸引前来投资、生产、置业或企业总部进驻，创造了良好的劳动力资源、生产要素、区位优势、营商环境和政策条件等，港口、自贸区、产业协同发展，形成自贸区港口产业集聚和良性发展的产业生态圈。此外，还有新经济地理思想、"新产业区"理论、社会经济网络理论等，限于篇幅，不再展开阐述。

2.1.2.3　产业演化理论

产业演化思想最早可追溯到凡勃伦、阿尔钦、纳尔逊和温特等学者的研究中。凡勃伦演化思想实现的三个规律：达尔文主义经济学、基于历史分析和打破均衡；阿尔钦演化思想是认为在信息不对等时，企业不能将利润最大化当作行动指南，而进行决策的基础是在给定相关要素的期望分布前提下优化和相应调整。纳尔逊和温特认为产业演化理论遵循生物进化论规律，其产业演化结构如图2.4所示。

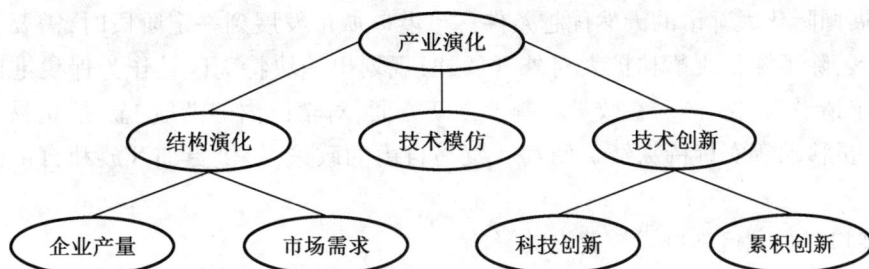

图 2.4　纳尔逊和温特的产业演化结构图

也有学者对产业演化进行深入的研究,认为演化可以从生物进化论切入,借鉴系统论观点,正确分析群体演化与个体演化之间的关系和互动作用,是开放性的系统内演化。因此,产业演化分为企业内部演化和产业层面演化。企业内部演化是指企业内部分工演化,产业层面演化在本质上是企业群体演化。企业内部演化使企业本身更多地考虑生存和竞争问题,而经济增长和经济发展则是从产业整体发展变化的角度去了解,从政府管理的层面来考虑,关注更多的是一个产业产生、成长、成熟、衰退、消亡的过程。因此,出台的一些政策可保证产业的稳定发展,但这些政策可能与某单一个体企业的生存和发展相矛盾,或者企业因此而一蹶不振甚至消亡。

从国内外的研究成果来看,产业发展路径主要包括内部条件优化、组织进化、外部环境适应和资源约束等四种。Markusen 认为,产业演化主要有意大利式、卫星式、中卫式三种集群轨道。Knorringa 等认为,大多数发展中国家的产业处于发展的萌芽期,当企业规模扩大且相互联系密切时,就有可能进入演化轨道。Bair 等认为,区域内外向型产业区的升级与发展取决于区域内企业在全球价值链上的整合方式及实施方式。Frank 等认为,产业集群分为高端道路和创新型、低端道路和低成本型。Nadvi 等认为,产业在发展中国家处于低端道路,在发达国家处于高端道路。朱华晟认为,影响产业发展的因素有社会网络、地方政府和企业家。魏守华将产业发展分为发生、发展和成熟三个阶段。关于产业集群演化,学者也做了相关研究。例如,Baptista 等认为,产业集群也有生命周期,是不断演化的过程。Poter 把产业演化分为萌芽、演进、衰落和升级四个阶段。郭利平则把产业演化分为诞生、增长、成熟和衰退四个阶段。

2.1.2.4　港口、产业和自贸区的相互作用

在自贸区港口城市中,港口、空港、公路和铁路等交通集疏运系统构成了自贸区的重要资源和多功能基础设施,同样,港口成为自贸区在工商、港航、金融、贸易、物流、综合服务等方面发展的重要条件。港口所处的区位优势决定了港口城市的国内、国际地位,如香港自由贸易港和深圳自贸区港口毗邻,均是从小渔村发展到国际知名港口的城市。基于港口的特性和功能地位,当港口城市在申请设立自贸区时,把港口某块区域(港区或码头泊位)规划到自贸区辖区内协同发展,港口成为自贸区发展的重要抓手才能真正体现出来。港口因素对自贸区的重要影响表现如下:

(1)港口对自贸区经济发展的影响

在港口发展史中,港口的形成是港口城市形成的先行条件,港口发展是港口城市创建

和未来发展国际化大都市的天然优越条件。当港口城市发展到一定阶段时,需要保持城市可持续发展,除了深化改革和扩大对外开放外,规划出一块特殊区域作为保税港区或者更进一步地申请设为自贸区。在政策和制度创新方面,对辖区内的港航、金融、贸易、物流、综合服务、人员移动等实行特殊经贸便利和贸易自由的政策,提供更加开放和自由便利的营商环境。

(2)港口对自贸区基础设施建设的影响

在自贸区建设和发展阶段,加大固定资产投资,将港口交通基础设施的资金来源、所获得的财政收入划拨一部分用于扩大港口规模、地区产业发展、固定资产投资和环境保护投入等,使港口持续发展并获取更多的财政税收收入。

(3)港口对自贸区社会发展的影响

港口及相关产业的发展是自贸区社会发展的催化剂,推动了自贸区社会和产业生态圈发展,为地区财政、税收收入等提供了资金来源,港口为产业发展创造大量就业机会,港口的集聚效应为自贸区带来新的国内外投资,使企业和进出口贸易增加。

港口对自贸区的贡献分为直接经济贡献、间接经济贡献和诱发经济贡献三类。

(1)港口对自贸区的直接经济贡献

港口运输的中转功能,诱发集疏运、仓储、货物拆分或加工等活动。此时,海关管理、港口管理、生产运营、金融保险、航运业务、贸易代理、船舶修造等活动以港口为平台开展,为旅客进出、货物进出贸易代理、船舶修造等相关活动提供服务,从而产生经济效益。

(2)港口对自贸区的间接经济贡献

港口对自贸区产生间接经济活动,如金融保险、产品物流等,港口功能扩展越广泛(如与一般外贸港、地区枢纽港、国际枢纽港及国际航运中心相比较,其港口服务功能是逐渐拓展的),产生的间接经济效益就越大。总体来说,利用港口作为平台所产生的间接经济效益是逐渐增大的。

(3)港口对自贸区的诱发经济贡献

港口对自贸区的诱发经济贡献难以辨认,但确实存在,如居民人均可支配收入、社会消费品零售额、地区单位面积产出增加。

港口对自贸区的直接经济贡献、间接经济贡献和诱发经济贡献这三类经济贡献并非割裂的,而是相互联系、互相制约的,并共同作用于区域经济系统。另外,自贸区实施的政策、制度创新、便利条件和良好的人文环境保障,同时也促进了港口发展和功能提升,主要表现为以下几个方面:

(1)自贸区对港口发展的要素支撑

由于自贸区内可以开展生产、加工等业务,港口则能利用自贸区的政策便利,以港口为平台,从事转口贸易、离岸金融、离岸贸易、货物运输、沿海捎带等业务,因此,自贸区成为港口最直接的经济腹地。

(2)自贸区发展为港口创造机会

自贸区发展对港口功能战略、服务范围和港口生产定位产生了重要影响。在我国,自贸区设立之后,港口被纳入规划范围内,由原来一般外贸港或保税港区变成自贸区港口,当制度完善、发展成熟时,需要转型升级,即由自贸区港口变为自由贸易港。港口的业务功能由单一货运向集国际航运中心、国际金融中心、国际制造中心和国际物流中心为一体的复合功能转变,由自动化码头装卸,大数据、信息化、人工智能调度和管理的生态型港口,向社会经济各系统辐射,有效推动和提高了自贸区产业发展及其核心竞争力。

(3)自贸区为港口发展提供经济和政策支持

港口促进了自贸区、港口城市的发展,自贸区的发展也反过来为港口发展提供支持。比如实行"证照分离"、通关一体化等改革措施,人员、货物进出口岸通关时间缩短,流通更畅快,不仅促进了港航物流、贸易的发展,也促进了区域经济增长,而区域经济发展也反过来促进港口发展,两者相辅相成。

下面将从供给(Supply,S)、需求(Demand,D)的经济学角度分析港口和自贸区的互动发展。从供给分析来看,自贸区的总产出取决于供需曲线平衡;从需求分析来看,自贸区的经济增长是自贸区发展的动态演化过程,代表着自贸区的整体规模扩大和经济实力提升;从自贸区港口产业生态圈组成的经济系统来看,供给曲线右移($S_A \rightarrow S_B$),均衡(E)从 E_1 到 E_4,此时企业数量(C)减少,人力资源数量(Q)增加,即自贸区内的企业生产能力创造价值的增加取决于企业的移入数量,从而创造更多的就业岗位以吸引人才前来就业,从而使企业降本增效、增强区域吸引力与竞争力、增加财政税收,最终实现区域经济的可持续发展。自贸区经济发展的供需关系曲线如图 2.5 所示。

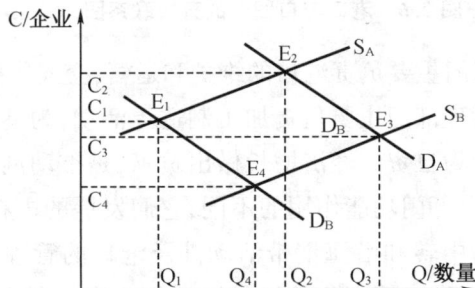

图 2.5 自贸区经济发展的供需关系曲线图

从图 2.5 可以看出,供给曲线向右移动时可引起总产出增长,同样,需求曲线向右移动时也可引起总产出增长。自贸区作为经济系统中的集聚效应成为供给能力增长的最重要的因素。当经济效益产生于自贸区经济系统中某一行业的总产出增长时,行业总体生产成本相应下降。同理,当自贸区所在城市经济效益产生于城市经济的总产出增长时,行业总体生产成本也会下降。另外,自贸区港口的建设、营运生产和保障维护需要大量相关行业,如港口码头泊位建设、保障维护、货运仓储、港机制造、货物装卸、船舶修造、航运服务等服务行业。这些行业发展又进一步刺激投资增长和消费品需求的增加,促进金融保险、物流、贸易、信息、科技等与港口相关行业的拓展和经济发展。以自贸区港口为核心和平台对本区域产业产生集聚效应,使许多行业实现规模经济,相关成本自然降低。企业聚集越多产业越发达,就越能提供更多的就业岗位,就有更多的外来人员前来就业。对自贸区而言,人力资源供给稳定,吸引更多企业进驻自贸区形成规模化和总部经济,为自贸区的经济增长夯实基础。

从直接联系和间接联系的角度阐释港口和自贸区的互动发展,强调的是港口、自贸区之间的协调和一体化的发展理念。

(1)直接联系

保证运输系统的整体运行、连接水陆各种运输方式是港口最原始的功能,涉及港口管理、交通集散和工业管理等三个部门。港口与自贸区的直接联系如图 2.6 所示。

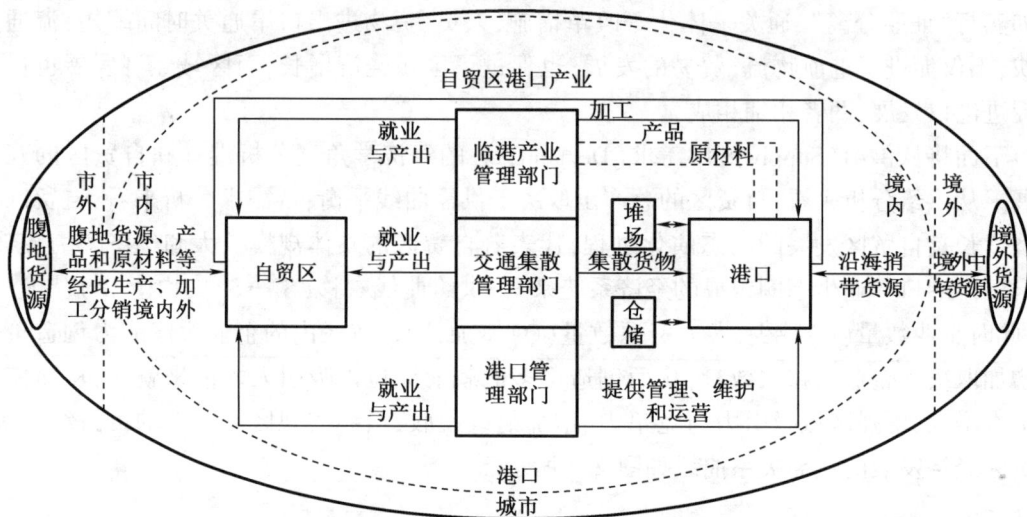

图 2.6　港口与自贸区的直接联系图

在图 2.6 中,港口管理部门主要负责港口的维护和运营;交通集散管理部门主要负责货物的集散及产品制造;工业管理部门主要负责加工制造等活动,为港口运输、物流中转等活动提供政策支持和服务,间接为自贸区经济增长做出贡献,是推动港口、自贸区和港口城市发展的主要动力。由于这三个部门功能作用的不同,它们发展的内在条件也存在差异。以自贸区港口为平台,从事货物中转和沿海捎带活动涉及港口的管理、运营与维护及中转货物等活动,需要交通集散管理、港口管理两部门参与管理、提供运输服务和政策支持。

港口的形成与发展易受区域资源分布、经济发展水平、产业结构特点、政策法规等因素的限制。自贸区港口工业部门的形成主要是利用港口输入原材料或输出其产品,以其作为平台。当港口提供的运输供应量足以支撑港口工业的规模经济时,港口工业部门则顺势而生。

(2)间接联系

有一些经济活动与港口运输中转活动没有直接联系,例如加工工业、产品组装等活动主要利用港口集聚引力,即港口是联系水陆运输的枢纽,许多重化工、进口加工生产活动需要交通集疏运体系配套,它们因进出口便利集聚于港区,形成综合生产、仓储、物流、集疏运、金融保险、法律、商业、经济贸易、基础设施、人才汇集、协调发展的工商业集聚区,从而逐渐形成港口工业区。

港口作为自贸区的重要组成部分,是进出口贸易平台和物流运输节点,自贸区港口的进出口货物运输、离岸贸易、转口贸易、高度自由便利的贸易、金融服务等功能带动了城市发展,助力了工商业、教育科技和文化旅游等方面的功能发展。反之,自贸区也为港口提供强大的支撑,如政策支持、第三产业发展、服务设施、通信条件和交通体系等的配套和完善。

由此可见,自贸区的发展主要依托于港口的功能促进了自贸区发展,也促进了自贸区所在城市的发展,但两者互相制约。可以认为,自贸区港口是港口功能和自贸区功能的结合体,反映了自贸区内在需求、内涵和运动规律;但两者的发展或衰落直接辐射到港口城市,两者互相制约并发展到一定阶段,在瓶颈期发生冲突。因此,港口和自贸区在发展过程中强调的是协调和一体化的理念,两者相互影响、互为促进,即需要自贸区、港口、城市同步建设和协同发展。

2.1.2.5 自贸区港口产业生态圈演化环境

纳尔逊和温特认为,演化理论适用于个体企业内部分工演化和作为企业群体的产业层面。企业内部分工演化是产业演化研究的重要领域,产业层面上的演化即企业群体演化的表现。本书主要研究自贸区、港口和产业层面上整体的发展演化。笔者认为,自贸区港口产业生态圈演化过程所处的环境是一个复杂的系统,包含了各种影响因素,这些影响因素之间的关系、产业内部各企业组织发展和演化过程中的环境均存在交叉。因此,技术因素、制度因素、信息要素和政府所扮演的角色等共同组成了自贸区港口产业生态圈的外部环境,这也是保障自贸区港口产业生态圈绿色增长和可持续发展的前提。自贸区港口产业生态圈演化环境如图 2.7 所示。

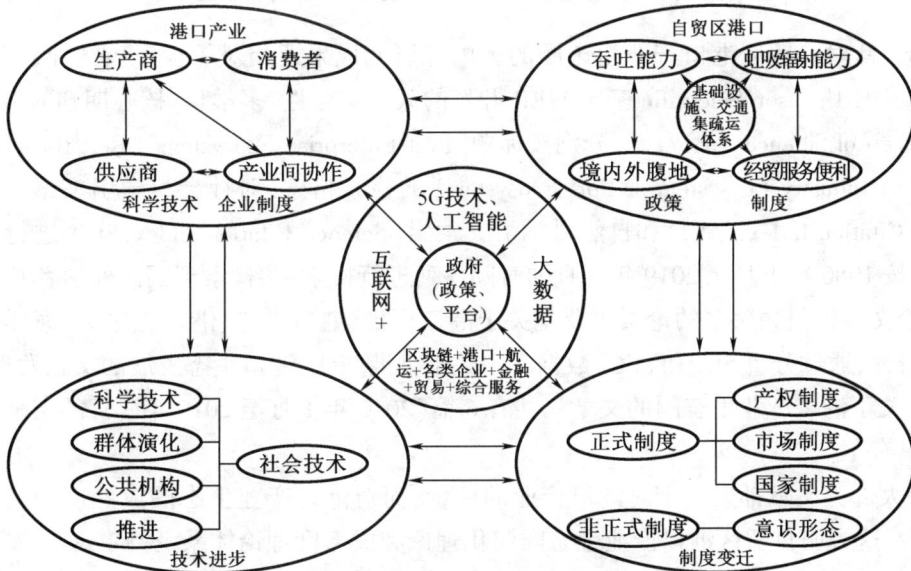

图 2.7 自贸区港口产业生态圈演化环境

从图 2.7 所描述的自贸区港口产业生态圈内部各部分的关系可以看出:①产业组织内部各要素的关系是相互的。分工和专业化发展演化促进了企业本身形式的改变,企业之间的合作方式和合作水平发生了变化,所以这些企业之间的影响因素、相互关系更为紧密。②产业发展、科技进步和制度变迁之间的关系是相互的,即产业发展促进了科技革新和制度变迁。③自贸区港口将企业生产的原材料、产出的半成品和产成品提供给下一级厂商,或为消费者服务,提供商品贸易平台和对外交流窗口。④科技进步和制度变迁之间也存在相互关系。技术创新的有效使用需要匹配制度保障,若超前的科学技术得以顺利运用,也会促进社会进步。⑤政府在产业发展、港口管理、制度变迁和科技进步中扮演的角色是政策、法规的制定者和监督者,起着重要的作用。当辖区内的产业演化环境不能良性运转时,政府的作用就凸显出来了。政府可以通过行政干预或者协调产业发展,尽快调整不适合当前产业发展的政策,避免恶性竞争或其他因素导致的产业萎靡或撤出辖区等。⑥信息技术的广泛应用,普遍存在于自贸区港口产业生态圈内各个企业、组织、单位和个人业务之中。在现代社会中,信息技术既是一项重要的资源,也是一把"双刃剑",好的一面是在产业演化过程中不断改变其变化机制、选择机制和复制机制,促进了企业在发展过程中通过适时调整策略以应对可控的变化,并加速了企业间的信息传递速度,为企业提供更大的可选择空间。但对正确与错误的信息务必注意辨别真伪,以免发生战略误判、贻误发展机会。与此同时,政府从企业利益和产业稳定角度出发,对信息技术的鉴别、推广使用和有效监管所起的作用非常重要。

2.2　相关研究述评

2.2.1　自贸区港口产业生态圈现有相关文献总体梳理

目前,针对自贸区港口产业生态圈的国内外研究成果还相对较少,笔者查阅一些相关文献,以美国 Thomson Scientific 基于 WEB 开发的大型综合性、多学科、核心期刊的引文索引数据库 Web of Science 为检索源,分别按标题"Port Enterprise Ecosystem""Port Business Ecosystem Port Industry Ecosystem or Port Ecosystem"的检索格式,对社会科学引文索引(Social Sciences Citation Index,SSCI)和自然科学引文索引(Science Citation Index,SCI)进行文献格式检索,按 1980 年 1 月至 2019 年 3 月的时间序列进行检索,共检索到国内外学者发表的 16 篇英文论文。被引频次多的论文主要是关于港口评价、港口发展、港口竞争力、海洋生态等的相关研究,通过分析 SCI 和 SSCI 数据库中关于临港产业、港口生态发展的文献发现:

(1)关于港口产业生态圈的文章一共有 6 篇(2010 年 1 月至 2019 年 3 月的文献),且被引用的只有 1 篇。

(2)大部分文献都聚焦于对港口产业的评价,而对港口产业生态圈成熟度相关方面的研究较少,这说明自贸区港口产业生态圈演化理论和成熟度理论体系亟待丰富。

再用中国知网的数据库作为检索源(包括期刊、博硕论文、会议的英文数据),以及德国的 Springer、英国的 Taylor&Francis 期刊数据,以标题为"港口产业""港口产业生态圈""港口产业集群"等关键词进行全文检索,共检索到 400 多篇相关论文。通过分析国内关于生态港口的文献发现:

(1)大部分文献都聚焦于港口可持续发展、港口产业集群的评价,对自贸区和港口组成的生态圈,尤其是对自贸区港口产业生态圈影响因素识别、演化机理及其成熟度评价等的研究较少,这说明国内自贸区港口产业生态圈理论体系有待丰富。

(2)在被引用次数较多的相关文献中,学界聚焦于生态圈理念下的港口产业相关文献都是在最近几年出现的,这说明国内学者对港口产业生态圈演化机理的研究尚处于起步阶段。

鉴于本书是对自贸区港口产业生态圈的影响因素、演化机理及成熟度的评价进行系统深入的研究,现有文献构建的港口可持续发展和绿色增长的评价指标体系,以及对港口发展和演化机理的描述都可以为本书的研究打下良好的基础。

2.2.2 自贸区与自贸区港口的相关研究

在全球范围内累计设立了 3 000 多个自贸区、自贸区港口和自由贸易港,并逐渐成为外贸枢纽或国际物流集散交易中心。自贸区对于产业发展、区域经济和社会发展的引擎作用引起了学界的研究兴趣,在现有研究文献中,对自贸区、自贸区港口和自由贸易港的相关研究有很多,国内外学者从不同的维度进行探索,取得了丰硕成果。国外学者从自贸区和自由贸易港的贸易和福利经济学视角,对自贸区港口和出口加工区的福利效应、基本概念与类型、区位与分布,以及演化趋势进行了理论与实证研究。也有学者从自贸区的工作机理和功能等方面开展了很多理论与实证研究,例如,Hamada、Rodriguez 对自贸区产生的经济影响开展了研究工作。Feltenstein 等通过对亚洲"四小虎"的实证分析,指出自贸区对于经济福利的正向影响。Marthur 等认为自贸区可促进外商投资,对促进出口的作用并不明显。国际学界对自贸区和对外贸易区的研究主要着眼于自贸区在经贸影响、政策选择等方面的作用。我国设立保税港区也引起了学界的研究热情,Meng 从自由经济区理论与实践角度,研究天津保税港发展自贸区的演化模式。刘重分析了国外自由贸易港的发展经验,提出探索建设天津自由贸易港。吕晋津等针对天津东疆保税港区提出了发展自贸区的可行性及政策建议。李志鹏对中国自贸区的建设内涵和发展模式进行探索研究,并给出建议。岳文等对我国未来推进自贸区建设,从六个方面的评价维度、三个时点的动态视角对其经济效应进行科学评估。

我国试点开展自贸区建设激发了国内学界对自贸区的研究热情。近年来,人们就自贸区的战略选择,自贸区金融服务,自贸区对经济、产业发展的影响展开了广泛研究和论述。王孝松结合国内和区内整体的发展水平与阶段推进上海自贸区金融开放,提出了夯实风险可控的战略方针。张诗荟就自贸区航运服务贸易的生成机理和演化机制进行了探索。孟广文借鉴了国内外关于自由经济区理论,建立天津自贸区发展演化动力机制评价模型和指标体系,用层次分析和模糊评价分析方法系统分析了影响天津自贸区发展演化的主要动力因子及动力机制。主要依据分级主权管理和政策空间分异理论分析了我国设立自贸区的理论基础,提出了自贸区发展结构和区位模式,以天津自贸区为例进行了验证。接着论述中国建立自贸区的政治和地理理论基础,并提出了自贸区的结构和区位发展模式。彭海阳等以厦门自由贸易片区对台合作进行探索,探讨海峡两岸经济合作和发展战略。张绍乐以经济基础条件、对外开放程度、公共政策环境、辐射带动效应为一级指标,构建河南自贸区综合发展水平影响因素评价指标体系,用层次分析法进行评价。孟广文等分析了上海自由经济区的发展历程,探讨了上海自由经济区的成功经验及对转型国家的借鉴意义。郑思宁等在福建自贸区的背景下,以农业区位理论与钻石模型为依托,构建闽台渔业国际竞争力影响因素的理论模型并进行实证分析,提出了合作政策选择。

在近年来针对自贸区的研究中,自贸区金融服务是一个热点领域,有不少学者开展了研究工作。例如,李鲁提出以经济园区建设为载体,作为上海自贸区制度创新经验复制推广的路径。裴长洪等梳理了主要国际金融中心的发展历史,结合上海国际金融中心的竞争力、建设的条件、障碍与路径选择,提出了推进的政策和理论研究,探讨自贸区金融改革与金融中心建设的联动机制。王冠凤认为上海应抓住自贸区建设的机遇,构建贸易自由化、便利化空间,拓展和加深区内区外企业电子商务、融资租赁等的经贸合作。孔佩伊等用 DE-MATEL-ANP 模型分析厦门自贸区建设区域性国际金融中心的关键因素,提出了厦门自贸区建设区域性国际金融中心的对策。

在中国自贸区建设和发展过程中,学界也对国内自贸区与其他国家和地区的自贸区展开了相关研究。例如,陈媛媛等借助引力模型,检验了39个国家的自贸区对进口、出口以及总贸易的影响因素。敖丽红等以中、日、韩三国区域性贸易发展水平的影响因素进行回归分析,认为贸易政策是最重要的影响因素。金缀桥等运用恒定市场份额模型对影响中国农产品出口日韩的因素进行分解,认为设立中日韩自贸区,可以促进农产品对日韩的出口。苏珊珊将上海自贸区与我国台湾基隆自贸区及韩国釜山自贸区进行比较,研究上海自贸试验区的政策模式,分析上海自贸区的优势与不足之处。谭秀杰等用一步法提取了"海上丝绸之路"主要沿线国家间的贸易潜在影响因素,并构建引力模型进行实证研究。屠年松等基于随机前沿引力模型,研究了中国与东盟国家双边贸易效率的影响因素,发现贸易效率总体呈递增趋势。杨爽等采用文献归纳、案例分析等方法,总结归纳了韩国自由经济区发展演化的规律及模式,探讨了韩国自由经济区演化规律及动力机制对我国建设自贸区的参考意义。王雪等采用文献归纳法总结了印度自由经济区的发展经验,探讨了印度各种类型自由经济区的发展对国内自由经济区发展的启示。

由于海上运输在国际贸易中的重要地位,港口对自贸区往往起到十分重要的作用,在国际上,大量的自贸区依托港口建立。目前,国内试点的自贸区大部分也依托港口而建。反过来,自贸区对港口物流产生显著的影响也引发了对自贸区影响下的港口物流和航运的研究关注。特别是近年来我国学者对自贸区影响下的港口业务进行了不少研究,典型的研究有:雨戈、张哲辉研究了我国设立自贸区后港口发展面临的机遇和挑战,并提出了对策。徐才和陈义光分别以福建自贸区为背景,研究港口通关模式以及干散货港口竞争力。曹晓发研究了自贸区和港口联动发展的可行性。郭薇以江苏港口为例,分析了自贸区经济带影响港口物流金融基地建设的相关问题。陈继红等基于韩国釜山港的建设经验,提出了上海自贸区国际集装箱物流中转服务策略。温兆琦从自贸区视角探究厦门对外贸易和港口物流发展现状,以及对外贸易对港口物流发展的影响等。

综上所述,由于学界针对自贸区和自贸区港口所涉及的研究问题面很宽,上面对这方面研究进展的叙述并非是对相关研究的全面综述,而是从当前所涉及的主要研究方向出发,简述部分研究工作实例。根据上面的简述可以看到,当前人们对自贸区和自贸区港口从很多方面开展了有益的研究。总体上看,相关的研究大体可以分为两类,一类是相对宏观的理论思考,另一类是从个例分析出发的实证研究。但在自贸区和自贸区港口运营的机理和相应管理方法与手段层面的研究还有所不足,存在较大的、可深入拓展的研究空间。

2.2.3　港口产业相关研究

随着全球经济一体化加快,自贸区港口的天然区位和交通运输体系的便利性,促使产业向港口集聚。以港口为依托开展国际贸易,为产业发展、相关产业集聚提供了便利,推动了区域经济发展。施欣结合港口产业的基本特点,对港口产业的供需函数、效率及福利表现形式等问题进行了理论探讨。陈晨子等研究了连云港市港口、城市与临港产业在复合系统中的协调发展问题,建立了协调发展的评价指标体系和评价模型并定量评价,揭示了存在的问题,提出了发展目标。也有学者对自贸区和港口产业相结合展开一系列研究。例如,李新光等采用空间面板计量分析技术,构建了经济距离、自贸区邻接等4种空间权重,建立了金融发展影响福建县域产业结构升级的空间面板模型。周春山等借鉴广州南沙自贸区发展的历史数据,推演经济演化趋势与关键影响因素、发展特征,在南沙自贸区的产业转型升级、与粤港澳大湾区共生发展、建设"一带一路"港口集群等方面提出了发展对策。

临港产业发展到一定阶段后逐渐形成了以港口为核心的产业集群,学界也对此进行了深入的研究。例如,刘志强等用集群理论来探讨我国港口产业的可行性、行业状况和分布层次。周昌林认为港口具备了物流产业集群形成的资源禀赋,有明显竞争优势,政府在引导和扶持港口产业集群发展中发挥了积极作用。史安娜用共生理论研究了港口物流业集群的发展情况。沈玉芳基于协同发展的相关理论和实证研究,对长三角地区产业群、城市群和港口群的发展状况及其协同状况进行了实证分析,提出了协同发展的对策措施。黄顺泉等通过建立的二级单链全球供应链模型,运用 NetLogo 仿真平台,利用 Cournot 和 Stackelberg 模型,用博弈论方法研究外国供应商进入全球供应链所在港口集群的经济性。李新然等认为港口物流产业集群的形成是地区经济和港口发展的必然趋势,从港口状况、物流产业及腹地经济三个方面建立了港口物流产业集群竞争力评价指标体系,以环渤海10个港口物流产业集群为例进行实证研究,揭示了影响港口物流产业集群竞争力的主要因素,以及环渤海地区各港口物流产业集群的竞争态势。彭勃结合供应链、物流和产业集群相关理论及港口自身特点,提出了港口产业集群模式的供应链物流的概念及运作机制。

综上所述,学者对港口产业,以及以港口为核心平台形成的产业集群开展了丰富的研究并取得了一定的成果。从总体上说,针对港口,特别是自贸区港口,以这一特定区域的产业集聚所形成的港口产业系统为视角开展的研究还需进一步深入。

2.2.4　产业生态圈相关研究

在 2.2.1 小节对产业生态圈定义界定时,对产业或企业生态系统所形成的产业生态圈进行了相关的阐述,在企业生态系统的核心理念基础上,国际、国内学界围绕相关问题开展了很多研究。Peltoniemi 从复杂适应系统的视角分析了企业生态系统。Anggraeni 等基于企业生态系统研究了企业与其业务网络的关系。Marín 等研究了基于 Agent 的企业生态系统建模。Tien 提出了一个较为完整的企业生态系统建模与分析框架。Ceccagnoli 等以企业软件行业为例,分析了企业生态系统中多企业的价值共创模式。Gawer 等从创新的角度研究了企业生态系统。Adner 等针对企业生态系统中的企业间竞争与合作问题开展了一系列研究。在国内,张燚等研究了企业生态系统的构成与运行机制。许芳等研究了企业生态系统中的企业"生态位"模型。李梅英研究了企业生态系统中的共生模式。胡斌从复杂科学的视角,对企业生态系统的动态演化机制进行了系统的研究。资武成把企业生态系统的问题同大数据结合起来,分析了大数据背景下的企业生态系统。这些研究在整体上深化了企业生态系统理论、丰富了相关的工具和分析方法。

近年来,在企业生态系统理论和方法的基础上,学界对具体的企业生态系统进行了不少研究。例如,Corallo 等针对数字产业分析了数字企业生态系统。Quaadgras 围绕 RFID 产业对相关的企业生态系统开展了研究。Li 以思科公司为例,对企业生态系统进行了分析。Darking 等研究了开源软件相关企业群体的企业生态系统。胡岚岚等研究了中国电子商务生态系统的演化模式。王兆华等研究了生态工业园中的企业生态链。张运生研究了高科技产业创新生态系统。这些研究进一步深化了人们对企业生态系统运转机制及其管理的认识。

参考"生态圈"定义和理论,以产业集聚形成的"产业生态圈"为视角展开的相关研究已经取得一定成果。港口经济圈也显著符合企业生态系统或生态圈的特征,对此,近年来学界已开展对港口企业生态系统的研究。例如,Sinha-Ray 等研究了集装箱运输的企业生态系统。Vander 等研究了港口生态系统中的价值创造和价值获取。金汉信从企业生态系统的视角研究了港口的发展。蒋柳鹏等从企业生态系统的视角出发,研究了港口、产业和城市的协调发展。高琴、李南等对港口产业集群开展了研究。韩二东等基于种群生态学理论建立 Lotka-Volterra 模型,研究了港口产业集群内部总、分公司之间依托型互利共生关系的非线性时滞。王珍珍等分析了中国沿海港口与"一带一路"沿线国家港口联盟的运作机制,建议进一步优化生态圈、加强港口资源整合、构建现代化集疏运体系、创新联盟合作形式、完善联盟成员交流机制。塞令香等基于生态位理论,测度港口产业生态位强度、宽度、重叠度等指标数值。计春阳等基于"互联网+港口企业"的供应链金融演化及平台生态创新趋势开展了研究。

从总体上说,以港口,特别是自贸区港口企业生态系统或产业生态圈为视角开展的研究,还需进一步深入。

2.2.5　自由贸易港相关研究

世界上制度完善、发展成熟的自由贸易港基本上是以国际贸易中心、金融中心和国际物流中心等为主导地位的国际枢纽港或全球集散交易中心,例如中国香港和新加坡自由贸易港,在很大程度上推动了全球经济、贸易、投资的自由化。自由贸易港对产业发展、促进区域经济和社会发展的引擎作用引起了学界的研究兴趣。国内外学者从不同的维度对自由贸易港的政策体系和营运模式进行了探索,取得了丰硕成果。国外学者从自贸区和自由贸易港的贸易和福利经济学等视角展开研究。在国内,学界也对自由贸易港展开了相关研究。例如,黄志勇等认为,保税港区应发挥重要作用,必须不断创新和完善开放政策和体制机制,发展自由贸易港。马得懿基于我国集装箱运输市场和运力实际情况,建议开放沿海捎带业务。李凯杰认为,应从提升对外开放水平、设定对接全球高水平标准、推进体制机制创新和加强法律保障制度建设等方面,循序渐进地推动中国自贸区结合区域实际向自由贸易港转变。田珍通过分析全球主要自由贸易港的发展和现状,论述了我国探索建设自由贸易港的战略意义和措施。张释文等在借鉴国外自由贸易港的传统做法与发展模式的基础上,提出了构建具有中国特色、符合中国国情的新时代自由贸易港。黄庆平等认为,自由贸易港建设的负面清单管理的制度价值必须在更高的平台探索升级,以进一步强化负面清单管理所带来的衍生效应,注重宏观经济管理与微观经济自由相平衡。孙超提出了税收政策的具体风险对建立海南自由贸易港的建议。李思奇分析了国际自由贸易港建设经验,提出对我国建设自由贸易港的启示。王艳红等从世界上典型自由贸易港发展经验及国内自贸区港口存在的不足,提出了我国建设自由贸易港的对策与建议。朱孟楠等认为,建立中国特色的自由贸易港应创新自贸区制度。李猛总结典型自由贸易港的发展经验,指出中国建设自由贸易港中政策创新的不足,提出将国际经验与本国实情进行有效结合,在市场风险可控前提下,以政策创新推动自由贸易港的建设。何悦涵从中国建设自由贸易港临时仲裁制度方面展开研究,解决机制不足的问题。黄庆平等认为,我国设立的自由贸易港面向未来,其税制设计应高于世界上已有的制度完善、发展成熟的自由贸易港。

也有学者从自由贸易港演化和可行性视角探索自由贸易港的发展模式。例如,李金珊以国际关系为视角研究了欧洲的关税制度变迁和自由贸易港的功能演化,认为自由贸易港作为国际贸易的平台,其存在、功能和形态演变与关税、非关税障碍密切相关。谢四德以广东桂山岛为研究对象,提出了粤澳共建桂山岛自由贸易港,以促进两地产业结构的优化和升级,带动珠江流域腹地的经济发展。陈会珠等研究了香港自由贸易港的发展历程,认为依据其发展阶段与条件,选择与之相适应的发展模式。胡凤乔等从自由贸易港的代际演化出发,并结合中国"一带一路"倡议,研究了第四代自由贸易港,提出了发展"海上丝绸之路自由贸易港口联盟"的建议。彭羽等在借鉴国际通行经验的基础上,构建了全面开放新格局下自由贸易港建设的目标模式,以促进国内产业升级和提升全球价值链地位。孟广文等就海南自由贸易试验区建设的必要性、可行性、模式与实施对策进行分析,以期引起决策者与学术界的深入研究与探讨。

综上所述,国内外学者针对自由贸易港的相关研究取得了较丰富的成果,从现有研究文献中可发现,我国设立自贸区的时间不长,自贸区港口和制度完善、发展成熟的自由贸易港相比存在较大差距。关于如何建设和发展中国自由贸易港的文献研究以定性分析为主,而采用定性分析、定量分析加上专家评估进行综合研究的文献较少,值得深入探讨。

2.3 现有文献研究的不足

从上面对自贸区、自贸区港口,以及企业生态系统与生态圈等方面进行研究的阐述中可以看到,近年来人们就相关问题开展研究已经取得大量成果,但针对具体的自贸区港口产业生态圈或生态系统的研究较为不足。对于自贸区和自贸区港口产业生态圈因素识别方面学界开展了不少研究,但整体而言,研究大多集中于宏观理论构建以及基于个例的实证分析上面,而对自贸区港口产业生态圈演化机理和发展的深度分析与研究显得较为不足。另外,缺少对自贸区港口产业生态圈发展和成熟度评价,对于我国自贸区港口未来发展也没有给出发展模式和路径选择。这使得自贸区港口生态圈理应成为研究自贸区港口运营机制和发展战略深入探究的方向。研究自贸区港口生态圈,可以以企业生态系统和生态圈的一般理论和方法的研究为基础。从已有针对企业生态系统和生态圈研究发展状况的文献中可以看到,近年来人们对相关问题开展了很多有成效的研究,这些工作可以为本书开展针对自贸区港口生态圈的研究提供必要的支撑。同时,其他类型企业生态系统和生态圈的研究(例如目前对数字产业和电子商务等领域的企业生态系统与生态圈有较为深入的研究),亦对本研究起到一定的借鉴作用。

综上所述,自贸区港口产业生态圈为自贸区及自贸区港口研究提供了一个值得深入探究的新视角,了解和把握自贸区港口产业生态圈的演化及成熟度评价机制,并建立其评价体系,对指导自贸区港口的发展有着重要的理论和现实意义。但针对这方面的研究,目前国内外开展得还不充分,还有以下几点不足:

(1)缺乏针对自贸区港口产业生态圈的重要影响因素识别进行定量的研究

在现有文献中,关于我国自贸区港口产业生态圈的重要影响因素识别几乎是空白的,基于自贸区港口有政策、法规和辖区的特殊性,鲜有文献涉及如何提取基于自贸区港口产业生态圈重要影响因素的研究,这就导致在如何进行自贸区港口产业生态圈重要影响因素识别上存在不足。

(2)缺乏对自贸区港口产业生态圈发展演化的研究

现有有关港口发展方面的文献,更多聚焦于一般临港产业评价和港口产业的影响因素识别,而针对自贸区港口产业生态圈的发展、演化的研究几乎是空白的。通过对自贸区港口产业生态圈的形成机理进行研究,可以合理了解自贸区港口发展状况,更好地分析影响因素对自贸区港口产业生态圈的发展过程的影响路径,为更好地提取重要影响因素、了解自贸区港口产业生态圈发展各个阶段具有非常重要的意义。

(3)缺乏对自贸区港口产业生态圈成熟度的评价研究

现有文献中主要针对自贸区港口产业、港口经济发展进行评价,并未考虑绿色增长环境下自贸区港口产业融入生态圈发展,也未对产业发展所处的阶段进行评价。

对自贸区港口产业生态圈成熟度的评价不仅要考虑自贸区的港口因素、改革成效、支撑产业、社会效益和环境影响等产生的影响,还要综合考虑辖区内的产业发展情况,产业发展和成熟影响自贸区、自贸区辖区内港口可持续发展和最终实现低碳及绿色增长,缺乏针对国内外自贸区港口之间、自贸区港口和一般港口之间,尤其是自贸区港口和"一带一路"沿线港口的合作需要深入研究。

(4)缺乏对自贸区港口未来发展模式的研究

现有文献中针对我国自贸区港口未来发展的研究鲜有涉及。自贸区港口为国民经济和社会发展做出了巨大贡献。随着我国港口供给结构性改革和产业结构的转型升级,为配合国家进一步扩大对外开放,自贸区港口适应国家发展战略,借鉴世界著名自由贸易港发展经验,把粤港澳、长三角、环渤海这三大区域内符合条件的自贸区港口转型升级为自由贸易港;借鉴世界知名大湾区的发展经验,谋划推动环渤海、长三角跨省区的区域港口资源整合,发展环渤海、长三角大湾区及大湾区港口群。但如何把自贸区港口、自由贸易港融入大湾区总体规划,这一课题还需要进一步深入研究。

3 自贸区港口产业生态圈关键因素识别

3.1 引　　言

本章是在第 2 章有关自贸区港口产业生态圈的理论和已有文献研究的基础之上进行分析,通过构建自贸区港口产业生态圈影响因素集,并对这些关键因素进行识别。根据前面的介绍可知,关键因素识别的方法有很多,各有优劣,根据研究的实际,本章用改进双链量子遗传算法优化 BP 神经网络,结合传统 DEMATEL 方法的优缺点,提出了改进 BP-DEMATEL方法求得自贸区港口产业生态圈各关键因素的直接关联矩阵,在应用范围上是一个非常大的拓展,并完善了研究内容。利用遗传算法、BP 神经网络和 DEMATEL 各自的优缺点,通过用改进双链量子遗传算法优化 BP 神经网络,构建改进 BP-DEMATEL 算法模型,对自贸区港口产业生态圈关键影响因素进行识别,得到原因型影响因素和结果型影响因素,为接下来对自贸区港口产业生态圈演化建模和仿真分析确定评价指标体系。本章的研究思路为:在传统 DEMATEL 方法的基础上,构建改进双链量子遗传算法优化 BP 神经网络来计算权值,建立识别影响因素的 DEMATEL 模型,利用 2018 年的历史数据对自贸区港口产业生态圈影响因素进行实证分析,得到了自贸区港口产业生态圈的原因型影响因素和结果型影响因素,并给出对策与建议。基于此思路,本章所构建的自贸区港口产业生态圈关键因素识别流程如图 3.1 所示。

3.2　研究方法介绍

3.2.1　传统 DEMATEL 方法

在影响因素识别领域,针对影响自贸区港口产业生态圈关键因素识别的方法有很多,如何选择适合的方法成为本章研究的重点。决策试行与评价实验室方法是巴特尔在1971—1976 年提出并用来研究复杂系统中各因素的相互关系。DEMATEL 有别于 AHP 等方法,它不需独立的影响因素,仅通过因果关系图就可确定各因素的相互关系,主要利用图论和矩阵工具将所研究的系统中各个影响因素之间的逻辑关系,通过构建直接关联矩阵求得各个因素的影响度与被影响度、中心度与原因度,找出各因素所属种类,再分析因素间的关联性,从而识别原因型影响因素和结果型影响因素,达到解决问题的目的。

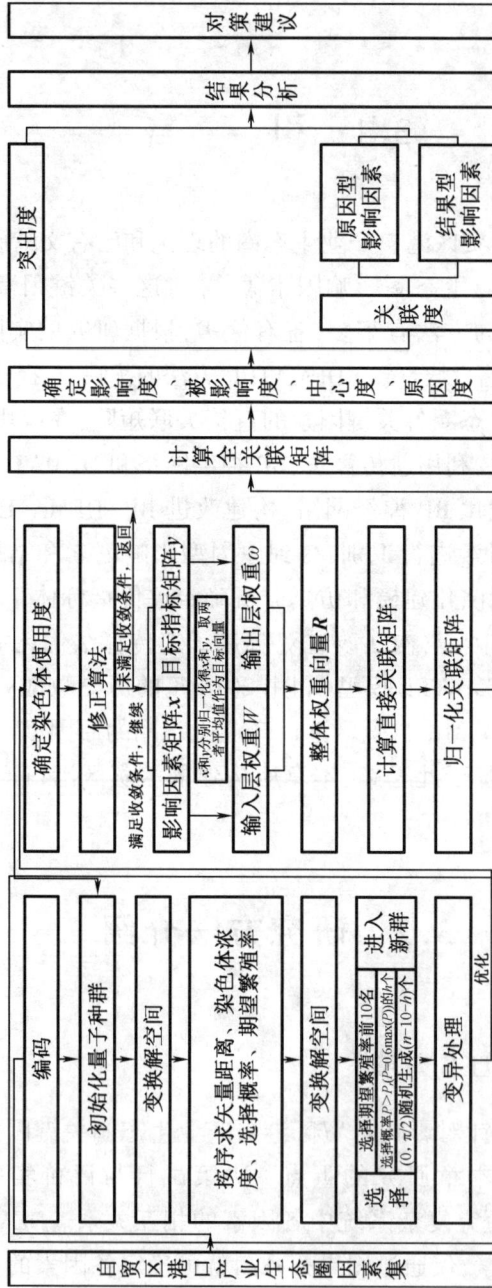

图3.1 自贸区港口产业生态圈关键因素识别流程图

针对传统 DEMATEL 方法存在的缺陷,国内外学者将其加以改进后应用到各领域的影响因素识别中,例如,Kim 构建 DEMATEL-PCA-AHP 算法模型,研究韩国菜牛养殖的影响机理。Wu 等用模糊逻辑和 DEMATEL 方法研究了素质开发各因素的相互关系。Tzeng 等用 AHP 和模糊积分评价主观认知环境的影响因素,用 DEMATEL 识别出关键因素及其相互关系。Wu 用 ANP-DEMATEL 方法研究台湾企业的知识管理战略。Tseng 等用 F-DEMATEL 模型评价马尼拉固体废弃物管理水平。Tseng 利用灰色模糊 DEMATEL 算法评价地产经纪人的服务水平和指标的相互关联。Li 等用最大平均熵值法确定阈值,运用 DEMATEL 方法对知识产权保护服务的因素之间的相互关系进行研究。Tsai 等用 DEMATEL 方法研究了中小企业可持续发展因素之间的相互关系,用网络层次分析法(ANP)确定因素的权值,再用 0-1 型整数目标规划求得最优解。Tseng 利用 Fussy-DEMATEL 方法评估台湾酒店的服务质量。Lin 运用 DEMATEL 方法识别影响企业选择战略的关键因素。Shieh 利用 DEMATEL 方法遴选台湾医院服务质量的要素。Chen 结合 DEMATEL、模糊 ANP 和 TOPSIS 构建多准则决策方法,研究台湾高校创新绩效。Yang 等运用 ANP-DEMATEL 方法对多准则决策方案的指标间相互关系、影响程度和重要性进行分析。Chang 等运用模糊 DEMATEL 方法识别供应商的关键因素。史丽萍等以人的认知为视角,用扎根理论方法从质化研究角度选取团队目标导向的影响因素,运用概念格-加权群组 DEMATEL 方法进行影响因素重要度的识别。高沛然等利用偏最小二乘法(PLS)结构方程方法计算影响因素直接关联矩阵,并与传统 DEMATEL 方法结合,提出了 PLS-DEMATEL 算法模型,分析了这些影响因素,验证了其实效性。李英等构建 Grey-DEMATEL 模型对障碍因素进行因果关系分析及其重要性排序。徐金杰等以江苏省风电产业技术创新网络内知识转移影响因素为例,用 AHP-DEMATEL 方法分析了各因素的权重排序、因素相互关系以及关键因素。王中原等根据中国军工企业的发展特点,构建了企业法律风险指标评估体系,利用改进模糊层次分析法(IF-AHP)构建 IFAHP-DEMATEL 算法模型,对影响军工企业风险因素的重要度进行识别和分析。Baykasoglu 等将模糊 DEMATEL 与模糊层次分析法(TOPSIS)相结合,对货车选型影响因素进行识别。Chen 等用 RM-DEMATEL 识别影响 $PM_{2.5}$ 成分的关键因素。Su 等用 Grey-DEMATEL 方法对改进供应链管理关键影响因素进行了分析。崔强等构建 RM-DEMATEL 方法,用来识别交通运输低碳化能力关键因素。秦晓楠等引入 BP-DEMATEL 算法模型,对生态安全系统影响因素间的相互关系进行了定量研究。李敬强等利用了序关系分析法(G1)和 DEMATEL 方法,对民航飞行员心理健康评价指标间的相互影响关系进行了分析。崔强等提出了径向基函数神经网络(RBF)和 DEMATEL 方法,并分析了交通运输低碳化能力的影响因素之间的相互关系。武春友等利用粗糙集理论构建 Rough-DEMATEL 方法分析了企业绿色增长模式影响因素各指标的影响程度及相互关系。隋立军等依据全生命周期理论,运用模糊数构建 Fuzzy-DEMATEL 方法对影响绿色养老社区建设的因素进行因果关系分析,得到了关键影响因素。值得注意的是,在利用 DEMATEL 进行因素分析时,需明确如下几个关键的定义:

定义 1 定义 n 阶矩阵 $\boldsymbol{B} = (b_{ij})_{n \times n}$ 为直接影响矩阵,b_{ij} 表示因素 i 对因素 j 的直接影响程度。

定义 2 标准化直接影响矩阵

$$\boldsymbol{X} = \left[x_{ij} \right]_{n \times n} = s \cdot B = B \Big/ \max_{1 \le i \le n} \sum_{j=1}^{n} b_{ij} \quad (i,j = 1,2,\cdots,n) \tag{3.1}$$

定义 3 定义综合关联矩阵

$$\boldsymbol{T} = \left(t_{ij} \right)_{n \times n} = \boldsymbol{X}(\boldsymbol{I}-\boldsymbol{X})^{-1} \tag{3.2}$$

在式(3.2)中,$(\boldsymbol{I}-\boldsymbol{X})^{-1}$ 为 $\boldsymbol{I}-\boldsymbol{X}$ 的逆,$\boldsymbol{I}$ 为单位矩阵,t_{ij} 表示因素 i 对因素 j 的综合影响程度。

定义 4 定义各影响因素的影响度、被影响度、中心度及原因度。其中,D 为 T 的各行之和,R 为 T 的各列之和,则有:

$$\boldsymbol{T} = \left[t_{ij} \right]_{n \times n} \tag{3.3}$$

$$D = \left[t_i \right]_{n \times 1} = \left[\sum_{j=1}^{n} t_{ij} \right]_{n \times 1} \tag{3.4}$$

$$R = \left[t_j \right]_{1 \times n} = \left[\sum_{i=1}^{n} t_{ij} \right]_{1 \times n} \tag{3.5}$$

将 $D_i + R_i$ 定义为影响因素 i 的突出度,$D_i + R_i$ 的值越大,影响因素的重要性越大;$D_i - R_i$ 是影响因素 i 的关联度,它分以下两种情况判断:

(1)当 $D_i - R_i > 0$ 时,则此指标属于原因型影响因素;

(2)当 $D_i - R_i < 0$ 时,则此指标属于结果型影响因素。

值得注意的是,在众多因素中,结果型影响因素是原因型影响因素的影响结果。

从定义 1~4 可以看出,采用 DEMATEL 分析各指标之间的影响关系的关键是构建直接关联矩阵,而现有针对 DEMATEL 和影响因素的研究成果比较丰富。现有研究存在的不足为:(1)用于分析影响因素的方法有很多,但主要是在情景假设和静态分析的基础上直接确定影响因素,缺乏对影响因素的有效分析和识别;(2)在研究方法方面,现有研究对传统 DEMATEL 方法采用专家打分或调查问卷等主观性赋值的缺点进行了改进,而改进该方法的不足之处还有待继续研究;(3)学界对自贸区港口产业生态圈影响因素有哪些、哪些是根本性的影响因素鲜有提及,这都影响了 DEMATEL 的应用范围。

3.2.2 QGA 的基本原理

1996 年,Naraynan 等提出了量子遗传算法(Quantum Genetic Algorithm,QGA),并用来解决旅行商问题(Traveling Salesperson Problem,TSP)。QGA 是一种类似隔离水生环境的遗传算法(Genetic Algorithm,GA),但其量子含义并不明显。2000 年,Han 等将量子位和量子门的概念引入 GA,提出了遗传量子算法(Genetic Quantum Algorithm,GQA),并验证了该算法的有效性。遗传算法流程如图 3.2 所示。

管理科学上将遗传算法广泛用于优化模型的解空间优化和神经网络优化等。

(1)在优化模型的解空间优化方面,龙亿等用遗传算法(GA)优化 RBF 神经网络的中心矢量与基宽度,并实时更新 RBF 网络的权值,为改善外骨骼机器人灵敏度放大了控制(SAC)性能。刘浩然等用改进的遗传算法(IGA)调整神经网络的权值,形成了新的改进遗传算法,优化 BP 神经网络研究水泥回转窑的故障诊断。孙一睿等用 BP 神经网络结合 GA 编制计算软件来实现选择性催化还原剂(SCR)的失效预测功能,并在此基础上制定催化剂清洗再生流程。曾小华等引入基于 GA 优化的 BP 神经网络,建立了轮毂液压混合动力重型商用车侧翻预警控制问题模型。金燕等提出了一种人工智能方法,用以分析航空轴承在高速滚动轴承中热弹流润滑效应影响下的疲劳可靠性。王振华等基于 GA 优化 BP 神经网络对精轧机组末机架进行研究。

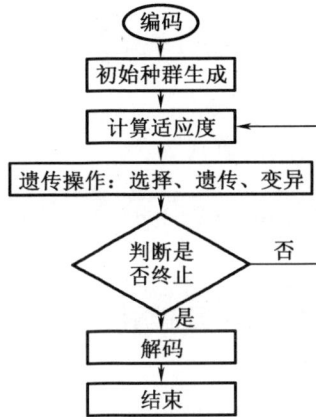

图 3.2　遗传算法流程图

(2)在对神经网络的优化方面,王文杰等基于 Kriging 模型和 GA 对泵叶轮两工况水力进行优化设计。余滨杉等用 GA 优化了形状记忆合金(SMA)BP 神经网络,并研究了各影响因素对其力学性能的影响程度。李鹏飞等采用病毒协同遗传算法(VEGA)对自动化立体仓库出入库效率和货架稳定性为优化因素的货位选择问题建模和仿真分析。梅丹等考虑舰船电力系统结构性能双层优化,采用变阶 GA 建立了舰船电力系统结构性能多目标、多约束双层优化模型。邬丽云等利用 GA 优化灰色区间数 GM(1,1)参数,并通过变权均值建模,预测了其误差。

3.2.3　BP 神经网络及其应用

BP 神经网络采用光滑活化函数,含有一个或多个隐含层,通过权值将两相邻层连接,经处理得到的信息逐层向前流动。当用 BP 神经网络学习权值时,比较理想输出与实际输出之间的误差,由前向后逐层修改权值。BP 神经网络的拓扑结构如图 3.3 所示。

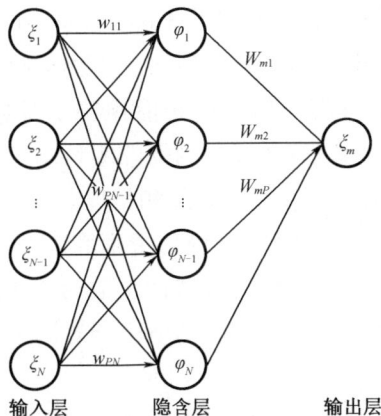

图 3.3　BP 神经网络的拓扑结构图

在应用 BP 神经网络时,先确定一个非线性光滑活化函数 $g: R^1 \to R^1$,权矩阵 $W^0 = \{W_{mP}^0\}_{M \times P}$ 和权矩阵 $\omega^0 = \{\omega_{pn}^0\}_{1 \leqslant p \leqslant P, 1 \leqslant n \leqslant N}$,对任何一个输入信息量 $\xi^0 = (\xi_1, \xi_2, \cdots, \xi_n) \in R^N$,那么:

(1)求解网络的实际输出所用的算式为:

$$\zeta^0 = g(W_m^0 \cdot \varphi^0) = g(\sum_{p=1}^{P} W_{mp}^0 \cdot \varphi_p^0) \tag{3.6}$$

在式(3.6)中,$m = (1, 2, \cdots, M)$。

(2)求解网络的隐含层输出所用的算式为:

$$\varphi_P^0 = g(\omega_m^0 \cdot \xi) = g(\sum_{n=1}^{N} \omega_{pn}^0 \cdot \xi_n) \tag{3.7}$$

在式(3.7)中,$p = (1, 2, \cdots, P)$。

令样本输入向量为 $\{\xi_j\}_{j=1}^{J} \subset R^N$,相应理想输出为 $\{O_m\}_{m=1}^{M} \subset R^M$,并假设 $\{\zeta_m\}_{m=1}^{M} \subset R^M$ 为网络实际输出,则求解误差函数的算式为:

$$E(W, \omega) = \frac{1}{2} \sum_{m=1}^{M} \| O_m - \zeta_m \|^2 \tag{3.8}$$

在式(3.8)中,$\| \cdot \|$ 为欧氏范数。

近几年 BP 神经网络及其改进方法在管理学中的主要应用为预测应用、预警研究、影响因素分析和综合评价等。

(1)在预测应用方面,李松等用改进粒子群算法(IPSO)优化 BP 神经网络的(IPSO-BP)算法模型对短时微观交通流预测,降低了 BP 神经网络陷入局部极小值的可能,提高了收敛速度;并单独与 BPNN 模型、粒子群算法(PSO)优化 BP 神经网络(PSO-BP)模型比较,得到 IPSOBP 模型的非线性拟合能力和预测精度更高。贾鹏等用定性分析和定量统计相结合的方法,研究邮轮旅游需求的影响因素,建立基于 BP 神经网络的我国邮轮旅游需求预测模型,精度达 95%。吕霁针对房地产价格和影响因素之间存在复杂且非线性的关系,提出 GA-BP 的房地产评估预测模型,最后通过样本数据仿真实验,证明了该方法对房地产估价的有效性和准确性,解决了算法陷入局部极值点的问题。李新运等用逐步回归分析和 BP 神经网络对消费者物价指数(CPI)进行混沌预测,并与自回归移动平均模型(ARIMA)比较,从预测和拟合两个方面对模型进行了效果评价。丁筠构建 BP 神经网络对学术期刊影响力指数(CI)预测模型及期刊学科内排名的预估,预测平均相对误差值为 2.18%。章军辉等针对复杂"人-车-路"的交通环境下研究前碰撞预警系统(FCWS)在实际应用中存在的问题,利用聚类算法思想建立了改进 BP 神经网络的闭环驾驶的跟驰习惯模型,减小了训练陷入局部极小可能性,提高了网络收敛速度和预测精度。陈征等用 GA-BP 神经网络针对柴油喷雾贯穿距测量的问题建立预测模型,有较高精度和较强适用性,平均相对误差和相对误差方差分别为 4.03% 和 0.007 4,收敛时的迭代次数为 5,均比 BP 神经网络预测模型低。黄亚驹等根据网络舆情的发展,构建 BP 神经网络模型对网络舆情发展进行预测,在一定程度上将预测的时间区间前置。

(2)在预警研究方面,潘芳等为应对动态多变的微博网络社群突发舆情,构建了基于 BP 神经网络的预警监控模型,帮助政府部门及时、有效地掌控微博舆情态势,制定相关政策。孙玲芳等为应对网络舆情危机进行有效预警,构建了 GA 优化 BP 神经网络预警模型,正确率达 81.82%。王宗杰等为了提高医患关系风险预警的准确度,提出了粒子群优化 BP 神经网络预警模型,该模型预测误差比 BP 模型误差率低 20.67%。曾小华等建立 GA 优化的 BP 神经网络对汽车轮毂液压混合动力重型商用车侧翻预警模型,得到的曲线与理想预警曲线误差最小达 5%。段磊等通过建立残差修正、线性加权、诱导有序加权平均算子(IO-WA)算子的 BP 神经网络和离散(GM)组合预测模型,研究了江苏省进出口贸易的稳定发展、区域内经济增长及竞争力,有更高的拟合度。郝丽等基于 BP 神经网络和蜂群(ABC)算法相结合的优化元启发式算法模型(ABC-BP),将总准时制生产方式(T-JIT)环境下的供应链协同风险进行预警分析,与 BP 神经算法相比,准确率为 91.4%。

(3)在影响因素分析方面,彭飞等从敏感性与应对能力两方面构建海洋经济系统脆弱性指标体系,利用 BP 人工神经网络模型、脆弱性评价指数模型、障碍度评价公式等对中国沿海地区海洋经济系统的脆弱性时空演变特征、影响因素进行评价分析,提出海洋经济发展方向与对策、建议。成全等通过对中国原始性创新环境影响因素的识别,构建 BP-DE-MATEL 模型,分别对物理学领域的诺贝尔奖获得者、中国科学院院士和中国工程院院士三类群体数据的原始性创新环境影响因素的指标重要性进行比较,分析其差异性,并提出相关政策与建议。郭丹等研究了人力资本产权与组织考核存在逻辑联系的影响因素之间内在作用过程的模块化情况,用 BP 神经网络进行分析,使得人力资本产权考核的应用操作性更强。陈闯等为了研究语音情感识别技术在人类生活中的作用,引入改进自适应遗传算法(IAGA),提出 IAGA-BP 方法,与 BP、GA-BP 和 AGA-BP 方法通过实证分析比较,验证出该法的网络收敛速度更快。

(4)在综合评价方面,朱庆锋等从风险管理的角度,选择化肥生产企业作为评估样本,运用模糊综合评判法和 BP 神经网络法开展企业控制活动评估的实证分析,验证了方法的有效性、可靠性及实践指导性。程波等针对传统 AHP 中专家权重确定方法的局限性,对其进行改进(IAHP),构建 IAHP-BP 神经网络模型,以建筑企业循环经济评价进行实证分析,结果表明所得评价结果更准确、可靠。任宏等根据巨大型项目决策"核心三原则",构建投入产出评价指标体系,先用数据包络分析法(DEA)对项目投入方案进行初评,选出有效的方案,再用 GA-BP 方法对有效方案进行二次评价,选择最优方案。实证分析表明,此方法保证了投入评价的客观性,并能实现投入方案的完全排序。王冰等基于知识转移评价研究领域的运用普遍存在样本数量偏少、样本质量和代表性良莠不齐的问题,通过构建评价指标体系,采用 BP 神经网络方法对样本数据训练、检验及仿真分析。结果表明,BP 神经网络能有效规避人为因素干扰,具有较好的准确性和实用性。孟超等从资源、供需、运输、灾害、环境、市场六个方面构建了中国煤炭安全评价体系,采用 BP 神经网络仿真训练得到的结果准确率高,模拟预测简便易行,并给出了有效的应对措施。

基于 BP 神经网络的特点,求得目标输出和输入值权值矩阵 W 和 ω,用两者的乘积衡量各指标对目标输出的影响程度和指标间的影响程度。常用梯度下降法训练 BP 神经网络,针对传统梯度下降法收敛速度慢、易陷入局部最小且计算量大等缺点,通过以下两方面进行改进:

①引入动量项自适应变速率梯度下降法,减少震荡并加速算法收敛,寻求全局最优;

②用遗传算法等智能算法对 BP 神经网络权值和阈值进行优化,以加快收敛速度,寻求全局最优。基于本章研究的实际,采用②的方法求得权值矩阵 $\boldsymbol{W}$ 和 $\boldsymbol{\omega}$。

3.3 模 型 设 计

3.3.1 基于改进 BP-DEMATEL 的模型设计

1982 年,物理学家 Feynman 提出了量子计算和量子计算机概念,QGA 是基于量子计算原理的概率优化算法。QGA 具有的优点是种群规模小、收敛速度快、全局搜索能力强以及种群多样性。QGA 主要用于解决组合优化问题,DCQGA 成为学界近年来关注的焦点。

在 DCQGA 中,量子位概率幅$[\cos\theta_{ij},\sin\theta_{ij}]^\mathrm{T}$ 在单位圆中的相位 θ_{ij} 的初始值在$(0,2\pi)$中是随机产的,$i=1,2,\cdots,n;j=1,2,\cdots,m$。其中,$n$ 为种群规模,m 为单个量子染色体上量子位数。用量子旋转门更新量子比特相位和量子非门实现染色体变异,会让量子染色体搜索空间范围变大,但不利于算法快速收敛。因此,可以用矢量距离求解量子染色体的选择概率和期望繁殖率。对自贸区港口产业生态圈影响因素进行识别,为了得到理想的结果,使用 IDCQGA 优化 BP 神经网络(IDCQGA-BP)作为基本算法,再用优化后的 BP 神经网络与传统 DEMATEL 一起构建了改进的 BP-DEMATEL 算法模型。用该模型求解各指标之间的直接关联矩阵的算法步骤如下:

步骤 1 初始化量子种群。在$(0,\pi/2)$中随机选 m 个量子位数的 n 个量子染色体组成初始量子种群 $X=\{x_1,x_2,\cdots,x_n\}$,把每一个量子位概率幅看成上、下两个并列基因,每一条染色体包含两条并列的基因链,每一条基因链代表着一个优化解,使用的计算公式为:

$$x_i=\left|\begin{matrix}\cos\theta_{i1}\\\sin\theta_{i1}\end{matrix}\right|\left|\begin{matrix}\cos\theta_{i2}\\\sin\theta_{i2}\end{matrix}\right|\cdots\left|\begin{matrix}\cos\theta_{im}\\\sin\theta_{im}\end{matrix}\right| \tag{3.9}$$

在式(3.9)中,$\theta=\dfrac{\pi\cdot\mathrm{rand}}{2}$,随机数 $\mathrm{rand}\in(0,1)$。

步骤 2 变换解空间。初始群体内每一条量子染色体包含着 $2m$ 个量子比特的概率幅,把 $2m$ 个概率幅由 m 维空间$(0,\pi/2)^m$ 线性变换映射到 BP 神经网络权值的取值区间。设随机值$[a,b]$为权值的初始值,令量子染色体 x_i 上第 j 个量子位为$[\alpha_j^i,\beta_j^i]^\mathrm{T}$,则求解其解空间变量的计算式如下:

$$X_{jc}^i=a+(b-a)\times\alpha_j^i$$
$$X_{js}^i=a+(b-a)\times\beta_j^i \tag{3.10}$$

在式(3.10)中,X_{jc}^i 为量子染色体 x_i 上第 j 个量子位的余弦解;X_{js}^i 为量子染色体 x_i 上第 j 个量子位的正弦解;α_j^i 为 X_{jc}^i 对应量子态$|0>$的概率幅;β_j^i 为 X_{js}^i 对应量子态$|1>$的概率幅。

步骤 3 按次序求解种群 X 中各染色体的矢量距$(\mathrm{dis}(x_i))$、基于矢量距浓度$(C(x_i))$的选择概率$(P(x_i))$和期望繁殖率$(e(x_i))$。

(1)求解染色体 x_i 的矢量距 $\mathrm{dis}(x_i)$算式如下:

$$\mathrm{dis}(x_i)=\sum_{k=1}^n|F(x_i)-F(x_k)| \tag{3.11}$$

(2)求解量子染色体浓度($C(x_i)$)的算式如下：

$$C(x_i) = 1/\mathrm{dis}(x_i) = 1/ \sum_{k=1}^{n} |F(x_i) - F(x_k)| \tag{3.12}$$

(3)求解量子染色体浓度的概率选择($P(x_i)$)的算式如下：

$$P(x_i) = \mathrm{dis}(x_i)/ \sum_{i=1}^{n} \mathrm{dis}(x_i) = \sum_{k=1}^{n} |F(x_i) - F(x_k)|/ \sum_{i=1}^{n} \sum_{k=1}^{n} |F(x_i) - F(x_k)|$$

$$\tag{3.13}$$

(4)求解量子染色体的期望繁殖率($e(x_i)$)的算式如下：

$$e(x_i) = F(x_i)/C(x_i) = F(x_i) \sum_{k=1}^{n} |F(x_i) - F(x_k)| \tag{3.14}$$

步骤 4 把初始种群 X 按期望繁殖率(e)和选择概率(P)由高到低排序。

(1)选出 e 前 10 名的 x_i 进入新种群(X_{new})。

(2)选择 $P > P_r(P_r = 0.6 \times \max(P))$ 的 h 个 x_i 进入 X_{new}。

(3)选择在 $(0, \pi/2)$ 中随机生成的 $n-10-h$ 个 x_i 进入 X_{new}。

步骤 5 量子相位更新，所用算式如下：

$$\begin{bmatrix} \cos(\Delta\theta) & -\sin(\Delta\theta) \\ \sin(\Delta\theta) & -\cos(\Delta\theta) \end{bmatrix} \begin{bmatrix} \cos(\theta) \\ \sin(\theta) \end{bmatrix} = \begin{bmatrix} \cos(\theta+\Delta\theta) \\ \sin(\theta+\Delta\theta) \end{bmatrix} \tag{3.15}$$

在式(3.15)中，$\Delta\theta = -\mathrm{sgn}[\sin(\theta_i - \theta_0)] \times \Delta\theta_0 \times \exp\left[-\dfrac{\nabla F(x_i) - \nabla F_{\min}}{\nabla F_{\max} - \nabla F_{\min}}\right]$，$\nabla$ 表示梯度函数，θ_0 表示迭代初值。

步骤 6 变异处理。根据变异概率，用量子非门从种群中任意选一条染色体进行变异处理，在被选中的染色体上随机选择若干个量子位进行量子非门变换，通过互换量子位的两个概率幅，使这两条基因链获得变异。

步骤 7 计算染色体适用度。本章主要利用 BP 神经网络的误差函数建立适用度函数 $F(x_i)$，求解算式如下：

$$F(x_i) = \exp\left(-\frac{1}{2} \| \mathrm{tar}(x) - g(W \times g(\omega \times x_i)) \|^2\right) \tag{3.16}$$

在式(3.16)中，tar 是 BP 神经网络输出；W 为隐含层与输出层之间的权值矩阵；ω 是输入层与隐含层之间的权值矩阵；g 是活化函数。

步骤 8 修正算法。把 X_{new} 中全部量子染色体的量子位辐角 θ 排序，记录出最大值 $\theta_{\max}$ 和最小值 $\theta_{\min}$，若 $|\theta_{\max} - \theta_{\min}| < \varepsilon$，重设 θ 的取值区间，使 $\theta \in (0, \pi/2)$。

步骤 9 返回步骤 2 循环计算，直至满足收敛条件或达到最大步数。

步骤 10 在运用本章提出的改进 BP 神经网络前，需把成本型的指标值转化为效益型的指标值，若 x' 为成本型指标，取 $x = 1/x'$。

步骤 11 令本研究的影响因素矩阵为 $x = [x_{ij}]_{m \times n}$，目标指标矩阵为 $y = [y_i]_{m \times l}$，将 x 和 y 分别归一化处理得到 $\bar{x}$ 和 $\bar{y}$，取两者平均值作为所有算法的目标向量，并据此测算本算法的精度。

步骤 12 把 $\bar{x}$ 作为 BP 神经网络的输入向量，$\bar{y}$ 作为 BP 神经网络的目标输出向量。

步骤 13 利用改进 BP 神经网络算法得到的输入层的权重 W、隐含层与输出层的权重向量 ω，输入层与输出层的权值矩阵 $W = (W_t)_{n \times l}$，$\omega = (\omega_t)_{l \times 1}$，$l$ 为隐含层神经元的个数。

步骤 14 计算整体的权重向量($\boldsymbol{R}$),计算如下:

$$\boldsymbol{R} = \text{mean}(|\boldsymbol{W}| \cdot |\boldsymbol{\omega}|) \tag{3.17}$$

在式(3.17)中,| |表示矩阵内各元素的绝对值,若$|\boldsymbol{W}| \cdot |\boldsymbol{\omega}|$的行数大于1,mean 对$|\boldsymbol{W}| * |\boldsymbol{\omega}|$每列取平均值。

步骤 15 计算各因素的直接关联矩阵 $\boldsymbol{B} = [b_{ij}]_{n \times n}$。

$$\boldsymbol{B} = [b_{ij}]_{n \times n} = \begin{bmatrix} b_{11} & b_{12} & \cdots & b_{1n} \\ b_{21} & b_{22} & \cdots & b_{2n} \\ \vdots & \vdots & \ddots & \vdots \\ b_{n1} & b_{n2} & \cdots & b_{nn} \end{bmatrix} \tag{3.18}$$

在式(3.18)中,$b_{ii}=0$,$b_{ij}=r_i/r_j$是第i个影响因素相对第j个影响因素的重要性。

步骤 16 归一化直接关联矩阵。

步骤 17 用(3.2)式计算全关联矩阵。

步骤 18 用(3.3)~(3.5)式求解各指标的影响度、被影响度、中心度及原因度,并据此结果建立因果关系图并进行分析。

3.3.2 模型优点

本章提出的改进 BP-DEMATEL 算法模型的优点如下:

(1)用 IDCQGA 优化 BP 神经网络,并根据 BP 神经网络的非线性特点,用优化后的 BP 神经网络构建改进 BP-DEMATEL 模型,求解自贸区港口产业生态圈各指标之间的直接关联矩阵,从而达到要素识别的目的,弥补现有研究的不足。

(2)用 IDCQGA 优化 BP 神网络,随机产生相位 θ_{ij} 的初始值$(0, \pi/2)$,将 BP 神经网络的初始值取值范围定义为$[a, b]$,在数值计算中取值为$[0, 0.38]$,并在步骤 8 进行取值修正,缩减了搜索范围和时间,加快了算法收敛。

(3)利用$(\text{dis}(x_i))$计算量子染色体的$(P(x_i))$和$(e(x_i))$,优化搜索空间量子染色体多样性,在进化过程中逐步压缩幅角(θ)的搜索空间,达到快速收敛的效果。

(4)参考现有文献,把自贸区的财政收入和自贸区 GDP 占城市 GDP 的比重归一化后的平均值作为目标值,检验算法结果的优劣。

3.4 模型应用

本章以上海、大连、天津、舟山、厦门、深圳、广州、珠海、海口和重庆这 10 个沿江、沿海自贸区(含下属片区,如广州南沙片区)港口为例,对影响自贸区港口产业生态圈的关键因素进行识别。

3.4.1 影响自贸区港口产业生态圈的因素

根据前文 2.2.1 小节对自贸区港口产业生态圈定义和产业集聚的阐释,自贸区港口产业生态圈重点协同发展的主要包括港航物流、金融商贸、先进装备制造、高新技术、循环经济和航运综合服务等产业。总结国内外学者现有的研究成果以及构建评价指标的科学性和数据可获得性,结合我国各个自贸区发展的实际,笔者认为自贸区港口产业生态圈由一系列相互联系的影响因素组成。本章从区域发展、港口因素、改革成效、产业支撑、社会效益和环境影响等方面整理出自贸区港口产业生态圈的相关影响因素。

(1)在区域发展方面。区域发展是指自贸区内的产业发展状况,主要通过一些经济指标来衡量区域发展。主要衡量因素有税收总额、一般公共预算收入、地区生产总值、进出口贸易总额、外商直接投资额、工业增加值、固定资产投资额、规模以上工业总产值、第三产业产值、商品销售总额、服务营业收入和各类保税区(保税区、保税物流园区、综合保税区、保税港区)收入,地区研究与试验发展(R&D)投入、区域经济发展水平、地区差异系数、旅游总收入等。

(2)在港口因素方面。港口因素描述的是港口的内部条件,基于港口-自贸区和港口-城市协同发展,以港口为诱因影响自贸港口产业发展的因素有很多。可以用港口货物吞吐量、港口集装箱吞吐量、港口旅客吞吐量、港口等级、港口企业资产总额、港口营业收入、港口利润、港口投资额、港口经济贡献率、生产用码头增量,码头资源载荷、岸线长度、港口需求、港口通过能力、港口负荷、港口营业收入、港口资产回报率、港口营业收入占第三产业比重、港口企业上缴利税、港口企业利润率、国际航线、生产泊位数、万吨泊位数占生产泊位数比重、港口岸线长度、航运企业(含分支机构)进驻数量、平均每天靠离港船舶数、物流船务服务公司数量和船舶注册总吨位等因素进行衡量。

(3)在改革成效方面。通过制度创新、深化改革等举措,已取得一定成效,可以用减少负面清单数,减少进、出口货物平均通关时间,累计改革创新成果,改革创新成果全国推广数,货物境内外销比控制,境外货物自由进港,港内货物自由出境,港内货物自由处置权,港内货物存储限制,海关对辖区内企业稽查,海关对港内货物备案控制,岸金融发展,投资银行限制,投资国别限制,税收优惠,信贷优惠措施,开放内销市场的优惠政策,办理居留手续难度,雇佣本国劳动力与员工福利限制,免签国家数量和外币存储机构选择自由等因素进行衡量。

(4)在产业支撑方面。自贸区辖区内的相关产业的发展状况,可以用新增各类企业数、新增企业注册资本数、监管金融机构和企业数、加工制造企业数、商务展览企业数、离中介代理机构数、企业注册备案和审批时间等因素进行衡量。

(5)在社会效益方面。自贸区通过制度改革和创新、优化营商环境带来地区发展的具体收益体现,包括创造就业岗位数、城镇居民人均可支配收入、城镇居民人均生活消费支出、人均社会消费品零售额和单位面积产出等。

(6)在环境影响方面。针对港口的发展对生态环境带来的影响,国际海事组织(IMO)决定自 2020 年 1 月 1 日起在全球范围内实施《2020 年全球船用燃油限硫令实施方案》,根据《中华人民共和国大气污染防治法》《防治船舶污染海洋环境管理条例》等有关法律法规,对港口的具体实施和环境治理进行投入,可以用土地资源使用、水资源消耗、工业污水处理、噪声污染、大气排放[碳排放(C_xO_y)、硫排放(S_xO_y)、氮排放(N_xO_y)及柴油颗粒物质(DPM)排放的 $PM_{2.5}$ 等]和生态环境保护投入等因素进行衡量。

聘请 5 位专家会商,把上述(1)~(6)所罗列的不可观测和数据不可获得的因素剔除,初步得到了如下影响自贸区港口产业生态圈的因素:

（1）区域发展主要包含5个影响因素，分别是自贸区GDP、进出口贸易总额、外商直接投资额、工业增加值和固定资产投资额。

（2）港口因素包含5个影响因素，分别是港口货物吞吐量、港口集装箱吞吐量、港口旅客吞吐量、港口等级和港口资产总额。

（3）改革成效主要包含4个影响因素，分别是进口货物平均通关时间、出口货物平均通关时间、累计改革创新成果（项）和改革创新成果全国推广数。

（4）产业支撑包含3个影响因素，分别是新增各类企业数、新增企业注册资本数与监管金融机构和企业数。

（5）社会效益主要包括3个影响因素，分别是城镇居民人均可支配收入、人均社会消费品零售额和单位面积产出。

（6）环境影响主要包括1个影响因素，即环境保护投入。

上述6个方面共21个因素初步组成了我国自贸区港口产业生态圈的影响因素指标体系，详见图3.4。

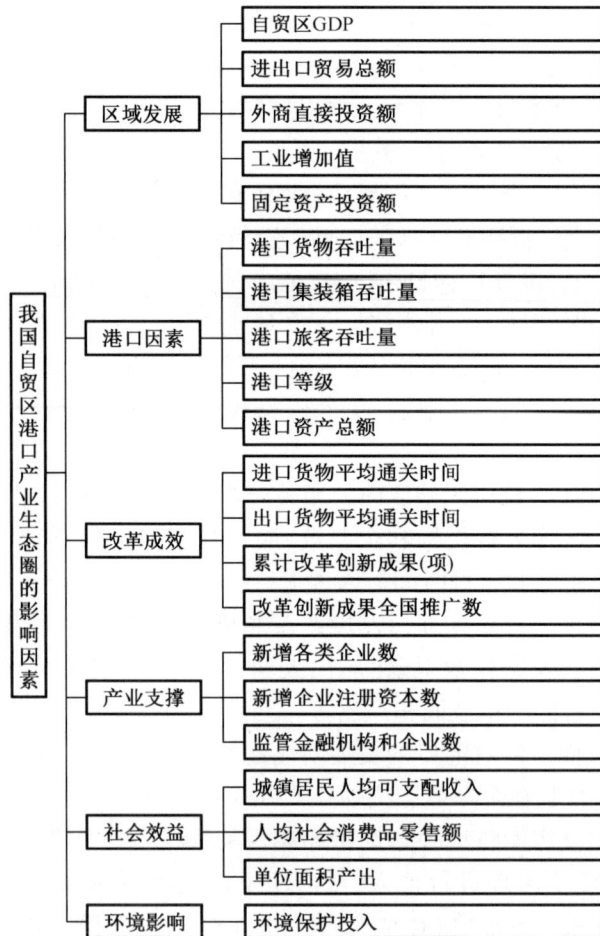

图3.4 我国自贸区港口产业生态圈的影响因素指标体系

图 3.4 所列出的影响因素指标体系中,通关时间越少,流通速度越快,效率越高。单位面积产出即自贸区 GDP 和自贸区面积的比值。我国分 6 个批次设立的 18 个自贸区,辖区面积一般在 120 km² 以内。中国各自贸区辖区面积和地理位置如表 3.1 所示。

表 3.1 中国各自贸区辖区面积和地理位置

自贸区	开放批次	辖区范围/km²	涵盖区域	片区面积/km²
中国(上海)自由贸易试验区	第一批	28.78	上海外高桥保税区	28.78
			上海外高桥保税物流园区	
			洋山保税港区	
			上海浦东机场综合保税区	
	扩区	91.94	陆家嘴金融片区	34.26
			金桥开发片区	20.48
			张江高科技片区	37.2
	第五批	119.5	临港新片区	119.5
中国(广东)自由贸易试验区	第二批	116.2	广州南沙新区片区	60
			深圳前海蛇口片区	28.2
			珠海横琴新区片区	28
中国(天津)自由贸易试验区	第二批	119.9	天津港片区	30
			天津机场片区	43.1
			滨海新区中心商务片区	46.8
中国(福建)自由贸易试验区	第二批	118.04	平潭片区	43
			厦门片区	43.78
			福州片区	31.26
中国(辽宁)自由贸易试验区	第三批	119.89	大连片区	59.96
			沈阳片区	29.97
			营口片区	29.96
中国(浙江)自由贸易试验区	第三批	119.95	舟山离岛片区	78.98
			舟山岛北部片区	15.62
			舟山岛南部片区	25.35
中国(河南)自由贸易试验区	第三批	119.77	郑州片区	73.17
			开封片区	19.94
			洛阳片区	26.66
中国(湖北)自由贸易试验区	第三批	119.96	武汉片区	70
			襄阳片区	21.99
			宜昌片区	27.97

表 3.1(续)

自贸区	开放批次	辖区范围 /km²	涵盖区域	片区面积 /km²
中国(重庆) 自由贸易试验区	第三批	119.98	两江片区	66.29
			西永片区	22.81
			果园港片区	30.88
中国(四川) 自由贸易试验区	第三批	119.99	成都天府新区片区	90.32
			成都青白江铁路港片区	9.68
			川南临港片区	19.99
中国(陕西) 自由贸易试验区	第三批	119.95	中心片区	87.76
			西安国际港务区片区	26.43
			杨凌示范区片区	5.76
中国(海南) 自由贸易试验区	第四批	35 400	海南省	35 400
中国(山东) 自由贸易试验区	第六批	119.98	济南片区	37.99
			青岛片区	52
			烟台片区	29.99
中国(江苏) 自由贸易试验区	第六批	119.97	南京片区	39.55
			苏州片区	60.15
			连云港片区	20.27
中国(广西) 自由贸易试验区	第六批	119.99	南宁片区	46.8
			钦州港片区	58.19
			崇左片区	15
中国(河北) 自由贸易试验区	第六批	119.97	雄安片区	33.23
			正定片区	33.29
			曹妃甸片区	33.48
			大兴机场片区	19.97
中国(云南) 自由贸易试验区	第六批	119.86	昆明片区	76
			红河片区	14.12
			德宏片区	29.74
中国(黑龙江) 自由贸易试验区	第六批	119.85	哈尔滨片区	79.86
			黑河片区	20
			绥芬河片区	19.99

资料来源:根据商务部、各自贸区官方网站公布的数据整理。

3.4.2 数据来源

本章研究所需的数据来源于 3.4.1 小节所述的上海等 10 个自贸区(含片区)所在城市的 2018 年国民经济和社会发展统计公报、自贸区发展和改革委员会、商务局、金融信息局、海关网站、上市港口企业年报、中国港口统计年鉴或知名媒体。

3.4.3 计算结果

本研究取活化函数 $\dfrac{1}{1+\exp^{(-2x)}}$,则改进 BP 神经网络算法的参数设置如表 3.2 所示。

表 3.2　改进 BP 神经网络算法的参数设置

输入节点	隐层个数	输出节点	权值数量	种群规模	变异概率	初始相位	目标误差	最大迭代步数	$[a,b]$	ε
21	43	1	703	100	0.05	0.01π	0.005	1 000	$[0,0.38]$	0.001

在表 3.2 中,$[a,b]$ 是 BP 神经网络的初始权值取值范围,ε 是误差,$[a,b]\in[0,0.038]$,取 $\varepsilon=0.001$。

将自贸区的公共预算收入和自贸区 GDP 占城市 GDP 比重进行归一化,取两者的平均值作为目标向量,用 MATLAB 编程运行 10 次,计算结果取平均值,得到各指标的 $D+R$ 值和 $D-R$ 值如表 3.3 所示。

表 3.3　用改进 BP-DEMATEL 算法模型计算求得各影响因素的 $D+R$ 和 $D-R$ 值

指标	$D+R$	$D-R$
自贸区 GDP/亿元	0.544 7	0.282 8
进出口贸易总额/亿元	0.607 3	0.410 2
外商直接投资额/亿美元	0.512 1	−0.225 6
工业增加值/亿元	0.998 5	0.882 7
固定资产投资额/亿元	0.773 2	0.641 8
港口货物吞吐量/万吨	1.211 9	1.124 1
港口集装箱吞吐量/万 TEU	1.159 2	1.067 1
港口旅客吞吐量/万人次	0.722 1	0.590 3
港口等级/级	0.611 9	−0.404 9
港口资产总额/亿元	0.535 2	−0.276 7
进口货物平均通关时间/小时	0.767 4	−0.626 6
出口货物平均通关时间/小时	0.651 8	0.468 9
累计改革创新成果/项	0.565 9	0.339 4

表 3.3(续)

指标	D+R	D-R
改革创新成果全国推广数/项	0.501 5	0.133 9
新增各类企业数/家	0.934 6	−0.812 5
新增企业注册资本数/万元	0.873 5	0.771 5
监管金融机构及企业数/家	0.502 1	−0.102 8
城镇居民人均可支配收入/元	0.554 8	−0.335 2
人均社会消费品零售额/元	0.671 3	−0.492 6
单位面积产出/(亿元/平方千米)	0.852 7	−0.721 6
环境保护投入/亿元	0.486 9	−0.008 9

从表 3.3 的数据得到各指标的因果关系如图 3.5 所示。

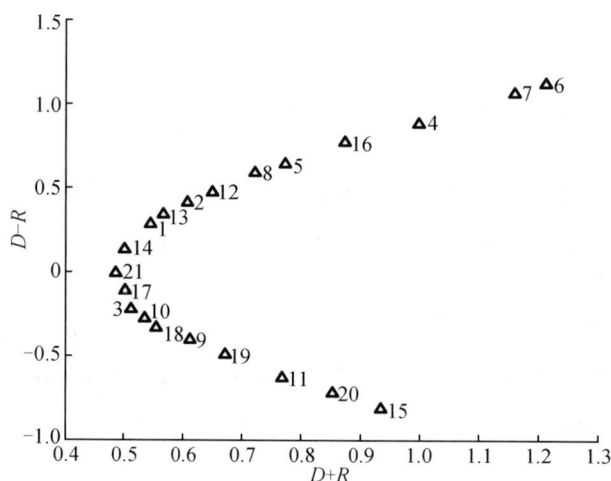

图 3.5 用改进 BP-DEMATEL 方法计算得到因果关系图

3.4.4 结果分析

从表 3.3 和图 3.5 可以看出,根据 $D+R$ 的值,对自贸区港口产业生态圈影响最大的前两个指标是港口货物吞吐量和港口集装箱吞吐量,第 3~6 个指标是工业增加值、新增各类企业数、新增企业注册资本数和固定资产投资额,其他指标影响相对较小,恰好说明了影响自贸区港口产业生态圈的主要因素是港口货物吞吐量、港口集装箱吞吐量、工业增加值、新增各类企业数、新增企业注册资本数和固定资产投资额,港口的区位决定了自贸区辐射能力和虹吸能力。港口区位决定了进出港货源数量,也间接影响了港口吞吐量(港口货物吞吐量、港口集装箱吞吐量和港口旅客吞吐量)。港口吞吐量影响港口规模即港口等级,利用港口区位和功能进行贸易具有便利性,而自贸区实施的改革措施和制度创新吸引了外商投资、企业进驻,从而促进了进出口贸易总额及港口和自贸区的产业发展,因此,笔者认为这些因素对自贸区港口生态圈的发展影响重大。

　　根据 $D-R$ 的值,从上面测度自贸区港口产业生态圈影响的 21 个指标所得的结果中,原因型影响因素($D-R>0$)有:自贸区 GDP、进出口贸易总额、外商直接投资额、工业增加值、固定资产投资额、港口货物吞吐量、港口集装箱吞吐量、港口旅客吞吐量、出口货物平均通关时间、累计改革创新成果和改革创新成果全国推广数等 11 个影响因素;其余 10 个因素为结果型影响因素($D-R<0$)。这说明这 10 个结果型影响因素是 11 个原因型影响因素的影响结果,所以要使自贸区港口产业生态圈实现绿色增长和良性发展,需从这 11 个原因型的影响因素进行改善。

　　为验证提出的算法的有效性,本研究聘请 5 位专家对图 3.4 的影响因素打分,取平均值构建直接关联矩阵,评分赋值如表 3.4 所示。

表 3.4　自贸区港口产业生态圈影响因素的评分赋值

赋值	0	1	2	3
评语	无影响	影响一般	影响中等	影响极大

　　各位专家参考表 3.4 给出了赋值范围独立打分,并取平均值得到直接关联矩阵,用传统 DEMATEL 法计算各指标的 $D+R$ 和 $D-R$ 值,详细结果如表 3.5 所示。

表 3.5　用传统 DEMATEL 法计算求得各影响因素的 $D+R$ 和 $D-R$ 值

指标	$D+R$	$D-R$
自贸区 GDP/亿元	0.513 4	0.038 3
进出口贸易总额/亿元	0.545 2	0.198 6
外商直接投资额/亿美元	0.626 4	0.366 9
工业增加值/亿元	0.874 8	0.712 4
固定资产投资额/亿元	0.586 6	0.285 5
港口货物吞吐量/万吨	0.985 4	0.826 8
港口集装箱吞吐量/万 TEU	0.970 3	0.844 6
港口旅客吞吐量/万人次	0.571 7	0.260 1
港口等级/级	0.642 9	-0.398 9
港口资产总额/亿元	0.596 6	-0.313 3
进口货物平均通关时间/小时	0.828 4	-0.684 5
出口货物平均通关时间/小时	0.560 1	0.236 1
累计改革创新成果/项	0.525 5	0.135 4
改革创新成果全国推广数/项	0.611 6	0.326 8
新增各类企业数/家	0.751 5	-0.580 8
新增企业注册资本数/万元	0.666 9	-0.432 4
监管金融机构及企业数/家	0.574 1	-0.267 9

表 3.5(续)

指标	D+R	D-R
城镇居民人均可支配收入/元	0.620 5	−0.362 8
人均社会消费品零售额/元	0.707 5	−0.512 9
单位面积产出/(亿元/平方千米)	0.538 2	−0.192 6
环境保护投入/亿元	0.517 8	−0.085 2

从表 3.5 的数据得到各指标的因果关系如图 3.6 所示。

比较表 3.3 和表 3.5 可知,在 D+R 的值方面,对影响自贸区港口产业生态圈最大的前两个指标都是港口货物吞吐量和港口集装箱吞吐量。在表 3.5 中,排序在第 3~6 位的指标分别为工业增加值、进口货物平均通过关时间、新增各类企业数和人均社会消费品零售额,这与表 3.3 有区别。在 D-R 的值方面,表 3.5 得到的原因型影响因素(D-R>0)为:自贸区 GDP、进出口贸易总额、外商直接投资额、工业增加值、固定资产投资额、港口货物吞吐量、港口集装箱吞吐量、港口旅客吞吐量、出口货物平均通关时间、累计改革创新成果和改革创新成果全国推广数等 11 个指标。利用改进 BP-DEMATEL 方法计算得到表 3.3 的 11 个原因型影响因素为:自贸区 GDP、进出口贸易总额、外商直接投资额、工业增加值、固定资产投资额、港口货物吞吐量、港口集装箱吞吐量、港口旅客吞吐量、出口货物平均通关时间、累计改革创新成果和改革创新成果全国推广数。两者相比,说明在原因型影响因素的识别上,本章提出的方法的准确率达 90.91%,而利用改进 BP-DEMATEL 方法,极大地节省了计算量并拓展了应用范围,所以采用改进 BP-DEMATEL 方法对自贸区港口产业生态圈的影响因素识别具有较强的科学性和应用性。

用未经 IDCQGA 优化 BP 神经网络的 BP-DEMATEL 模型求解,得到的结果如表 3.6 所示。

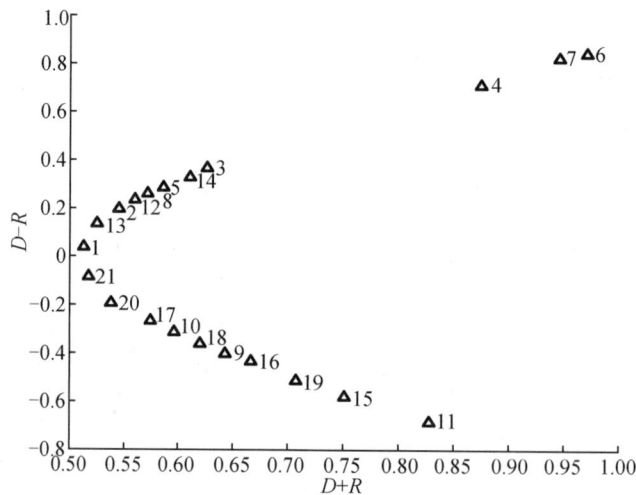

图 3.6　用传统 DEMATEL 方法计算到的因果关系图

表 3.6 未用 IDCQGA 优化 BP-DEMATEL 算法模型计算求得各影响因素的 *D+R* 和 *D−R* 值

指标	*D+R*	*D−R*
自贸区 GDP/亿元	0.484 4	0.055 7
进出口贸易总额/亿元	0.501 1	0.175 7
外商直接投资额/亿美元	0.701 2	−0.536 6
工业增加值/亿元	0.661 4	0.465 2
固定资产投资额/亿元	0.716 5	0.552 8
港口货物吞吐量/万吨	0.884 6	0.756 5
港口集装箱吞吐量/万 TEU	1.011 6	0.896
港口旅客吞吐量/万人次	0.881 4	−0.811 8
港口等级/级	0.685 9	−0.490 3
港口资产总额/亿元	0.597 2	0.355 7
进口货物平均通关时间/小时	0.821 2	−0.718 4
出口货物平均通关时间/小时	0.761 4	−0.639 1
累计改革创新成果/项	0.558 1	−0.284 8
改革创新成果全国推广数/项	0.485 5	−0.023 6
新增各类企业数/家	0.540 5	0.283 7
新增企业注册资本数/万元	0.637 2	−0.423 2
监管金融机构及企业数/家	0.524 9	0.226 8
城镇居民人均可支配收入/元	0.603 5	−0.360 9
人均社会消费品零售额/元	0.784 0	−0.665 2
单位面积产出/(亿元/平方千米)	0.511 1	−0.175 7
环境保护投入/亿元	0.954 6	0.825 2

从表 3.6 的数据得到各指标的因果关系如图 3.7 所示。

比较表 3.5 和表 3.6 可知,在 *D+R* 的值方面,影响自贸区港口产业生态圈的因素的前两个是港口集装箱吞吐量和环境保护投入,处于第 3 位~第 6 位的指标为港口货物吞吐量、港口旅客吞吐量、进口货物平均通关时间和人均社会消费品零售额,这与表 3.5 有所不同。在 *D−R* 的值方面,表 3.6 得到的原因型影响因素(*D−R*>0)为:自贸区 GDP、进出口贸易总额、工业增加值、固定资产投资额、港口货物吞吐量、港口集装箱吞吐量、港口资产总额、新增各类企业数、监管金融机构及企业数和环境保护投入等 10 个指标。与表 3.5 得到的 11 个原因型影响因素相比,这说明在原因型影响因素的识别上,未用 IDCQGA 优化 BP-DE-MATEL 法的准确率为 54.55%,对影响程度最大指标的识别来说准确率相对较低。

从运行时间上看,本章提出的改进 BP-DEMATEL 算法平均运行时间为 5.321 8 s,未用 IDCQGA 优化 BP 神经网络的总体运行时间为 10.764 5 s。表明用 IDCQGA 优化 BP 神经网络可以很好地改善 BP 神经网络的性能。

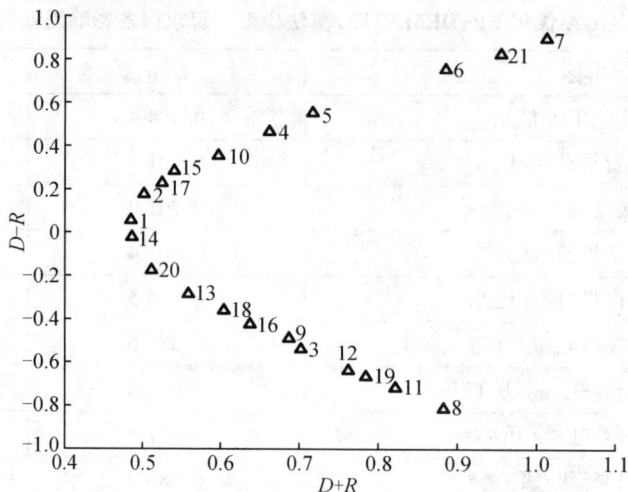

图 3.7　未用 IDCQGA 优化 BP-DEMATEL 得到的因果关系图

3.5　本　章　小　结

本章将 DEMATEL 方法运用到中国的自贸区港口产业生态圈关键影响因素识别研究中,通过利用 IDCQGA 优化 BP 神经网络,提出了改进 BP-DEMATEL 算法模型分析自贸区港口生态圈影响因素指标之间的关系,从中提取出原因型影响因素,从而为构建自贸区港口产业生态圈发展提供切入点和理论支撑,为有效提取自贸区港口产业生态圈根本型影响因素提供可能。

根据改进 BP-DEMATEL 方法在本章的自贸区港口产业生态圈关键影响因素识别的应用结果可知,影响自贸区港口产业生态圈发展的原因型影响因素($D-R>0$)为:自贸区 GDP、进出口贸易总额、外商直接投资额、工业增加值、固定资产投资额、港口货物吞吐量、港口集装箱吞吐量、港口旅客吞吐量、出口货物平均通关时间、累计改革创新成果和改革创新成果全国推广数等 11 个指标;对自贸区港口产业生态圈发展影响最大的 4 个因素分别是港口货物吞吐量、集装箱吞吐量、工业增加值和新增企业注册资本数。区域发展、港口因素和改革成效中的一级指标各自下属的二级指标更多的是原因型指标,而产业支撑和社会效益下属的二级指标是结果型指标,港口因素、产业支撑中的一级指标各自下属的固定资产投资、新增注册企业数和监管金融机构及企业数共同构成驱动自贸区港口产业生态圈发展的原动力。

根据本章 3.4.4 小节用三种方法识别了自贸区港口产业生态圈的影响因素所得到的结果,通过分析认为,要使自贸区港口产业生态圈的可持续发展,可以从以下三方面改善:

(1)优化产业结构,政府积极引导和帮助辖区内的产业发展、壮大。具体措施为:①利用积极就业政策吸引各类人才就业创业,尤其是引进交通运输、工程技术、经济贸易、管理、航运金融与保险、涉外法律等专业的普通高校毕业生、境内外博士高层次人才前来就业,提升人才的整体素质和研发水平。②落实外商投资法和负面清单承诺,积极发展外贸和扩大内需,为自贸区港口产业的发展提供坚强的后盾。③发展多式联运,优化与铁路、民航、公路和内河交通的无缝衔接,推动产业、城市经济和国际航运中心三位一体协同发展,解决自贸区港口发展带来交通畅通的瓶颈问题。

(2)完善市场制度和优化营商环境,促进产业的发展、壮大和成熟。为促进区域经济发展、财税增收,增强港口实力和枢纽港的国际地位,可以:①充分发挥港口城市的区位自身优势,吸引更多国内外航运企业进驻本港。在国际班轮方面,由于现有的国际航线有限,尤其是国际班轮航线,世界知名班轮公司更倾向选择一个国际枢纽港或国际航运中心挂靠,因此,中国自贸区港口可利用自身区位优势,吸引知名班轮公司在本港设立分公司或办事处,为港口产业增长带来先动优势。②实施更为开放、自由的贸易政策,把区位优势明显、条件成熟的自贸区港转型升级为自由贸易港,营造公平的营商环境,吸引更多国内外船舶尤其是集装箱班轮和邮轮挂靠本港,争取更多的腹地货源和旅客从本港进出,增加国际枢纽港的实际运作能力。

(3)增加自贸区港口投资,完善港口基础设施和实行现代企业管理制度,为自贸区港口产业圈的绿色增长助力。具体措施有:①完善港口的软、硬件设施,提升港口企业的经营管理能力,为从本港进出的物流、旅客提供服务,促进人员就业、上缴赋税增加,从而促进区域发展。②运用价格实惠、高效率低损耗、综合服务等优势吸引客、货源,增强与铁路、民航、公路和内河交通工具的互联互通,为刺激货物和旅客从本港进出频率和降低运输成本,为港口提供稳定货源和客源,提高单船载货、载客效率和安全管理力度。③配合港口实施排放控制区(Emission Control Area,ECA)落实港口岸电配置,促进港口清洁能源利用,为靠泊船提供电能,减少港区环境污染。更重要的是,要对自贸区港口进行科学规划和管理,降低港口使费和各种赋税,加强资产、安全管理,提高装卸效率,实施人力资源发展战略等,为港口的绿色可持续发展提供保障。④各自贸区港口根据国家发展和改革委员会发布的《产业结构调整指导目录(2019年本)》,对水运行业的深水泊位等15条列入鼓励类建设的项目,统筹规划、谋划布局和建设。

需要指出的是,在本章研究中,使用改进BP-DEMATEL方法适用于目标指标已经知道的情况,且参数设定时存在随机性,利用矩阵实验室(MATLAB)软件编程运行10次取平均值的办法增加了工作量,影响了该方法的使用范围。本章用IDCQGA优化BP神经网络,再和传统DEMATEL组成了改进BP-DEMATEL算法模型,对影响自贸区港口产业生态圈因素进行识别,甄别出了原因型影响因素和结果型影响因素,并以这些因素构建了自贸区港口产业生态圈评价指标体系,在接下来将对自贸区港口产业生态圈演化过程进行建模和仿真分析。

4 自贸区港口产业生态圈演化建模与仿真

4.1 引 言

港口作为水陆运输的节点在交通运输体系中起着极其重要的作用。随着全球经济一体化的加快,自贸区港口的天然区位和交通运输体系的便利性,促使产业向港口集聚。以港口为依托开展国际贸易,为相关产业集聚、发展提供了便利,推动了区域经济发展。

近年来,在绿色、生态发展理念下,国外学者在港口环境分析、港口区位选址、港口–城市结构研究、港口和城市互动发展评价等领域取得了丰硕成果。在国内,董国松等分析了我国低碳绿色港口目标系统构成。刘翠莲等对我国绿色港口建设,以 DPSIR 模型对生态港口群进行了评价。赵宇哲等从"生态文明"与"绿色经济"的角度,以定性和定量相结合研究与生态港口相关的评价指标选取的合理性。从港口、产业和自贸区的相互作用来看,自贸区港口产业集群形成的自贸区港口产业生态圈是一个由多元化因素构成的系统,即自贸区、港口、产业、基础设施、政策、政府管理等,涉及国家层面发展战略规划和支撑自贸区港口城市发展的港口、产业等组成的子系统。因此,研究自贸区港口产业生态圈的发展、壮大、完善和成熟过程,必须考虑港口产业生态圈系统内多种因素互相联系、协同发展的动态机制,但却难以用静态观点和线性系统理论来解决上述问题。系统动力学(SD)是一门研究分析复杂信息反馈动态趋势的学科,以控制理论、系统工程信息处理和计算机仿真技术为基础的研究复杂系统随时间推移而产生的行为模式,能较好地解决港口发展演化的复杂过程,学者在运用 SD 方法分析港口发展方面也取得了一些成果。例如,侯剑建立港口经济可持续发展的系统动力学模型(SDM),分析了港口经济可持续发展的动态机制,实证分析的结果认为,港口经济发展是基于港口功能拓展带来的辐射效应,吸引更多的货源及产业集聚。潘婧等从连云港的"港口–城市"系统特征、模型边界和影响因素的因果关系建立港城耦合 SDM,分析耦合机理和各系统相互作用过程。赵黎明等基于港口对区域经济发展的影响,构建了港口经济对城市贡献率的 SDM,以天津港为例进行预测和分析,并提出发展的建议。范厚明等在分析深圳市港口与城市经济互动发展系统结构和特征的基础上,构建 SD 因果关系图并仿真验证了模型的有效性。乔文怡利用 SD 方法建立了连云港港城耦合的 SDM,分析结果表明,通过调整产业结构和节能减排,可实现港城的绿色发展。

综上,国内外学者针对港口产业、港口经济、港口城市产业、港城互动、港口协调或港城协同发展的相关研究颇多,但针对自贸区港口这一特定区域内形成的自贸区港口产业生态圈演化机理研究还未涉足,从系统工程的角度来看,自贸区港口产业发展演化过程必须考虑系统内各因素的相互联系、协调发展的机制。基于此,本章将对自贸区港口产业生态圈发展过程进行演化和仿真分析,通过利用 SD 理论构建自贸区港口生态圈的 SDM,通过对区域发展、港口因素、改革成效、产业支撑、社会效益和环境影响等 6 个子系统参数的调控,预测自贸区港口产业生态圈类型、规模以及结构等的动态变化,模拟得到自贸区港口产业生态圈的发展演化模式,揭示自贸区港口产业生态圈演化的内在逻辑、因素之间的相互关系和本质特征。因此,本章的具体研究思路为:先介绍关于 SD 的相关理论知识,接着建立自贸区港口产业生态圈演化模型,以上海自贸区 2013—2018 年的历史数据为例,利用 SD 方法用 Vensim 软件对影响上海自贸区港口产业生态圈的一些重要因素,对上海自贸区未来发展的影响程度进行仿真分析,并根据研究结果提出建议。基于此研究思路,本章所构建的自贸区港口产业生态圈演化建模与仿真分析流程如图 4.1 所示。

4.2　相　关　理　论

本章研究的是自贸区港口产业生态圈演化机理和方针,在本书第 2 章已经阐述了自贸区港口产业生态圈和企业生态系统的发展过程均遵循自然生物圈生态系统类似的规律,符合系统理论的相关特征,因此,可利用系统和系统动力学相关理论及知识解决本章的问题。接下来将具体介绍系统的内涵和基本原理以及系统动力学的基本理论和特点。

4.2.1　系统的内涵及基本原理

4.2.1.1　系统的内涵

与系统的定义相关文献有很多,统计学家 Edaward Deming 认为系统是基于一定的目标,由多个相互依赖的影响因素有机组合在一起的整体,其内涵包括系统由多个要素构成,各要素之间存在着一定的联系;系统是动态的,随时间、目标和结构的变化而变化;系统元素是一个完整的子系统,系统内每个元素都有一个边界,可以是物质的也可以是非物质的。由于系统和环境互相渗透,边界并非有明显的界线,边界确定系统,系统-边界的输入和输出需分别从边界进入或离开系统。

4.2.1.2　系统的基本原理

系统理论的基本思想就是把若干相互联系与作用的要素组成要素集合,并把该集合看作一个有机整体,该整体具有相应特定结构和功能,要用全面、开放、持续、发展和动态的思维看待问题,其基本原理如下:

(1)系统的整体性原理。系统理论强调,认识一个系统需要从系统整体及其整体运动规律的视角出发,去认识、分析和考察系统、子系统及其分要素。

(2)系统的有序性原理。系统理论认为系统是有机、有序联系在一起的,人们应尽可能地增强和改善系统的有序性。

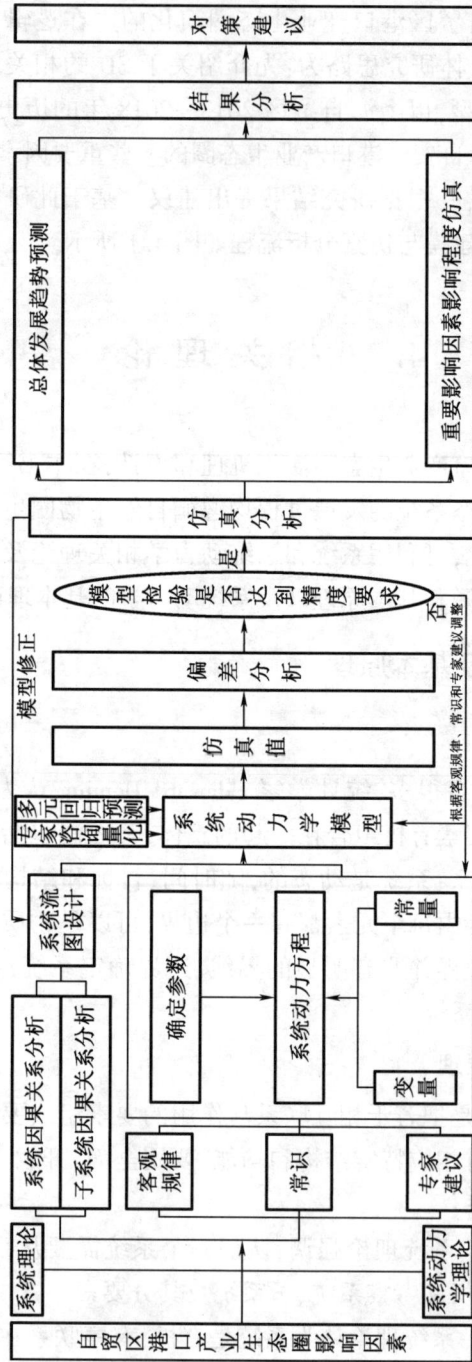

图4.1 自贸区港口产业生态圈演化建模与仿真分析流程图

(3)系统的联系性原理。系统理论强调的是要以普遍联系的思想和方法去认识、分析和考察系统、子系统及其分要素。

(4)系统的调控性原理。系统理论认为自我调节、自我控制能力是任何一个稳定系统都必须具备的。

(5)系统的动态性原理。系统理论强调的是系统具有动态和发展变化的属性,需要用动态和发展的眼光去认识、分析和考察系统及其子系统和分要素。

(6)系统的最优化原理。系统的核心目的是使系统功能及其结构形态最优、运动过程最优和性质最优。

系统分析是一种宏观分析方法,主要是为解决系统中不断出现的复杂问题的决策管理科学理论。因此,系统分析就是把复杂系统看作一个系统,再按照系统功能和层次划分为几个子系统。系统分析就是把复杂系统看成一个有机整体,侧重对系统与子系统间、子系统内部,系统与外部环境的外部关联。以问题为导向,统筹考虑系统的结构及发展变化动态演化过程的研究,被许多国家和地区广泛应用于经济社会、人类活动等决策中。

4.2.2 系统动力学的基本理论及特点

4.2.2.1 系统动力学的基本理论

1956年,美国 J. W. Forreste 教授创立了系统动力学(SD),SD 的定义是一个互相区别、互相作用的各部分有机联系在一起,为了同一目的去完成某种功能的集合体。系统论是 SD 的基础,SD 认为系统包含物质、信息和运动三部分。SD 研究的是复杂的大系统对系统整体性和非线性的互相作用,研究范围广,涉及天文、资源、人口、粮食、环保与工业化等世界或区域问题。大的如天体运行的巨大系统,国家或地区组成的社会、经济、生态和交通运输系统;小的如自贸区港口产业生态圈中的区域经济、自然和产业生态、港口等组成的系统等。SDM 是能够反映复杂系统结构功能与动态行为之间相互作用关系的模型,通过建立 SDM 对复杂系统进行动态仿真实验,考察复杂系统在不同参数或不同策略因素下的变化行为和趋势,从而提供决策支持。利用 SD 反映系统内部、子系统、因素之间的复杂因果关系非常有效,可以用来判断并解决实际精度要求不高且复杂的社会经济等决策问题。1980年以来,学者推广 SD 理论和方法,推动了学科的发展,该理论被广泛应用于经济、社会和人口等领域的复杂的非线性系统研究中。

自贸区港口产业生态圈发展演化机理符合系统的基本内涵,可以认为,自贸区港口产业生态圈演化涉及经济、港口、产业、政策、基础设施和生态环境等。因此,可以将其看作一个系统,对其发展变化可以用 SD 理论及方法来解释演化机理和仿真分析。

4.2.2.2 系统动力学的基本特点

SD 隶属于管理科学,也综合了自然科学和社会科学的内容,它的特点主要有以下6个,分别是:

(1)SD 是在宏观层次上和微观层次上研究社会、经济、生态等高阶、多变量、非线性、多反馈的复杂大系统问题,是对复杂、多层次、多部门的系统进行综合研究的科学。

(2)所研究的系统呈开放型,强调运动、发展与联系等系统观点。系统的决定性因素是其内部的动态结构和反馈机制的行为模式。

（3）SD 主要用于模拟复杂系统结构、功能与行为之间相互联系的研究。SD 有规范的数学模型，变量按照系统基本结构分类，实现动态模拟复杂系统结构、功能与行为之间的辩证和统一关系。

（4）利用 SD 理论建立数学模型，并通过计算机进行仿真模拟，计算速度快、精度高，可以用定性与定量的方法对系统进行综合分析。

（5）利用 SD 方法融合各种数据、资料、经验与知识，融汇系统科学与其他科学理论的精髓，实现建模、系统决策者和专家联合分析。

（6）SD 具有内生性。虽然外部条件在某些情况下会对系统存在重大影响，但系统的行为却由内部结构所决定，系统的特性、行为方式取决于内部结构与反馈机制，因此，如果掌握了系统的内部结构及变化趋势就可以预测其未来的行为模式。

SD 主要研究的对象是社会经济、生态环境等复杂系统，侧重强调系统的整体性和复杂系统的非线性特性，系统、整体地思考与分析、综合与推理的方法，将定性和定量相结合，将所处理的问题螺旋上升、层层深化推进。因此，运用 SD 可解决以下问题：

（1）处理周期性和长期性的问题。如航运周期、经济周期等都呈现周期性规律，需较长时间进行观察，通过建立 SDM 科学地解释其作用机制。

（2）处理数据不足、精度要求不高的复杂问题。在研究过程中，如经济、交通等问题遇到数据不足或难以量化，且一般数学方法很难求解复杂系统描述高阶非线性动态的方程，可以借助计算机及仿真技术建立 SDM，确定各要素间的因果关系，利用可以获得的有限数据进行仿真和分析这些复杂问题。

4.2.2.3 反馈系统

反馈指的是信息的传输与回收，包含反馈环节的系统。其未来行为不仅受到当前行为的影响，也受到历史行为的影响。

一阶反馈是构成系统的基本结构，尤其是系统（system）与不同层次的组成部分、子结构和子系统（subsystem）之间的非线性相互做反馈因果、生克关系（relation matrix）的描述，表达式如下：

$$\begin{cases} S = (S_{ub}, R_{ij}) \\ S_{ub} = \{S_{ub_i} \mid i \in I\} \\ R_{ij} = \{r_{ij} \mid j \in J, k \in K, J+K=I\} \end{cases} \qquad (4.1)$$

在式（4.1）中，S 表示整个系统；S_{ub} 表 S 中的某一个子系统；R_{ij} 表示关系矩阵，各子系统之间的相互关系，通过 R_{ij} 的分块对角优势反映出来，便于分解子结构、子系统。

结构就是单元秩序，即系统的下属单位和各单元之间的关系组成一个反馈回路，基于一个复杂系统的复杂性，需要确定整个系统（S）的范围界限，子系统（$S_{ub}(i=1,2,\cdots,p)$）基本单元、反馈回路结构 $E_j(j=1,2,\cdots,m)$ 的组成与从属成分，即反馈回路的状态变量、变化率（速率），变化率由目标、现状、偏差和行动组成。典型的反馈回路如图 4.2 所示。

利用系统内各要素间的因果关系，用 SD 分析系统动态特性的主要方法是利用反馈思想进行回路分析。从整体上来讲，当决策者无法判断系统内任意两个因素谁是因谁是果时，可以指定一个初始原因，依次使整个因果链发生作用，直到此初始值变为自身的一个间接结果,因此,这种闭合的序列也叫因果反馈回路(causal feedback loop)。

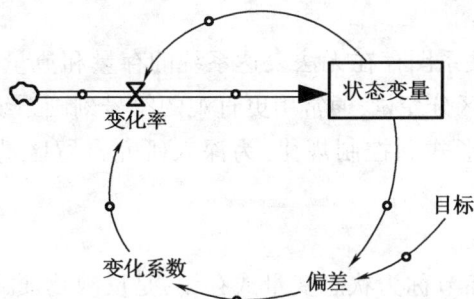

图 4.2　典型的反馈回路

　　反馈系统是指系统内的一个单元或一个子块的输出与输入的关系,如果反馈系统形成闭合的回路,则称为反馈回路(反馈环)。系统动力学的反馈系统包括正反馈系统和负反馈系统。

　　(1)正反馈回路是指当回路中任何一个单元发生初始偏离时,系统的偏差不断增大,使系统振荡。它具有非平衡、非稳定等多种特性。以本书研究自贸区的产业发展对区域发展的反馈回路为例,自贸区 GDP、外商直接投资、工业增加值和进出口贸易总额形成一个正反馈回路。随着外商直接投资的增加,产业发展增加了工业增加值,产成品外销增大,进出口贸易就自然增加,贸易发展促进社会经济发展,自贸区 GDP 就增加,吸引外商前来投资的机会就越多。正反馈回路如图 4.3 所示。

　　(2)负反馈回路又称稳定回路、平衡回路或自校正回路,是指当回路中任何一个单元发生初始偏离时,系统的偏差会不断减小,使系统趋于稳定。以本书研究环境影响即环境保护投入对区域发展的反馈回路为例,自贸区 GDP、固定资产投资、港口货物吞吐量和环境保护投入形成一个负反馈回路。当自贸区 GDP 增加,固定资产投资加大,港口基础设施和装卸效率提升时,港口在生产运营过程中的排放物增加了,为了保护生态环境,环境保护投入就会自然增加。如果环境保护投入增加,就会降低自贸区 GDP 总量。负反馈回路如图 4.4 所示。

图 4.3　正反馈回路

图 4.4　负反馈回路

　　(3)因果关系图是一种定性描述系统变量之间表示系统反馈结构的重要工具。在一张因果关系图中包含有多个变量,变量之间由标出因果关系箭头的所有链接,这些链接就是因果链(causal chain)。在因果关系图中也会标出重要的反馈回路,并日益普及到实际应用中。

(4)流图。由于因果关系图存在无法表达系统的存量和流量结构等局限,流图是在因果关系图的基础上进一步区分变量,通常用更直观的符号刻画系统各个要素之间的因果关系,明确在系统内的反馈形式和控制规律,为深入研究自贸区港口产业生态圈系统打下基础。

①状态变量与速率变量

在反馈系统中,积累环节称为状态变量或存量,是反映物质、信息等对时间的积累,取值是系统从初始时刻(t_0)到特定时刻(t)的物质流动或信息流动积累的结果。在 SD 中用特定的绘图符号来表示状态变量(状态变量=存量/流量)与速率变量(速率变量=流量/流率)。

$$L(t) = \int_{t_0}^{t} (L_{in}(s) - L_{out}(s)) \, \mathrm{d}s + L(t_0) \tag{4.2}$$

在式(4.2)中,$L(t)$ 表示初始时刻 t_0 和当前时刻 t 之间的任何时刻 s 时的入流值。任何存量的净改变速率用微分方程描述为:

$$\frac{\mathrm{d}(L)}{\mathrm{d}t} = L_{in}(t) - L_{out}(t) \tag{4.3}$$

②辅助变量

辅助变量是状态变量和速率变量信息互相传递和转换过程的中间变量,是分析反馈结构的主要手段。

③常量

常量是系统中的局部目标,常数可以直接输入速率变量或同辅助变量输入到速率变量。

④绘制流图

由于流图是在因果关系图的基础上绘制的,绘制人员需对所研究的系统充分认识和理解,能明确表示系统的物质流、信息流和反馈作用的全貌,使之完整地显示出系统应有的因果关系和各模块的正确衔接结构,正确反映出系统中各影响因素的数学意义和数量关系。绘制系统流图的步骤如下:

步骤 1 确定系统边界

在建立流图前,先要弄清楚各系统的边界,即系统变量元素。系统动力学研究的对象是涉及的社会系统取出来研究的闭合系统,系统边界内诸要素构成研究对象,其内部变化因素称为内生变量,外部变化因素称为外生变量。根据研究实际,经该领域专家、实际工作者和研究人员深度会谈和系统思考后确定研究系统边界、边界范围适度,如果变量要素的有无都能达到系统研究目的,则无须把该要素列为内生变量。

步骤 2 确定回路

系统的回路即系统要素之间的因果关系回路,回路中正反馈回路使系统表现出无限增长,负反馈回路使系统表现出收敛趋势。

步骤3 区分回路中不同性质的变量

存量是在一定时间内流量的积累,是系统的状态变量;流量是控制存量的变量;同一回路中流量和变量并存。

步骤4 用流图符号描述和连接系统的各变量,检查无误后出图。

在步骤1~3的基础上,参考如表4.1所示的绘图符号绘制流图,经反复检查确认无误后出图。

表4.1 流图符号及含义

变量	符号	含义
存量/状态变量/流位	▭	描述系统的积累变量
流量/流率/速率变量	⧓→	描述系统的积累效应变化的变量
辅助变量	○	状态变量和速率变量是信息互相传递与转换过程中的中间变量
常量/外生变量	⊝	研究期内变化不大会相对稳定的变量
源/汇	☁	源代表始,汇代表终,是模型之外的存量

需要注意的是,绘制流图时应遵循:一定要有流入、流出、同时流入流出的守恒流线状态变量;在同一回路中,状态变量与速率变量相间存在,因为速率变量的变化导致状态变量的变化。在上表中,状态变量要有信息输出线;守恒流线与状态变量相连速率变量;速率变量有信息流入线;辅助变量是信息流线经过;常量是信息输出线。

4.2.2.4 系统动力学方程

利用系统动力学刻画系统问题,最终需要通过建立定量仿真模型,根据前述的因果关系图和流图,从结构上描述动态复杂系统的整体结构框架。系统动力学在流图结构下的数学方程是通过用计算机的仿真而建立的定量模型,因此需要满足仿真过程中计算的必要条件如下:

(1)设仿真时间为t,则方程的自变量为t,且$t \geqslant 0$,增量$\Delta t \geqslant 0$,Δt对应仿真步长为单位时间间隔(DT)。

(2)给出仿真初始值。初始值由状态变量给出,用系统动力学的微分方程表示如下:

$$\begin{cases} \dfrac{\mathrm{d}L(t)}{\mathrm{d}t} = R(t) \\ L(t)\big|_{t_0} = L(t_0) \end{cases} \tag{4.4}$$

一般地,系统动力学方程有初始值方程(N)、积累变量方程(L)、流率变量方程(R)、辅助变量方程(A)和常数方程(C)等五种,它们与实际管理状态和规则形成一一对应关系。现将积累变量方程、流率变量方程和辅助变量方程介绍如下:

(1)积累变量方程(L)

积累变量方程(AVE)又称流位方程,AVE是SD的基本方程之一,在动力学模型中该方

程用来描述系统存量的变化。流量变化对时间的积累就是存量,可以用以下积分方程来表述两者之间的关系:

$$L(t) = L + \int_0^t \left(\sum R_{\text{in}}(t) - \sum R_{\text{out}}(t) \right) \text{d}t \qquad (4.5)$$

在式(4.5)中,$L(t)$表示t时刻的状态变量;L_0表示状态变量L的初始值;$R_{\text{in}}(t)$表示t时刻状态变量的输入量;$R_{\text{out}}(t)$表示t时刻状态变量的输出量;$\sum R_{\text{in}}(t) - \sum R_{\text{out}}(t)$表示$t$时刻状态变量净流入量。

从式(4.5)可知,状态变量在任意t时刻的值等于状态变量的初始值加上$[0,t]$时间段内的净流量变化对时间的积累,用差分方程的形式可描述为:

$$L(t) = L(t - DT) + DT\left(\sum R_{\text{in}}(t - DT) - \sum R_{\text{out}}(t - DT) \right) \qquad (4.6)$$

从式(4.6)可知,这是一个固定的算法,积累变量方程式是有固定表现形式,即一阶差分方程;积累变量是具有记忆能力的值,方程中一定包含其前一时刻的状态值;积累变量方程是流量变化对时间的累计,可以将决策变为行动。因此,方程中一定含有差分步长,用 DT 表示,DT 只能出现在流位方程中。

(2)流率变量方程(R)

流率变量方程是指流量在单位时间间隔(DT)内变化的方程式,代表流量变化的客观规律或调节存量所用的决策规则。当流率变量方程用来描述流量变化的客观规律时,需要通过规律的发展构造方程;当流率变量方程用来描述决策者做出的调节规则时,本章所构造流率方程的一般思路如图 4.5 所示。

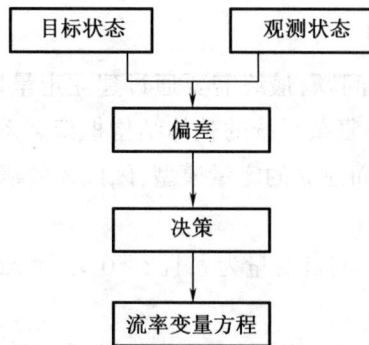

图 4.5　构造流率变量方程的一般思路

系统信息来源于系统状态,当决策者在决策过程中需要信息时,通过对信息进行加工处理,为下一步对系统实施控制做决策。决策者在做决策前须先观测系统状态,将当前状态和期望状态对比,形成状态偏差以此作为最终决策依据。

在流率方程中包括的辅助变量是为决策过程而引进的中间变量,旨在更清楚地描述决策过程,最终以状态变量、辅助变量、外生变量和常量构建出函数方程,具体如下:

$$R(t) = f(L(t), A(t), \text{Exo}(t), \text{const}) \qquad (4.7)$$

（3）辅助变量方程（A）

从理论上说，根据系统的初始条件、流位方程、流率方程和常数方程计算系统状态转移过程，存在着算式复杂冗长、难以理解，表述决策过程不清晰，难以利用中间结果来分析问题等缺陷。当系统的演变过程较为复杂时，决策在实际应用中，一般通过引入辅助变量，用若干个较为简单的辅助变量方程来表示流率变量方程。辅助变量方程是流率方程的子方程，为了描述自然规律或决策过程，常用于计算辅助方程的取值，因此，其用于对系统的分析和优化。但在建立辅助方程时需要注意以下四点：

①采用"跟踪"法并按一定的逻辑次序建立辅助方程；

②根据实际情况确定变量之间的运算规则；

③建立辅助方程过程中要灵活掌握量纲分析技巧；

④辅助方程之间须有状态变量解耦，不能形成环状应用或定义。

4.2.2.5 系统动力学的 Vensim 软件简介

Vensim 是系统动力学研究领域中应用最广泛的建模和仿真软件，包含了 SD 研究几乎所有的标准函数。本章是以系统动力学 Vensim 软件作为平台建立起来而开展的研究，使用的版本是 Vensim PLE。这个版本是美国 Ventana 公司推出在 Windows 操作环境下的个人学习版，它是 Vensim 软件的一种，是基于 DYNAMO（Dynamic Model）计算机语言的一种可视化工具；是建立真实系统的模型，借助计算机对系统结构、功能和动态行为进行模拟，可得到随时间连续变化的系统图像。Vensim 软件可以为使用者提供简单、灵活的建模空间，便于绘制因果关系图和流量图。Vensim 软件将 SDM 概念化和文档化，对复杂系统仿真、分析和优化，其特点主要包括以下几个方面：

（1）Vensim 软件运行于 Windows 操作环境下，安装简便。Vensim 采用多种分析方法，输出兼容性强，可即时显示，还可以以保存在文件和复制剪贴板等方式输出。

（2）可根据 Vensim 软件的界面图示化编程建模。在利用 Vensim 软件进行建模时，先打开 Vensim 主窗口，依据画图工具按钮画出流图、输入方程和参数，方程和变量不带时标，仅围绕变量之间的因果关系展开。

（3）Vensim 软件对 SDM 提供多种分析方法。Vensim 软件可以对模型进行结构分析和数据集分析。

（4）利用 Vensim 软件进行真实性检验。通过对所研究系统建立的模型进行正确性检验，可以判断模型的有效性和合理性；可以根据真实性检验结果对所建系统中的变量按照常识和客观规律进行适当的调整。

将 Vensim PLE 下载安装完成后，当需要运行软件时，从开始菜单进入 Vensim PLE 主界面，或者以电脑桌面快捷方式双击打开 Vensim PLE 主界面。系统动力学 Vensim 软件主界面如图 4.6 所示。

图 4.6 所示的界面可以看作是带有一系列工具的绘图工作台。Vensim 窗口的主界面以绘图区域为主，包括标题栏、菜单栏、工具栏和分析工具等。如果在 Vensim 中打开一个模型，绘图工具栏和状态栏也会出现。有两种方法可以建立新模型，如下：

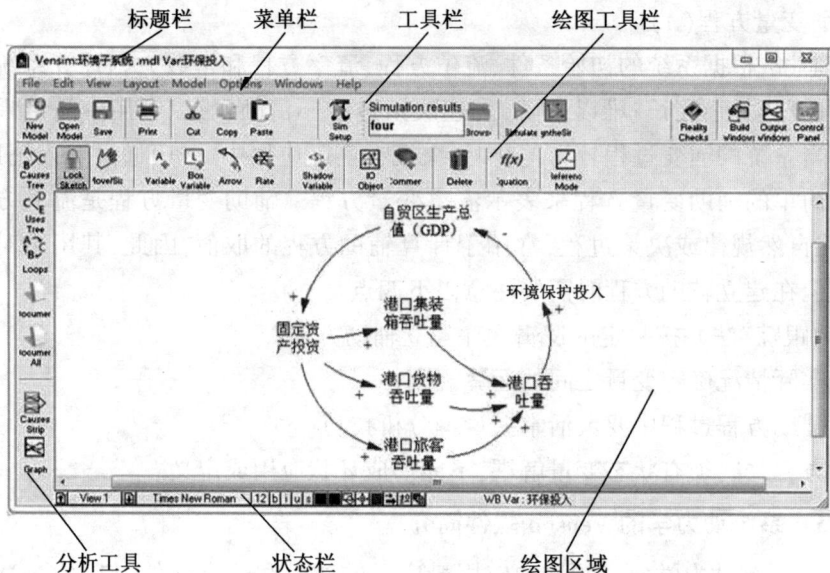

图 4.6　系统动力学 Vensim 软件主界面

方法 1　从菜单栏中创建:在菜单栏中找到 File 并选择 New Model,创建一个新模型,如图 4.7 所示。

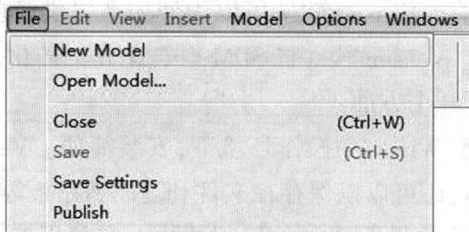

图 4.7　从 Vensim 软件的菜单栏中创建模型

方法 2　从工具栏中创建:在菜单栏找到 New Model 按钮,创建一个新模型。

按照上述方法创建模型后,出现如图 4.8 所示的模型设置界面,可以设置初始时间、终止时间、时间步长和单位等仿真基本条件。

选择默认设置,即直接单击 OK 按钮,弹出如图 4.9 所示的空白主界面。单击保存按钮或者菜单栏的 File Save 命令,将模型保存为 Workforce_Inventory. mdl,或者根据绘图者的需要另命名。根据本章 4.2.2.3 节所述的步骤和本章研究的实际,绘制因果关系图和积量与流量图,并对模型进行检验和仿真分析。

4.2.3　系统理论与自贸区港口产业生态圈

根据前文介绍的系统理论和系统动力学的理论及方法,由自贸区、港口、产业、基础设施、自然人和生态环境等因素组成的自贸区港口产业生态圈已成为一个复杂系统,因此,对此复杂系统进行演化研究,需从系统工程的角度分析它们之间的关系。自贸区港口产业生态圈涉及自贸区、港口和产业等子系统,而若干个因素组成子系统,其内部各要素之间相互影响,存在复杂的非线性关系,因此笔者认为,自贸区港口产业生态圈系统是一个涉及面广、影响因素诸多,是一个多因素、非线性、动态、复杂的大系统。这个系统具备了整体性、有序性、联系性、开放性、动态性和环境适应性等特性,可用系统理论、控制与反馈原理等方法进行科学研究,将系统理论和系统动力学理论及方法应用到自贸区港口产业生态圈系统研究中是可行的。

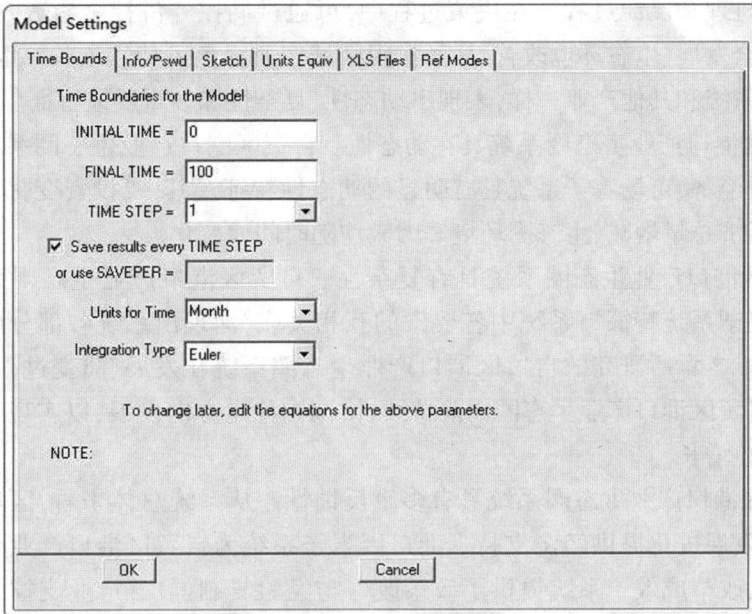

图 4.8 模型设置

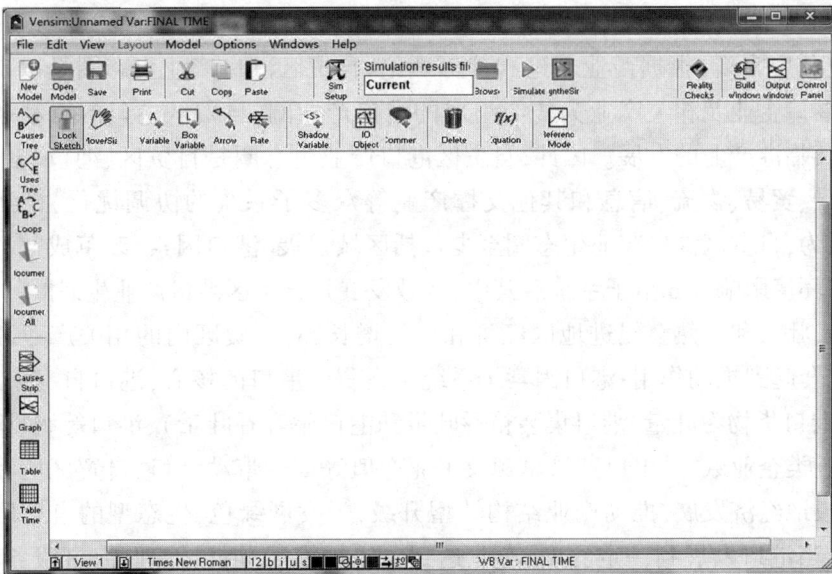

图 4.9 空白主界面

4.3 自贸区港口产业生态圈演化机理

自贸区港口产业生态圈可以看作一个系统。本章利用 SD 研究自贸区港口产业生态圈演化是为了揭示自贸区港口、辖区内产业、生态环境、营商环境、基础设施、市场、自贸区之间相互作用的机理和反馈过程。在决策过程中,可通过调控经济社会参数、优化营商环境实现经济和社会发展、生态环境改善,从而实现区域产业绿色可持续增长。因此,自贸区港口产业生态圈系统和其他产业一样,表现出动态性、复杂性和多重反馈特征。

(1)自贸区港口产业生态圈系统具有动态性。自贸区港口产业生态圈系统所包含的产业、环境、社会、经济、市场等子系统具有明显的动态性特征。其中,投资变化、外贸变化、产业结构调整、经济总量增减、生态圈环境等因素均随时间而变化。

(2)自贸区港口产业生态圈系统具有复杂性。自贸区港口产业生态圈系统具有整体性、非线性等复杂系统特征。系统中各要素的互相关联,涌现出系统各部分所不具备的特殊的整体功能。本章所研究的自贸区港口产业生态圈系统在发展、演变过程中,各因素相互联系,推动自贸区港口产业生态圈向前持续、协调和稳定方向发展,以实现自贸区港口产业生态圈的绿色增长。

(3)自贸区港口产业生态圈系统具有多重反馈性。从系统总体来看,区域发展子系统为系统的区域发展进化提供经济支持。港口因素子系统为自贸区港口产业生态圈系统发展提供了动力,改革成效子系统提供了政策改善与经验复制推广,产业支撑子系统为产业发展尤其是金融发展提供了支撑。社会效益子系统为自贸区发展提供了实惠。环境影响子系统起到约束作用,为自贸区港口产业生态圈发展所带来的负面影响提出了警示,且与其他子系统彼此联系、相互影响,构成了多种反馈。

从产业角度来看,根据产业理论和分形理论,自贸区港口产业生态圈是以自贸区港口为平台,以港口企业及相关产业为核心组成的港口产业圈,自贸区港口的有利条件促进了港口、航运及临港产业的发展。因此,自贸区港口产业生态圈是自贸区、港口、辖区产业、交通运输、金融、贸易、物流、信息和其他支撑产业等众多子系统的协调优化、相互作用的结果。笔者认为,自贸区港口产业生态圈至少包括区域发展、港口因素、改革成效、产业支撑、社会效益和环境影响等 6 个子系统。其中,区域发展是自贸区港口产业生态圈的外部环境,产业的发展、壮大和成熟会促进地区经济和贸易增长,对自贸区内的相关产业和自贸区港口的功能配套起到推动作用;港口因素子系统是自贸区港口的核心,港口自身条件,如港口吞吐量(含港口货物吞吐量、港口集装箱吞吐量和港口旅客吞吐量)、港口等级、固定资产投资额、新增各类企业数、进出口贸易总额及工业产值等都会带动港口、自贸区所在城市乃至腹地,促进腹地经济发展,推动产业结构转型升级,为发展绿色、生态型的自贸区港口提供各种服务。当港口发展到一定程度,产业达到一定规模后,港口管理、海事服务、金融保险和其他相关部门更加依赖该系统的完善和营商环境的优化,以达到彼此平衡。

4.4 自贸区港口产业生态圈动态演化建模

4.4.1 建模过程

根据国内外学者的研究成果,本章对自贸区港口产业生态圈演化机理进行研究并构建的 SDM 步骤如下:

步骤 1 确定自贸区港口产业生态圈系统的模型边界。根据系统目的性、有效性及就简的原则,确定自贸区港口产业生态圈发展演化的 SDM 边界(包括结构边界、时间边界和地理边界)。注重建模的时间性、有效性及能有针对性地解决实际问题。

步骤 2 确定因果关系图。在决策构思 SDM 的初始阶段,绘制因果关系图,以便于决策者直观地描述出自贸区港口产业生态圈系统的结构。

步骤 3 确定因果关系图中的各种变量。确定因果关系图中的状态变量、辅助变量、速率变量、表函数和其他参数,利用 SD 符号将因果关系图转化为相应流程图。

步骤 4 运用 Vensim 软件编程序并进行调试,使模拟结果与历史数据尽可能保持一致。

步骤 5 模型调节,给 SDM 输入一组决策变量,通过模拟实验得出相应结果,若结果满意,则可采取此决策方案;若结果不满意,则需反复修改决策方案,直到满意为止。

步骤 6 在使用 SDM 进行分析的过程中,根据所研究的系统的实际情况,不断改进和完善模型,力求仿真结果令人满意。

系统动力学对自贸区港口产业生态圈建模过程如图 4.10 所示。

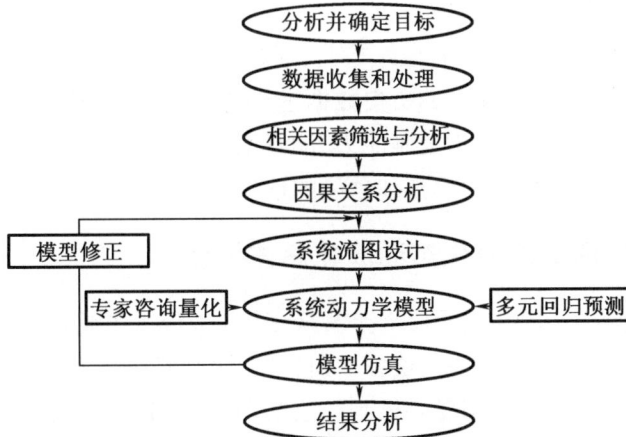

图 4.10 系统动力学对自贸区港口产业生态圈建模过程

4.4.2 确定参数

用 Vensim 软件对研究对象建立 SDM 时,确定参数需遵循如下原则:

（1）参数估计的基本原则。利用 Vensim 软件对研究对象建立 SDM，模型参数的选择成为决策者关心和存疑并存在诸多误解的领域。需要指出的是，在实际应用中，SDM 的基本结构是信息反馈，但是反馈模型的行为对参数变化并不敏感，因此，SDM 行为主要由模型结构决定而非参数大小决定，要根据模型参数的精度要求而采用不同的参数估计方法。需要说明的是，本书研究自贸区港口产业生态圈演化建模及仿真分析的参数的准确度要求，是以满足系统建模为最低标准的。

（2）参数的计算方法。根据本章使用的 SDM 的参数，主要通过文献研究、资料收集、数学计算方法以及咨询经济、港口专家建立因果关系图，并通过参阅文献、与专家针对相互影响因子关系讨论等方式测试模型边界，完成参数及模型构建。参数的计算方法主要包括以下三种：

①多渠道收集变量的数据及相关资料。研究的内容是直接从掌握该数据方面的有关部门、单位，公开发表的统计数据的刊物、权威网站中获取的，对于个别年度所缺少的数据，可采用线性差值、中间值法进行合理估算。

②利用 SPSS 软件进行线性回归分析。社会科学统计软件包（statistical packing for the social science，SPSS）涵盖了描述统计、主成分分析、回归分析、方差分析、假设检验、聚类分析等社会科学常用的研究方法，从多层面、多维度对研究对象进行分析，因而被广泛应用于市场调研、人文社科、生物医学等科研领域。本章利用 SPSS 软件处理收集到的历史数据中的某些变量和参数，可进一步得出系统动力方程所需的参数和常量。

③全局性测试和调整模型中的主要变量回归系数。对于一些参数的估计，应以模型行为对该参数值的灵敏度通过运行模型进行模拟检验，直至模型行为无明显变化时即可将相应值确定为参数值，经过多次由目标的测试的模型参数检验后，最终确定该系统主要变量的参数。

4.4.3　模型检验

利用 SD 检验模型主要是进行有效性检验，通过借助 Vensim 软件来完成结构和量纲的一致性检验。选取连续一个时间段的历史数据进行历史检验，若检验结果与实际数据拟合度误差较小且模型具有良好的行为复制能力，能真实展现自贸区港口产业生态圈系统内各子系统之间的关系，结果即可作为模拟和预测的依据。

4.4.4　自贸区港口产业生态圈演化总体框架

自贸区港口产业生态圈内的子系统涉及众多影响因素、产业政策和规章制度等，在自贸区港口产业生态圈组成的系统演化过程中，自贸区港口产业生态圈内表现为各子系统的动态机制有动力机制、互动机制和变异机制。这些动态机制是建立在自贸区港口产业生态圈发展 SD 的基础上的。动力机制主要表现在区域发展子系统对港口因素、改革成效、支撑产业、社会效益和环境影响子系统上，在自贸区港口产业生态圈的发展初期表现得尤为明显。互动机制主要表现在自贸区港口产业生态圈发展期和成熟期，是自贸区港口产业生态圈系统自组织的作用方式和能力，通过各子系统的功能转化、协调并配合实现自贸区港口产业生态圈系统的渐变过程。互动机制是自贸区港口产业生态圈实现稳定和有序状态的必要条件,分为正互动和负互动。变异机制是指产业发展过程具有显著性阶段,一般包括初始、起步、成长、成熟和消亡 5 个阶段。根据前文对系统的阐述,认为自贸区港口产业生态圈发展也遵循此规律,其发展变化过程如图 4.11 所示。

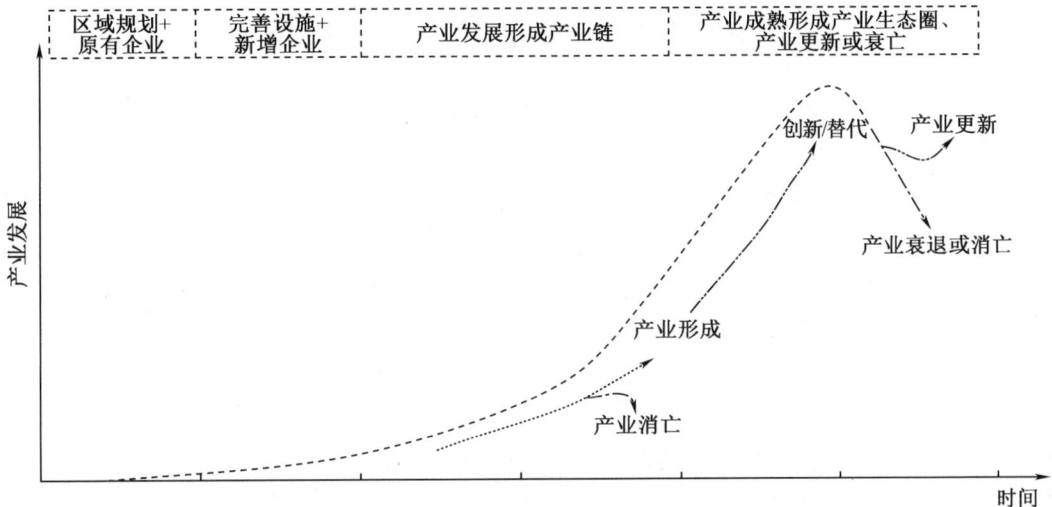

图 4.11 自贸区港口产业生态圈发展变化过程

从图 4.11 中可以看出,产业发展的每个阶段都有一个阈值,若超过阈范围,系统通过变异机制促使系统内部发生突变从而实现系统质变,自贸区港口产业生态圈的发展过程也遵循上述规律。本章利用 Vensim 软件构建 SDM,研究的自贸区港口产业生态圈动态演化机理的因果关系图如图 4.12 所示。

4.4.5 各系统因果关系反馈分析

根据本章 4.2 节对 SD 相关理论知识的介绍可知,SD 是由动态模型模拟实际问题,用来解决系统内各子系统之间、各因素之间高度非线性、高阶次、多变量、多重反馈的复杂系统问题。建立 SDM 的优势在于:在宏观上把握事物发展趋势,在微观上分析系统各个因素的相互作用,其基本思想是利用系统内部结构及其变动决定功能与行为。理论基础包括反馈理论、控制理论、信息论、非线性理论和大系统理论等。由于 SD 的反馈结构是建立在系统反馈因果关系上的,因此,自贸区港口产业生态圈系统内的各子系统都有自己的结构特点和功能,子系统之间通过接口变量相互联系,接口变量连接子系统的输出及其他子系统的输入。各个子系统分析如下:

(1)区域发展子系统

区域发展子系统是由自贸区 GDP、进出口贸易总额、外商直接投资、工业增加值和固定资产投资组成的区域发展子系统的正反馈环。自贸区内的各类企业组成的产业集群,既创造了经济价值,也促进了金融、综合服务、物流、贸易的发展和港口吞吐量提升等,带动了自贸区、港口乃至港口城市的投资以及相关行业的发展。从这一反馈环可以看出,港口产业发展提供了就业岗位,为用人单位的人才选拔提供了人力资源保障,也提升了港口等级,良好的港口设施、装卸效率、企业管理和航运服务使更多船舶来港装卸,最终提升了自贸区GDP,促进了自贸区港口产业生态圈的良性循环发展,其因果反馈关系如图4.13所示。

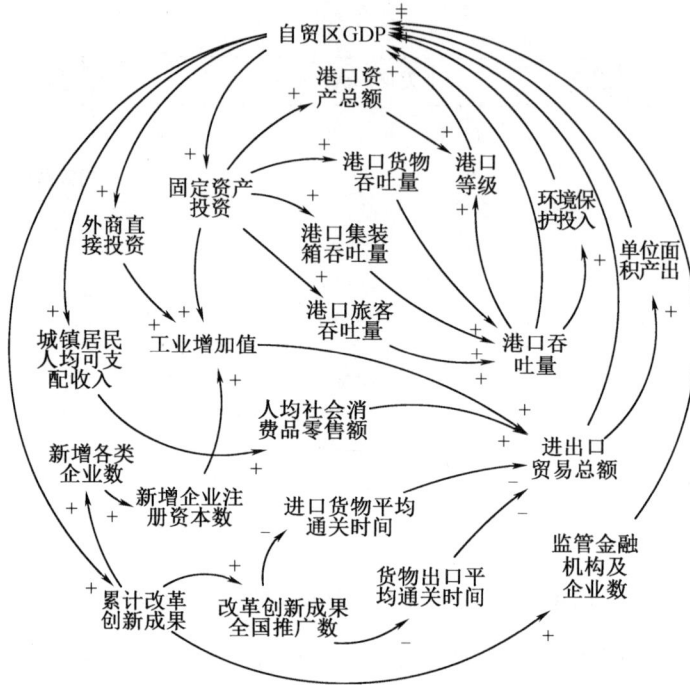

图 4.12 自贸区港口产业生态圈动态演化机理的因果关系分析图

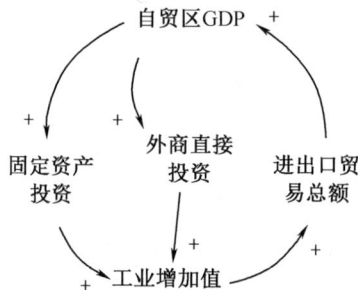

图 4.13 区域发展子系统因果反馈关系

(2)港口因素子系统

港口因素子系统是由自贸区 GDP、固定资产投资、港口货物吞吐量、港口集装箱吞吐量、港口旅客吞吐量、港口等级和港口资产总额组成的正反馈环。区域发展带来的自贸区GDP 增加,为自贸区和港口的固定资产投资提供了资金保障,港口通过投资增加了港口资产总额,完善了基础设施并使港口等级得以提升,吸引更多客、货船靠港装卸,提升了港口吞吐量和促进港口等级提升。其因果反馈关系如图4.14所示。

(3)改革成效子系统

改革成效子系统是由自贸区 GDP、进口货物平均通关时间、出口货物平均通关时间、累计改革创新成果和改革创新成果全国推广数组成的正反馈环,反映了自贸区的制度创新和相互促进作用。各个自贸区通过借鉴世界上典型的制度完善、发展成熟的自由贸易港及临港产业的发展经验,结合我国改革开放的发展战略,复制国内自贸区向全国推广的创新成果,以促进本地发展、居民收入增加来促进消费,促进港口服务半径的扩大,提高服务水平,进而使港口等级提高、自贸区 GDP 增加。自贸区 GDP 增加也提高了城镇居民收入,提升了港口等级,扩大了服务半径,以争取更多的货源和客源从本港进出,增加更多收入,最终提升自贸区 GDP 总量,其因果反馈关系如图 4.15 所示。

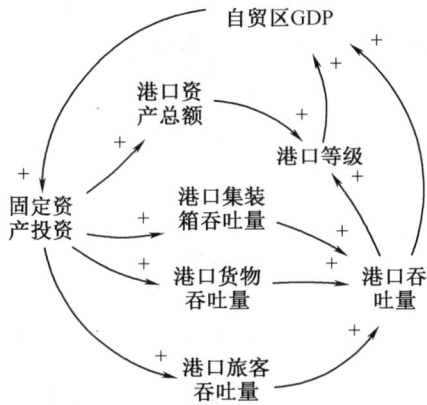

图 4.14　港口因素子系统因果反馈关系　　图 4.15　改革成效子系统因果反馈关系

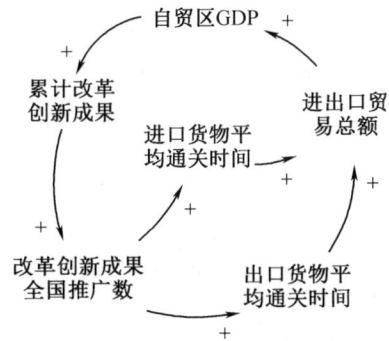

(4)产业支撑子系统

产业支撑系统是由自贸区 GDP、新增各类企业数、新增企业注册资本数、监管金融机构及企业数等指标形成的正反馈环。自贸区政府通过出台政策和制度创新,以改革创新成果、改善营商环境,吸引投资者投资或注册企业。自贸区内企业数量的增加也提升了企业注册资本的总量,同时带动了金融类企业的发展,保障区内各企业融资、投资的资金来源等;产业发展使工业增加值随之增加,产品外销带动进出口贸易总额的增加,创造更多的利税,促进了自贸区发展和地区 GDP 增加,反映出产业、自贸区和港口协同发展的互相促进作用,其因果反馈关系如图 4.16 所示。

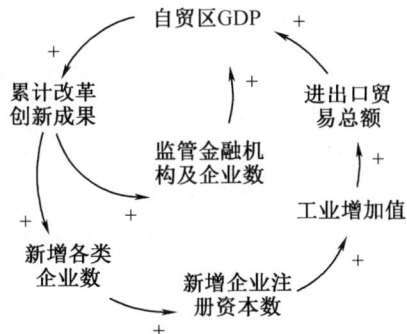

图 4.16　产业支撑子系统因果反馈关系

（5）社会效益子系统

社会效益子系统是由自贸区 GDP、城镇居民人均可支配收入、人均社会消费品零售额和单位面积产出、进出口贸易总额形成的正向反馈环。随着自贸区 GDP 的增加，自贸区内单位面积 GDP 也相应增加，自贸区成为区域经济的增长极；另外，自贸区发展也提升了城镇居民人均可支配收入，促进了消费，因此人均社会消费品零售额相应增加，其因果反馈关系如图 4.17 所示。

（6）环境影响子系统

环境影响子系统是由自贸区 GDP、港口吞吐量（港口货物吞吐量、港口集装箱吞吐量、港口旅客吞吐量）、自贸区环境保护投入、固定资产投资形成的负向反馈环。随着新增各类企业数和港口吞吐量增加，各类排放相应增加，环境问题成为自贸区发展瓶颈。建设生态型的自贸区和港口，降低污染，环境保护投入则要相应增加，其因果反馈关系如图 4.18 所示。

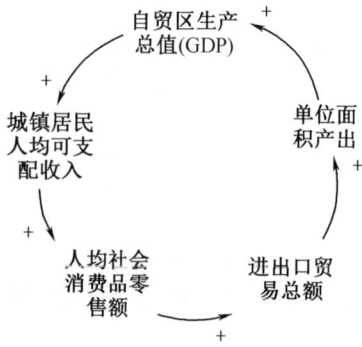

图 4.17　社会效益子系统因果反馈关系　　图 4.18　环境影响子系统因果反馈关系

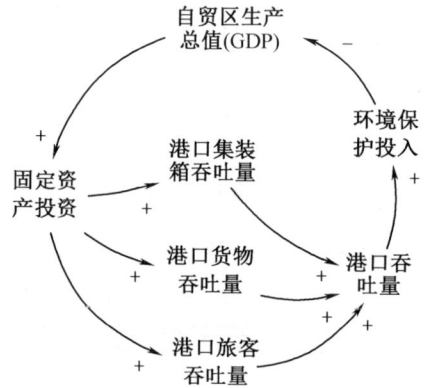

4.4.6　自贸区港口产业生态圈发展演化动态流图设计

因果关系图仅能反映产业、港口与自贸区等基本因素之间的相互关系，并不能反映不同性质变量之间的区别。而流图能够反映各变量之间的具体关系，能够清楚地描述速率与状态，以及变量之间的数量关系和变化规律。

本章利用 Vensim 软件建立自贸区港口产业生态圈的系统流图，该流图包含状态变量、速率变量、辅助变量和常量，为变量基础建立 SD 方程组，其中，状态变量表示系统在某一变化过程中某一时刻的状态，它是系统的核心；最复杂的是确定速率变量和辅助变量之间的定量关系，需要对自贸区港口产业生态圈发展过程的历史数据进行局部分析，并对自贸区港口产业生态圈系统仿真的有效性和稳定性进行检验和灵敏度分析；常量是通过研究对象的历史数据来源获得，在模型中做常量使用。

4.4.6.1　动态流图设计

根据上面建立的自贸区港口产业生态圈各个子系统的因果关系图中各个反馈机制的分析，将自贸区港口产业生态圈的所有影响因素和相关变量看成一个系统，再依据本章

4.3.2 小节模型检验得到的系统动力方程,构建自贸区港口产业生态圈影响因素之间、影响因素与相关变量、影响因素与自贸区港口产业生态圈的影响路径。变化相关变量的值或影响因素的值,通过观察港口产业生态圈的变化情况,提取对港口产业生态圈发展过程的重要影响因素,从而为决策者提供参考。运用 SDM 的关键是构建系统的影响路径,它可解决两个问题:两个变量之间是否有直接联系?影响程度如何?

基于上述问题,本章是对自贸区港口产业生态圈发展演化过程进行研究,为了更好地分析其产业生态圈演化机理,笔者以自贸区 GDP、工业增加值、港口吞吐量(由港口货物吞吐量、集装箱吞吐量和港口旅客吞吐量按重量整合而成)、固定资产投资和新增各类企业数等为起点,用 Vensim 软件建立 SD 影响机理的动态流图,如图 4.19 所示。

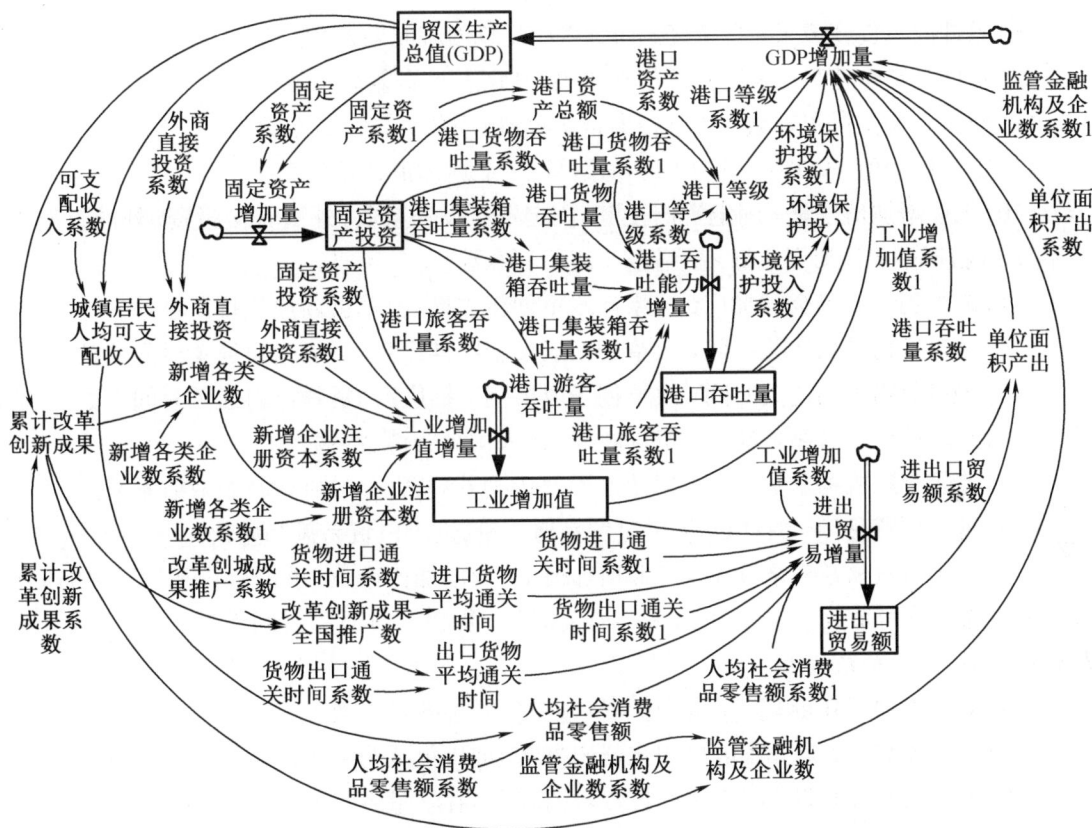

图 4.19 自贸区港口产业生态圈发展演化的动态流图

根据图 4.19 所示的自贸区的港口产业生态圈发展演化动态流图,建立研究上海自贸区的自贸区港口产业生态圈的 SDM,其初始年份为 2013 年,仿真终止年份为 2022 年,步长1 个月,模型中共有变量为 61 个,其中,状态变量 5 个,速率变量 5 个,辅助变量 17 个,常量34 个。模型中描述系统行为的状态方程组用差分方程表示,其计算表达式如下:

$$\begin{cases} X(t) = X(t-dt) + F[x(t), p]dt \\ X(t_0) = X_0 \end{cases} \tag{4.8}$$

在式(4.8)中,$X(t)$ 表示的是状态变量在 t 时刻的值;$F[x(t), p]$ 表示的是 t 时刻的速率变量;dt 表示的是模拟时间步长。

4.4.6.2 自贸区港口产业生态圈发展演化的动力方程

根据本章 4.4.2 节确定变量和参数的方法,利用 Vensim 软件,根据式(4.8)的状态方程组,用 INTEG(速率,初值)函数表示,据此,所构建基于自贸区港口产业生态圈 SDM 的重要变量及参数方程如下:

(1)自贸区 GDP = INTEG(GDP 增加量,自贸区 GDP 初始值)。

(2)外商直接投资 = 自贸区 GDP×外商直接投资系数。

(3)城镇居民人均可支配收入 = 自贸区 GDP×可支配收入系数。

(4)固定资产投资 = INTEG(固定资产增加量,固定资产初值)。

(5)固定资产增加量 = 自贸区 GDP×固定资产投资系数。

(6)累计改革创新成果 = 自贸区 GDP×累计改革创新成果系数。

(7)新增各类企业数 = 累计改革创新成果×新增各类企业数系数。

(8)新增企业注册资本数 = 新增各类企业数×新增各类企业数系数 1。

(9)工业增加值 = INTEG(工业增加值增量,工业增加值初始值)。

(10)工业增加值增量 = 固定资产投资×固定资产投资系数+外商直接投资×外商直接投资系数 1+新增企业注册资本数×新增企业注册资本数。

(11)改革创新成果全国推广数 = 累计改革创新成果×改革创新成果推广系数。

(12)进口货物平均通关时间 = 改革创新成果全国推广数×货物进口通关时间系数。

(13)出口货物平均通关时间 = 改革创新成果全国推广数×货物出口通关时间系数。

(14)人均社会消费额 = 累计改革创新成果×人均社会消费系数。

(15)监管金融机构及企业数 = 累计改革创新成果×监管金融机构及企业数系数。

(16)进出口贸易额 = INTEG(进出口贸易增加量,进出口贸易额初始值)。

(17)进出口贸易总额增加量 = 工业增加值×工业增加值系数+进口货物平均通关时间×货物进口通关时间系数 1+货物出口平均通关时间×货物出口通关时间系数 1+人均社会消费额×人均社会消费系数 1。

(18)港口货物吞吐量 = 固定资产投资×港口货物吞吐量系数。

(19)港口集装箱吞吐量 = 港口固定资产投资×港口集装箱吞吐量系数。

(20)港口旅客吞吐量 = 固定资产投资×港口旅客吞吐量系数。

(21)港口吞吐量 = INTEG(港口吞吐量增量,港口吞吐量初始值)。

(22)港口吞吐能力增量 = 港口货物吞吐量×港口货物吞吐量系数 1+港口集装箱吞吐量×港口集装箱吞吐量系数 1+港口旅客吞吐量×港口旅客吞吐量系数 1。

(23)港口资产总额 = 固定资产投资×固定资产系数 1。

(24)港口等级 = 港口吞吐量×吞吐量系数 1+港口资产总额×港口资产系数。

(25)环境保护投入 = 港口吞吐量×环境保护投入系数 1。

(26)单位面积产出 = 进出口贸易额×进出口贸易额系数。

(27)GDP 增加量 = 港口吞吐量×港口吞吐量系数+工业增加值×工业增加值系数 1+港口等级×港口等级系数−投入环境保护×环境保护投入系数+单位面积产出×单位面积产出

系数+监管金融机构及企业数×监管金融机构及企业数 1。

4.5 自贸区港口产业生态圈发展演化仿真分析

从上海自贸区 2013—2018 年主要经济指标及增长率的数据来看,上海自贸区比后续成立的自贸区港口更为完善,其发展经验也被其他自贸区港口复制和推广。笔者认为研究上海自贸区港口产业生态圈发展演化具有代表性,故本章以上海自贸区为例,构建上海自贸区港口产业生态圈系统演化模型并进行仿真分析。研究数据来源是从 2013—2018 年的上海国民经济和社会发展统计公报、自贸区辖区内发展和改革委员会、商务局、金融信息局、海关网站,上市港口企业年报、中国港口统计年鉴或知名媒体公布的数据中获取。其他自贸区港口产业生态圈的演化建模和仿真分析可参考此法,限于篇幅,不在此展开。

4.5.1 上海自贸区简介

上海自贸区位于上海市浦东,属中国自贸区范畴。上海自贸区经过 6 年的发展,辖区面积在 2013 年 9 月 29 日挂牌时设置为 28.78 平方千米;2014 年 12 月 28 日,经全国人大批准扩区到 120.72 平方千米;改革试验取得成功后,2019 年 8 月 6 日设立上海自贸区临港新区片区,辖区面积规划 119.5 平方千米。上海自贸区规划范围及片区面积如表 4.2 所示。

表 4.2 上海自贸区规划范围及片区面积

区域	规划面积/平方千米	涵盖区域	片区面积/平方千米
上海自贸区	28.78	上海外高桥保税区	10,已封关运作面积 8.9
		上海外高桥保税物流园区	1.03
		上海浦东机场综合保税区	3.59
		洋山保税港区	14.16,已封关运作面积 8.14
	91.94	陆家嘴金融片区	34.26
		金桥开发片区	20.48
		张江高科技片区	37.2
	119.5	临港新片区	119.5

资料来源:根据中国(上海)自由贸易试验区总体方案、临港新片区总体方案整理。

4.5.2 模型检验结果

根据上海自贸区港口产业生态圈发展过程的结构特点及主要变量变化的稳定性和变量之间的关联性,利用 Vensim 软件结构和量纲的一致性检验,选取 2013—2018 年的历史数据进行历史性检验,详细结果如表 4.3 所示。

表 4.3　主要变量模拟结果与实际值比较

指标		2013	2014	2015	2016	2017	2018
自贸区 GDP /亿元	实际值	5 400.53	5 912.735	6 241.25	6 866.54	7 533.47	8 169.97
	模拟值	5 400.35	5 865.22	6 385.1	6 920.35	7 472.18	8 036.74
	偏差率/%	0	0.81	-2.25	-0.78	0.82	1.66
工业增加值 /亿元	实际值	1 809.17	1 840.71	1 777.49	1 786.26	2 075.88	2 173.74
	模拟值	1 809.17	1 843.54	1 889.04	1 939.18	1 990.79	2 041.28
	偏差率/%	0	-0.15	-5.91	-7.89	4.27	6.49
固定资产投资额/亿元	实际值	485.53	509.81	555.69	607.93	680.31	638.07
	模拟值	485.53	497.876	527.17	573.426	637.166	718.87
	偏差率/%	0	2.40	5.41	6.02	6.77	-11.24
港口吞吐量 /万吨	实际值	161 622.2	163 751.3	163 094.5	163 031	175 655.8	178 094.1
	模拟值	161 621	163 548	165 735	168 081	170 659	173 546
	偏差率/%	0	0.12	-1.59	-3.00	2.93	2.62
港口资产总额/亿元	实际值	886.1	942.79	985.15	1 167.85	1 412.35	1 443.67
	模拟值	947.332	971.42	1 028.58	1 118.83	1 243.19	1 402.61
	偏差率/%	-6.46	-2.95	-4.22	4.38	13.61	2.93
监管金融机构及企业数/家	实际值	684	705	758	815	849	887
	模拟值	690.731	727.965	768.348	808.684	849.093	889.317
	偏差率/%	-0.97	-3.15	-1.35	0.78	-0.01	-0.26%

从表 4.3 可知,所得模拟结果与实际值拟合误差总体上变化幅度在±6.77%左右,只有固定资产投资额在 2018 年的拟合误差为-11.24%,验证了设计的模型具有良好的行为复制能力,能较真实展现上海自贸区港口产业生态圈的发展实际。接着对模型进行灵敏和极端条件测试,先后通过了敏感性和抗冲击性检验,具有一定的灵敏度和较强的稳定性,可作为模拟与预测的依据。

4.5.3　主要影响因素的影响仿真

4.5.3.1　自贸区港口产业生态圈演化的变化趋势仿真

根据演化理论,以 2013 年的数据作为起始值,运行周期为 10 年(120 个月),即 2013—2022 年,其发展变化趋势的仿真分析图如图 4.20 所示。

需要说明的是,在图 4.20 中,FTZ GDP 表示自贸区生产总值(亿元,Billion Yuan);时间(月,Month),下同。根据图 4.20 仿真结果可知,最初上海自贸区港口产业生态圈初始值为 5 400.35 亿元,但随着时间的变化,上海自贸区的港口产业生态圈有了很大的发展,经过 10 年的发展,尽管上海自贸区港口产业发展每年的增幅不同,在起始阶段,发展比较缓慢,但随着时间的推移而稳定增长。

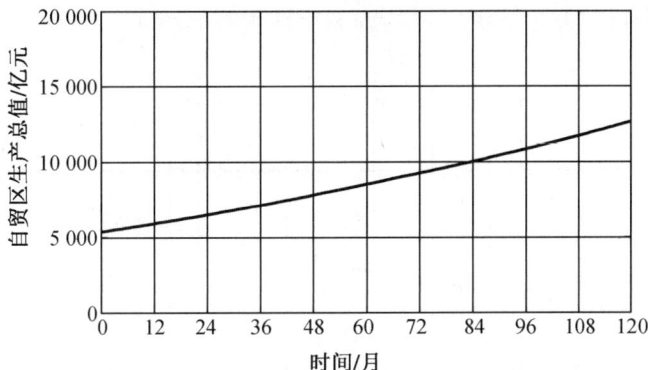

图 4.20　上海自贸区港口产业生态圈发展变化图

4.5.3.2　重要影响因素的影响仿真

根据上海自贸区的总体方案,上海自贸区肩负着在加快转变政府职能、管理模式创新、促进贸易自由化和投资便利化,为全面深化改革和扩大对外开放探索新途径、积累新经验的重大使命。从前文的动力方程和上海自贸区港口产业生态圈演化的例子可以看出,累计改革创新成果、监管金融机构及企业数、工业增加值和港口吞吐量是影响上海自贸区港口产业生态圈发展最重要的因素。通过改变系数值,对自贸区港口产业生态圈动态演化趋势进行分析,可知它们对自贸区港口产业生态圈发展的影响程度。

(1)累计改革创新成果对自贸区港口产业生态圈发展有着非常重要的影响。自贸区港口有很多产业相关联,比如港口等级的提升等对港口吞吐量和港口营业收入的增加有着积极作用,从而促进自贸区 GDP 总量的增加。当累计改革创新成果系数分别以 1、1.2 和 1.5 变化时,对自贸区港口产业生态圈发展的影响程度仿真如图 4.21 所示。

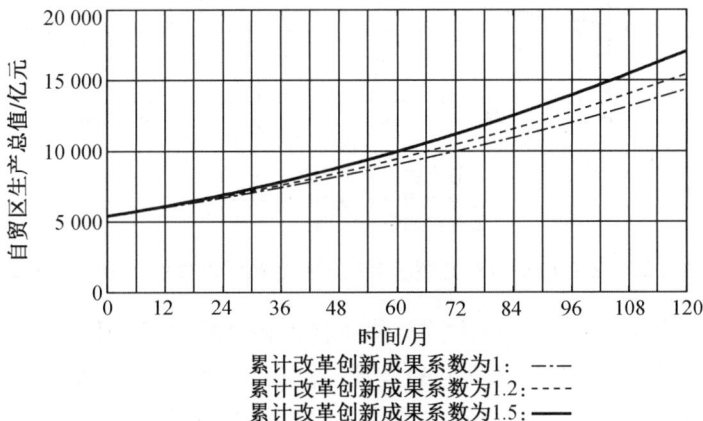

累计改革创新成果系数为1:　—·—
累计改革创新成果系数为1.2:----
累计改革创新成果系数为1.5:——

图 4.21　累计改革创新成果对自贸区港口产业生态圈发展的影响程度

(2)监管金融机构及企业数对自贸区港口产业生态圈发展有着很重要的影响。由于监管金融机构及企业数包括银行、保险、证券等监管机构和各类相应类型的企业,是自贸区金融改革和创新的重点,这些企业上缴的利税提升了自贸区财政税收,从而增加了 GDP 总量,也为企业投资融资资金来源提供保障。当监管金融机构及企业数系数分别以 1、1.2 和 1.5

变化时,对自贸区港口产业生态圈发展的影响程度仿真如图4.22所示。

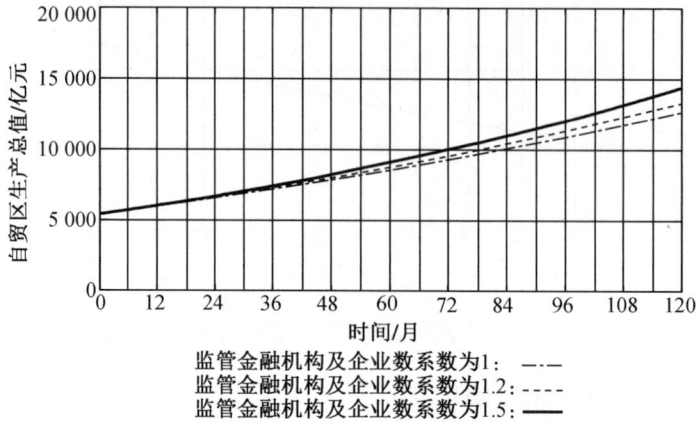

图 4.22　监管金融机构及企业数对港口产业生态圈发展的影响程度仿真

（3）工业增加值对自贸区港口产业生态圈发展有着非常重要的影响。在自贸区所有产业中,工业增加值越大,说明产业规模越发达,可影响自贸区经济收益和工业制品进出口创汇,对提升港口吞吐量等有着积极作用。当工业增加值系数分别以1、1.2和1.5变化时,对自贸区港口产业生态圈发展的影响程度仿真如图4.23所示。

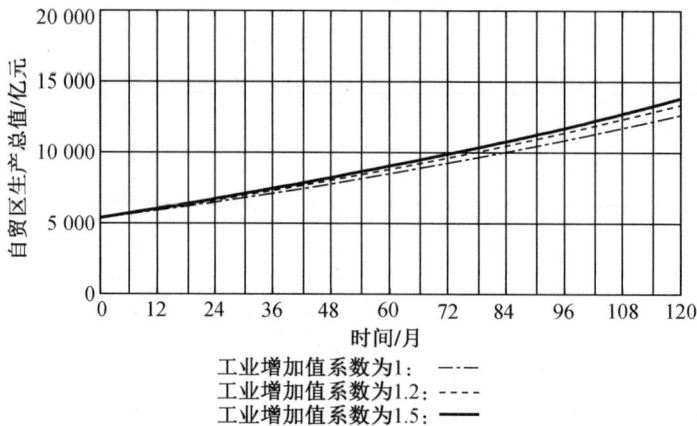

图 4.23　工业增加值对自贸区港口产业生态圈发展的影响程度仿真

（4）港口吞吐量增加,除了可以为港口营业收入和上缴更多的利税外,还可以带动交通运输集疏系统、区域经济和相关产业链的发展,加强港口对产业的吸引力和集聚度。从长期来看,甚至可以影响自贸区产业、经济的发展乃至港口城市的整体发展。当港口吞吐量系数分别以1、1.2和1.5变化时,对自贸区港口产业生态圈发展的影响程度仿真如图4.24所示。

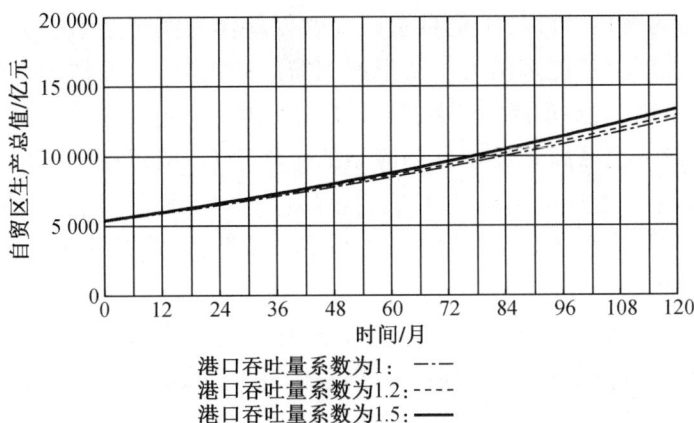

图 4.24 港口吞吐量对自贸区港口产业生态圈发展的影响程度仿真

4.5.4 对策建议

本章可以为自贸区港口产业生态圈的演化和仿真研究提供参考。通过对重要影响因素的仿真分析,笔者认为对自贸区港口产业生态圈发展最重要的影响因素为累计改革创新成果、监管金融机构及企业数、工业增加值和港口吞吐量。若要实现自贸区港口产业生态圈的可持续发展和绿色增长,可从累计改革创新成果、监管金融机构及企业数、工业增加值和港口吞吐量四方面着手。

(1)通过制度改革和创新,深化完善基本体系。①落实法制化、便利化以及国际化营商环境,营造公平、公正、公开的市场环境,创建一批可复制、可推广的经验,为其他自贸区提供示范效应。②结合制度创新,充分发挥各经济主体的积极性,优化市场营商环境的制度创新,重点落实、服务各类经济主体。③关注经济贸易功能的开拓和新旧动能的转换,加强与长三角自贸区(舟山、南京、苏州)的联动,服务长三角区域一体化发展国家重大战略,探索一体化的开放创新模式。④利用国家给予的政策支持和赋予的管理权限,通过大胆闯大胆试,对过往改革中存在的问题进行变革,从而形成创新高地。⑤在④的基础上,支持投资自由、资金自由、贸易自由、运输自由、人员移动自由、海法选择自由和产业存废自由"先试先行"。⑥实施互联网数据安全有序流动试点,探索信息交互自由。⑦利用上海区位优势和产业方面的优势,将产业扩展到苏浙皖,实施有竞争力的税收制度和政策,助力三省一市实施《长三角区域发展一体化规划纲要》的落实和长三角地区其他城市资源的优化配置,实现各种有效社会资源、经济资源和高端生产要素集聚,为开展产业定制化,推出证照分离、金融创新和市场准入等领域优化措施。⑧推出人才引进与安置、国土资源利用、税收等利好政策。⑨建立发展管理机制和信息管理平台,探索完善生产管理制度,统一质量管理体系,厘清区域监管责任,做到统一审评、检查标准,审批结果互认、监管结论互享,降低成本,促进产品创新和缩短上市时间,全面为推进长三角高质量一体化发展打好基础和积累经验,期待复制推广到其他地区,更好满足公众日益增长的高品质生活、社会交流等活动的需求。

(2)在金融创新方面,自贸区是金融开放窗口和制度创新的发力点。上海自贸区利用建设国际金融中心为契机,可以:①把自贸区金融创新作为实现金融扩大开放中服务实体经济、社会和贸易发展贡献更多活力。②根据国家战略需要,全面清理金融领域的限制措施,落实负面清单承诺,对要求高的开放度、需求大的国际市场且其他区域尚未具备实施条件的金融领域,建设一批更高开放度且功能型的金融平台,构建稳定、公平、透明的营商环境。③探索支持离岸转手买卖贸易发展、完善金融综合服务体系、制度机制,推进融资汇兑便利化,提升金融国际化水平。④强化金融监管和风险防控,服务实体经济安全可靠环境,建立金融产业服务生态圈。

(3)自贸区工业增加值的增长离不开自贸区内各类企业的发展。①提高政府服务能力,减少行政备案、审批流程和时限,通过制定法律、法规和制度创新优化营商环境,吸引更多的企业落户自贸区港口辖区内;完善港口的软硬件条件,提升港口经营管理和服务能力,争取辖区内乃至经济腹地企业所需的进出口贸易、物流、原材料、产成品从本港进出。②自贸区内产业的发展促进了税收和就业,辐射并带动了周边发展;利用自贸区的区位优势、价格、效率、服务等吸引客、货源,增强与铁路等载运工具的合作,为港口赢得稳定的客、货源,提高单位船舶的载客、载货量和周转率。③自贸区实行的优惠政策和优化营商环境促进了产业的发展,吸引了内外资企业前来落户,知名企业总部进驻、增加企业总数量,为自贸区创造了更多营业收入和税收,促进了 GDP 总量增长;相应增加固定资产投资,使得港口基础设施更加完善,吸引更多的航运企业如国际著名班轮公司入驻或在本港设立邮轮母港等。④自贸区港口作为国际枢纽港乃至国际航运中心,应利用区位优势和资本优势去吸引更多船舶挂靠、货物和旅客从本港进出,开展转口贸易和中转业务,促进临港产业和港口产业生态圈的良性循环发展,为自贸区港口产业生态圈的可持续发展助力。⑤建立投资自由化和贸易便利化自贸区政策,推动更加公平的竞争,提升政府服务效率和优化营商环境,吸引更多的国内外港口、航运等企业参股持股,提升港口的资本运作能力。⑥增加固定资产投资,完善港口基础设施和现代港口管理制度,发展智能港口和岸电项目等,促进港口节能减排,从资产、减排等方面加强管理,提高资源的单位利用效率,保证区域产业良性发展。

(4)通过港航协同发展,提升港口通过能力和增加吞吐量,进而全面提升港口价值链和国际枢纽港地位。上海自贸区港口作为区域性枢纽港、建设中的国际航运中心,处于快速发展阶段,港口的营运管理、综合服务能力、腹地物流、社会效益影响着港口及其腹地发展,需根据自身实际情况,推动产业转型升级。在扩大规模的同时,注重环境保护、经济效益和社会效益均衡,可以:①通过拓展港口物流供应链,构建港航协同网络,嵌入相应的港口物流服务和航运服务延伸产业链,提升港口价值链。②通过港航企业协同,航运企业依托港口构建运营网络,港口通过航运网络得以拓展,港航企业之间相互参股持股,或者参与境外投资、购买境外港航企业股份。③创新港航的服务,通过建设国际航运中心,聚集新要素,发展枢纽经济,延伸产业链以提升供应链、创造价值链。通过建设国际航运中心,形成港口、产业、航运、金融、信息、物流和贸易等要素聚集,在数字化经营管理模式下,顺应要素聚集新辐射方式,在技术、业态、产业和模式四个方面实现创新性改革。可利用互联网、大数据、区块链、物联网、云计算和人工智能(AI)带来的生产方式、贸易方式和交易方式的巨大变革机会,重塑港口航运产业经济模式。④港口与航运产业协同发展需要企业和政府两个层面的措施创新或者是"政府-企业"双管齐下的政策措施,推动自贸区港口产业绿色增长和可持续发展。⑤利用 5G 技术建设智慧港口。5G 技术突破通信技术的局限性,具有高速率、大容量、低延时的特点,为港口智能化建设带来创新,为港口的生产作业、办公运营、仓储物流、对外服务等提供优质服务,进一步提高港口的作业效率,不仅开辟了自贸区港口数字化的转型升级之路,也为其他港口探索转型升级新路径提供经验并加以复制和推广。

(5)城市和港口的协同化发展。具体措施有:①加强城市综合智能交通技术在港口设施和管理中的推广与应用,建立共享连接铁路港、公路港、航空港和信息港的"四港"联盟,输送交通大数据云管理信息平台,为客户提供实时的交通数据,改善城市综合交通运行效率。②引入区块链、人工智能等在智能港口服务和相关产业中的应用,促进港口的服务效率提升,加强港口的吞吐能力、对外竞争和合作能力,促进经济增收和产业集聚能力,推动区域经济发展。③加快港口转型升级。借鉴先进港口基础设施的生产和制造技术、船舶进出港管控技术和港口安全管理经验,加快技术革新,提升自贸区港口的知名度和核心竞争力。④加强港口与企业、港口与人才培养单位的合作,提供所需的人才、技术和设备保障。

4.6 本章小结

自贸区港口产业是国家产业系统的重要一环,基于自贸区港口产业系统有着结构复杂的显著特性,不仅体现在系统因素本身上,而且体现在各个影响因素的相互联系上,因此,本书在"创新、协调、绿色、开放、共享"的发展理念下,研究自贸区港口产业需从产业生态圈演化仿真分析,从发展系统性着手,从区域发展、港口因素、改革成效、产业支撑、社会效益和环境影响 6 个维度进行全面综合的研究。本章的主要特色与创新如下:

(1)针对自贸区的实际情况,在总结已有文献研究的基础上,根据第 3 章对影响自贸区港口产业生态圈关键因素识别的基础上,构建自贸区港口产业生态圈演化建模与仿真分析的指标体系,为科学地研究自贸区港口产业生态圈演化机理夯实基础。现有研究更多关注的是区域产业生态圈发展的影响因素识别和评价,未有针对自贸区港口产业生态圈发展过程的动态演化研究,本章的研究填补了现有研究的空白。

(2)根据系统理论,笔者认为自贸区港口产业生态圈也符合系统相关性质,因此,用系统动力学(SD)方法构建自贸区港口产业生态圈发展演化的 SDM,并以上海自贸区为例,对上海自贸区港口产业生态圈进行仿真分析。利用 SDM 的结合可以分析影响因素之间的相互作用,提取出重要影响因素,为自贸区港口产业生态圈发展提供理论和实际参考。利用 SDM 研究自贸区港口产业生态圈演化机理,既丰富了动态演化机理的理论与方法,也为有效提取影响自贸区港口产业生态圈的重要因素提供新视角。

(3)以上海自贸区为例,根据系统动力学的相关理论知识,建立上海自贸区港口产业生态圈演化机理的系统动力学方程,并以其 2013—2018 年的历史数据,对所建立的模型进行检验,得到的结果证实了提出的方法的可行性。通过得出的动力学方程,总结出累计改革创新成果、监管金融机构及企业数、工业增加值和港口吞吐量是影响上海自贸区港口产业生态圈发展的 4 个主要因素,并用 Vensim 软件仿真分析了这些因素对自贸区港口产业生态圈发展的影响程度,并根据研究结果给出了对策与建议。

　　本章利用系统动力学相关理论,对自贸区港口产业生态圈发展演化建模,以上海自贸区为例,对上海自贸区港口产业生态圈发展的重要影响因素、影响程度进行仿真分析。需要注意的是,由于自贸区成立时间短,可获得的历史数据有限,且动力方程的参数设置有一定的随机性。随着我国自贸区设立得越来越多,自贸区港口相应地增加,可选取更多中外自贸区港口和更长时限。利用结构方程(SEM)验证变量之间的线性关系而得到参数,再构建 SEM-SD 模型,是值得业界进行深入研究的课题。

5 自贸区港口产业生态圈成熟度评价

5.1 引 言

本书第 4 章以上海自贸区为例,用 SD 理论和方法建立上海自贸区港口产业生态圈演化的 SDM,并提取重要影响因素进行仿真,根据分析结果给出对策与建议。如前所述,自贸区港口作为我国对外开放力度最大的窗口和重要的进出口贸易平台,随着自贸区的深化改革和扩大对外开放,以及国家稳步推进港口供给侧结构性改革,产业转型升级对自贸区港口产业生态圈的发展、成熟问题越来越受到学界的关注。

在我国的产业成熟研究方面,学界将软件生产能力成熟度模型引进国内,并用于各行业成熟度评价研究中,例如,贺俊等认为战略性新兴产业经济学特征是主导技术成熟度和市场成熟度,提出了战略性新兴产业理论分析框架,识别影响战略性新兴产业发展绩效的主要技术性、经济性和制度性因素,然后研究这些关键因素之间的相互适应性和动态匹配性,分析这些要素和互动主要发生在国家、产业或企业的哪个层次和位置。黄慧玲等以产业技术路线图与发明问题解决理论(TRIZ)为创新理论的结合点,以期能更准确、客观地分析技术系统的发展方向,从而提高产业技术路线图的准确性、可操作性和科学性。朱知寿综述我国航空用钛合金的技术研究现状,提出未来钛合金发展应从综合性能优化、规格品种齐全、应用规模扩大、规范标准完善、考核验证数据充分等方面提高主干钛合金技术成熟度,按体系发展原则,形成航空用钛合金材料系列,实现产业结构升级、技术成熟度提升、减能增效、低成本制造及扩大用量等产业化应用目标。谭玲玲等通过引入能力成熟度模型,建立资源型城市低碳转型成熟度评价指标体系。通过对资源型城市低碳转型成熟度的实证研究。陈丹等将影响产业集群知识共享成熟度的因素分为主体环境技术等方面,建立评价指标体系,利用层次分析法-模糊综合评价法,在得出各指标权重的基础上,获得产业集群内企业知识共享成熟度的最终评分,帮助企业经营者进行决策。王泽宇等提出现代海洋产业体系成熟度概念,建议构建现代海洋产业体系成熟度评价指标体系,利用熵权及突变级数法对沿海省区的现代海洋产业体系成熟度进行评价。沈体雁以产业生命周期理论为基础,通过构建中国县域尺度 28 个制造业行业的生产函数,从产业生命周期特征分析、产业专业化与多样化分析、产业生命周期对集聚经济的影响等方面探讨集聚经济的产业异质性和动态性。杨立国等运用理论分析、目标分析和实证分析相结合的研究方法,从城镇建设、旅游资源开发、旅游产业形成、旅游要素配套、旅游管理保障、旅游环境保护、旅游社区参与和旅游创意利用八个方面,构建了旅游小镇成熟度评价指标体系和旅游小镇成熟度综合评价函数,并以湖湘风情文化旅游小镇为例进行实证研究。阮平南等通过对技术创新网络协同影响因素及其形成特征进行了分析,提出了 5 种协同状态,并在此基础上构建了技术创新网络协同成熟度评价指标体系,结合有机电激光显示(OLED)产业专利数据进行实证研究。漆苏等基于《全球创新指数报告(GII)》(2013—2017 年)数据,分析了中国跻身创新型国家行列的发展历程,并将中国与创新领先型国家、其他金砖国家进行对比,以进一步明确其在全球创新版图中的位置。张威等认为人工智能的商业化是一个长期的过程,人工智能产业发展模式为制造与服务并驾齐驱,建立人工智能企业技术成熟度分级评估机制、认定标准、产业统计制度等。彭晖等运用灰色关联的方法分析中美制造业整体及细分行业的成熟水平差距。

综上,学界利用 CMM 对各类产业成熟度的相关研究颇丰,但基于自贸区港口产业生态圈成熟度的评价研究却是空白。从现有研究的分析可以看出,未有专门针对自贸区港口产业生态圈的特点,明确港口产业生态圈成熟度的定义;未能制定科学合理的指标进行评价,不能正确评价自贸区港口产业生态圈成熟度等级划分;忽略港口发展与环境、社会发展的协调统一;缺乏深入的研究,无法对自贸区港口产业发展提出针对性建议。现有研究定性分析较多,但并未从定量分析影响因素的维度对自贸区港口产业生态圈成熟度评价和等级划分提出过针对性建议,这值得进一步探讨。

因此,本章将对自贸区港口产业生态圈的成熟度进行评价,具体的研究思路为:①借鉴软件能力管理成熟度理论,界定自贸区港口产业生态圈成熟度概念并构建相应研究模型,兼顾科学性与全面性,引入区域差异系数,遴选出我国适合自贸区港口产业生态圈成熟度评价指标体系;②运用改进的组合权重的综合评价模型,结合上海等 10 个沿海自贸区港口2017—2018 年的数据,对其港口产业生态圈成熟度进行实证研究;③根据实证研究结果,为我国自贸区港口产业生态圈的发展和成熟度进行等级划分,实现港口绿色发展提供对策参考。综合分析研究思路,本章所构建的自贸区港口产业生态圈成熟度评价的流程如图 5.1所示。

5.2 相关理论基础

由于各自贸区设立时间不同,发展也存在不平衡,因此,对自贸区港口的产业生态圈进行成熟度评价时需考虑区域差异性。本章拟引入 TOPSIS 来计算区域差异系数,利用模糊综合评价方法对自贸区港口产业生态圈成熟度进行评价。

5.2.1 区域差异系数的构建原理

在每个自贸区的总体方案中,无不通过自贸区实施创新驱动发展战略,完善本地产业规划,引领产业高端化发展,提升区域产业核心竞争力。

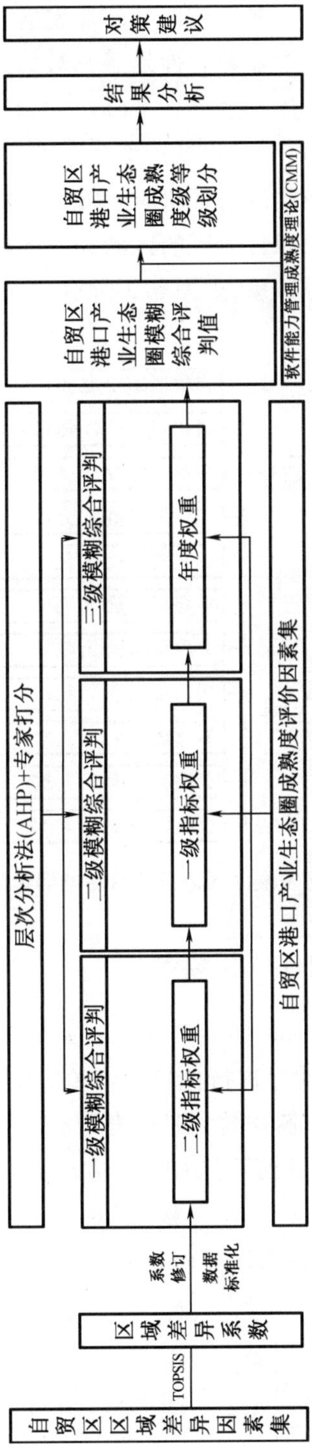

图 5.1 自贸区港口产业生态圈成熟度评价的流程图

自贸区港口产业的发展过程离不开周边区域的支撑,但每个自贸区发展均存在差异。如第1章1.1节所述,自贸区除了开展自由贸易外,还具有"试验田"角色,承载国家发展战略和时代使命;也体现在产业设置上,各自贸区的产业发展方兴未艾,发展脉络和发展途径也日渐清晰,从总体来看,自贸区的产业差异性发展态势愈发明显,并且正由以往体量不大的改革试验性质向"产业-城市"融合,向"产业-区域"如粤港澳大湾区产业集群、长三角区域一体化发展和向具有一定规模(产业集群或产业生态圈)的实体经济方向演进。因此,本章对自贸区港口的产业生态圈成熟度进行评价时,考虑了各个自贸区在发展过程中存在的差异性,引入区域差异系数的概念,以自贸区的区域经济支撑和交通体系支撑两个维度,来建立区域差异系数影响因素的指标体系,如图5.2所示。

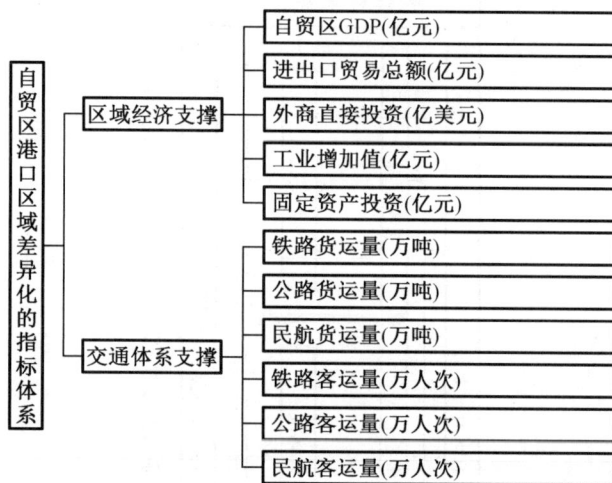

图5.2　自贸区发展区域差异系数影响因素的指标体系

5.2.2　区域差异系数和 TOPSIS 模型

距离综合评价方法(Technique for Order Preference by Similarity to Ideal Solution,TOPSIS)是解决依据多项指标,对多个对象进行比较的评价方法。先确定各项指标在所有评价对象中的最优值、最差值,接着求出各方案中理想值和不理想值两者的差距,得出各方案的接近程度,以获取更为准确的结果,最后用 TOPSIS 方法分别计算各年度的区域差异系数。具体的算法步骤如下:

步骤1　将某个年度中各项指标按区域(自贸区)排列,构成决策矩阵 $A_i = (a_{jk}^i)_{mn}$。

$$A_i = \begin{bmatrix} a_{11}^i & a_{12}^i & \cdots & a_{1n}^i \\ a_{21}^i & a_{22}^i & \cdots & a_{2n}^i \\ \vdots & \vdots & & \vdots \\ a_{m1}^i & a_{m2}^i & \cdots & a_{mn}^i \end{bmatrix} \tag{5.1}$$

在式(5.1)中,a_{jk}^i 为第 i 年第 j 个区域的第 k 个指标值($j=1,2,\cdots,m;k=1,2,\cdots,n$)。

步骤2　构建规范决策矩阵($B_i = (b_{jk}^i)_{mn}$)。

$$\boldsymbol{B}_i = \begin{bmatrix} b_{11}^i & b_{12}^i & \cdots & b_{1n}^i \\ b_{21}^i & b_{22}^i & \cdots & b_{2n}^i \\ \vdots & \vdots & & \vdots \\ b_{m1}^i & b_{m2}^i & \cdots & b_{mn}^i \end{bmatrix} \qquad (5.2)$$

在式(5.2)中, $b_{jk}^i = a_{jk}^i \Big/ \sqrt{\sum_{j=1}^m (a_{jk}^i)^2}$ $(j=1,2,\cdots,m;k=1,2,\cdots,n)$。

步骤 3　构建成加权的数据矩阵 $\boldsymbol{H}_i = (h_{jk}^i)_{mn}$, h_{jk}^i 表示如下:

$$h_{jk}^i = \omega_j \cdot b_{jk}^i \quad (j=1,2,\cdots,m;k=1,2,\cdots,n) \qquad (5.3)$$

在式(5.3)中, w_j 是第 j 个指标的权重数,通过专家对评价指标打分。

步骤 4　确定指标的正、负理想解,所用计算式如下:

$$\begin{cases} H^{i+} = (h_1^{i+}, h_2^{i+}, \cdots, h_n^{i+}) \\ H^{i-} = (h_1^{i-}, h_2^{i-}, \cdots, h_n^{i-}) \end{cases} \qquad (5.4)$$

在式(5.4)中, $\begin{cases} h^{i+} = \max(h_{1j}^{i+}, h_{2j}^{i+}, \cdots, h_{nj}^{i+}) \\ h^{i-} = \min(h_{1j}^{i-}, h_{2j}^{i-}, \cdots, h_{nj}^{i-}) \end{cases}; j=1,2,\cdots,m$。

步骤 5　计算各年度指标值向量与 H^{i+} 和 H^{i-} 之间的欧氏距离,所用计算式如下:

$$\begin{cases} D^{i+} = \sqrt{\sum_{k=1}^n (h_{jk}^i - h_{jk}^{i+})} \\ D^{i-} = \sqrt{\sum_{k=1}^n (h_j^i - h_{jk}^{i-})} \end{cases} \qquad (5.5)$$

在式(5.5)中, $i=1,2,\cdots,n$。

步骤 6　计算各年度指标值向量与理想值向量之间的接近度 C_i,本章用 C_i 表示区域差异系数。所用计算式如下:

$$C_i = (C_1^i, C_2^i, \cdots, C_m^i) \qquad (5.6)$$

在式(5.6)中, $C_j^i = \dfrac{D_j^{i-}}{D_j^{i+} + D_j^{i-}}$; $i=1,2,\cdots,n$。

5.2.3　模糊综合评判法

1965 年,美国自动控制专家扎德(L. A. Zadeh)教授创立了模糊数学(fuzzy mathematics),它打破了精确数学的局限性,成为一门具有创新理论和独特方法的新兴学科。客观世界中存在的模糊性现象用模糊数学方法处理后变得简化、可行。模糊综合层次分析法(fuzzy comprehensive analytic hierarchy process,FCAHP)作为模糊数学的一个分支,得到广泛应用。而模糊综合评判(fuzzy comprehensive assessment,FCA)法是结合模糊数学和统计学的理论与规律,把评判决策过程中的模糊影响因素加以解析化、定量化。利用 FCA 法对方案选优和决策主要是建立在量的比较基础上,并用计算机辅助论证系统更具科学性。使用模糊集运算和 FCA 运算时,应遵循以下法则:

（1）模糊集运算中的算子

①
$$\begin{cases} a \vee b \cong \max(a,b) \\ a \wedge b \cong \min(a,b) \end{cases} \tag{5.7}$$

②
$$\begin{cases} a \oplus b \cong \min(a+b,1) \\ a \otimes b \cong \max(0,a+b-1) \end{cases} \tag{5.8}$$

③
$$\begin{cases} a \mp b \cong a+b-ab) \\ a \cdot b = ab \end{cases} \tag{5.9}$$

（2）FCA 中常用的算子

①$M(\wedge,\vee)$算子

$$b_{ij} = \bigvee_{i=1}^{n}(a_i \wedge r_{ij}) = \max\{\min(a_1,r_{1j}),\min(a_2,r_{2j}),\cdots,\min(a_n,r_{nj})\} \quad (j=1,2,\cdots,m)$$

$$\tag{5.10}$$

②$M(\cdot,\vee)$算子

$$b_{ij} = \bigvee_{i=1}^{n}(a_i \cdot r_{ij}) = \max(a_i \cdot r_{ij}) \quad (j=1,2,\cdots,m) \tag{5.11}$$

③$M(\wedge,\oplus)$算子

$$b_{ij} = \bigoplus_{i=1}^{n}(a_i \wedge r_{ij}) = \min\left\{1,\sum_{i=1}^{n}(a_i \wedge r_{ij})\right\} = \sum_{i=1}^{n}(a_i \wedge r_{ij}), \quad (j=1,2,\cdots,m)$$

$$\tag{5.12}$$

④$M(\cdot,+)$算子

$$b_{ij} = \sum_{i=1}^{n}(a_i \cdot r_{ij}) \quad (j=1,2,\cdots,m) \tag{5.13}$$

模糊综合评判法（FCA）的基本思想是用模糊变换原理及其最大隶属度原则，充分考虑被评估相关的各影响因素指标并将指标统一量化，根据各指标对评判对象的不同影响程度来分配权重，对评判对象做出合理评估。学界展开广泛的研究，提出用模糊矩阵对综合评判的设想模型进行改进，为 FCA 在实践中拓宽了应用场景。模糊综合评判法一般包括确定评估因素集、确定评估等级以及单因素评判 3 个部分。在整个 FCA 中，主要是用模糊关系矩阵和因素的权重分配矩阵，对综合评判复杂系统时，因评判因素多，每个因素都要赋予一定的权值，可能出现难以确定合适的权重或得不到有意义的评估结果等问题，而使用多级 FCA 则能解决此类问题，即把各因素按适当的准则分成几层，先对最底层的每一类进行 FCA，得到上一层的评判矩阵；接着对上一层的每一类进行 FCA，得到更上一层的评判矩阵，以此类推，得到最终问题的评判结果。其中，求解二级 FCA 的步骤如下：

步骤 1　确定与被评估事物相关的因素集（U）

$$\begin{cases} U = [U_1,U_2,\cdots,U_s] \\ U_i = [U_{i1},U_{i2},\cdots,U_{ik_i}] \\ s.t. \quad \sum_{i=1}^{s}k_i = n \\ s.t. \quad (\forall_i,j)(i \neq j \rightarrow U_i \cap U_j = \phi) \end{cases} \tag{5.14}$$

在式(5.14)中,U_i 为第 i 个因子类,U_{ij} 为第 i 个因子类中的第 j 个因子,s 为因子类的个数,k_i 为第 i 个因子类中的因子个数,n 为因子总数。

步骤 2 确定所有可能出现的评判集,用 V 表示:

$$V = [V_1, V_2, \cdots, V_m] \quad (m = 1, 2, \cdots, n) \tag{5.15}$$

在式(5.15)中,V_1 为第 1 个评判因素,m 为评判的个数。

步骤 3 确定权重集

①确定因素类的权重集,用 W 表示:

$$\begin{cases} W = [W_1, W_2, \cdots, W_s] \\ s.t. \quad \sum_{i=1}^{s} W_i = 1 \end{cases} \tag{5.16}$$

在式(5.16)中,W_i 是第 i 个因素类 U_i 的权重。

②确定因素的权重集(ω_i)

$$\begin{cases} \omega_{ij} = [\omega_{i1}, \omega_{i2}, \cdots, \omega_{ik_i}] \\ s.t. \quad \sum_{i=1}^{s} \omega_{ij} = 1 \end{cases} \quad (i = 1, 2, \cdots, s) \tag{5.17}$$

在式(5.17)中,ω_{ij} 是因素 U_{ij} 的权重。

步骤 4 确定因素子集 U_i 和评估集 V_1 之间的模糊关系,用评估矩阵 R_i 表示如下:

$$R_i = \begin{bmatrix} R_{11}^i & R_{12}^i & \cdots & R_{1m}^i \\ R_{21}^i & R_{22}^i & \cdots & R_{2m}^i \\ \vdots & \vdots & & \vdots \\ R_{k_i1}^i & R_{k_i2}^i & \cdots & R_{k_im}^i \end{bmatrix} \tag{5.18}$$

在式(5.18)中,R_{jl}^i 是第 i 个因素类中第 j 个因素对第 1 个评判因素的转换值。

步骤 5 应用模糊矩阵复合运算得到因素类模糊综合评判,用 $FCAV_i$ 表示:

$$FCAV_i = \omega \cdot R = [FCAV_{i1}, FCAV_{i2}, \cdots, FCAV_{im}] \quad (i = 1, 2, \cdots, s) \tag{5.19}$$

在式(5.19)中,"·"为模糊算子,$FCAV_{il}$ 是第 i 个因素类对第 1 个评判因素的综合评判结果,且 $FCAV_{il} = \sum_{j=1}^{k_i} (\omega_{ij} \cdot R_{jl}^i), (l = 1, 2, \cdots, s)$。

步骤 6 确定论域 U 和评估论域 V 之间的模糊关系,用评估矩阵 R 表示,如下:

$$R = \begin{bmatrix} FCAV_1 \\ FCAV_2 \\ \vdots \\ FCAV_s \end{bmatrix} = \begin{bmatrix} FCAV_{11} & FCAV_{12} & \cdots & FCAV_{1m} \\ FCAV_{21} & FCAV_{22} & \cdots & FCAV_{2m} \\ \vdots & \vdots & & \vdots \\ FCAV_{s1} & FCAV_{s2} & \cdots & FCAV_{sm} \end{bmatrix} \tag{5.20}$$

步骤 7 用模糊矩阵复合运算则可得出模糊综合评判,结果用 FCAV 表示,算式如下:

$$FCAV = W \cdot R = [FCAV_1, FCAV_2, \cdots, FCAV_m] \tag{5.21}$$

在式(5.21)中,"·"为模糊算子;$FCAV_l$ 是第 l 个评判因素的综合评判结果。

以上是二级 FCA 的算法步骤,以此类推,求解多级(三级及以上)评判则是在上一级方法的基础上继续细分。

5.2.4　模型优点

(1)用TOPSIS模型求解我国自贸区的区域差异系数的优点为:①得出的自贸区的区域差异系数值是一个相对值,反映出了各区域影响程度;②利用TOPSIS原理分析直观,求解过程也易于实现。

(2)用三级FCA模型计算自贸区港口产业生态圈成熟度评价指标的优点为:①充分考虑了多种影响因素对港口产业生态圈成熟度的影响;②多个层次可以对各影响因素分配到更合理的权重,使自贸区港口产业生态圈成熟度评价结果更科学、合理。

5.3　主要研究原理及指标体系

5.3.1　自贸区港口产业生态圈成熟度理论

1987年,美国CMU SEI研究出了旨在帮助软件企业管理和改进软件开发的软件生产能力成熟度模型(capability maturity model for software,SW-CMM,缩写"CMM"),旨在为企业及时地、在预算范围内开发出高质量产品。目前,CMM被公认为是当前最好的软件过程管理模式,它分为5个等级,即初始级(混乱级)、可重复级(简单级)、已定义级(规范级)、已管理级(卓越级)和优化级。在CMM中,各等级水平划分如图5.3所示。

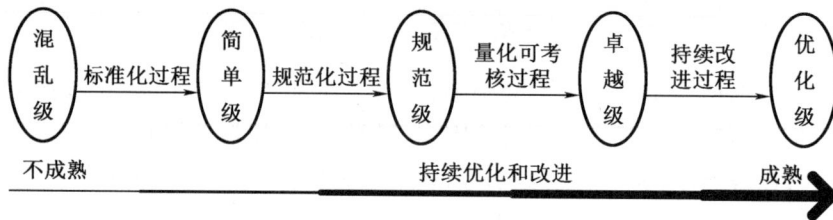

图5.3　软件生产能力成熟度等级划分

从图5.3可知,CMM等级形成了一个逐步递升的平台,并且每个等级是下一个更高等级的基础,其成熟度等级不断提升过程也是其发展、壮大并逐步积累的过程。因此,CMM被广泛应用于航天科技及管理、制造服务业的生产管理、政府应急等领域的评价研究中。近几年基于CMM进行的相关文献研究成果如下:

(1)安全或风险管理研究方面,龙勇等以企业联盟处于不同产业的成熟度指数来展开研究联盟风险变化情况,提出了合适的治理机制。吕建伟等借鉴美国NASA的技术成熟度(TRL)等级划分基础,探讨了TRL各个级别对应的工程标志对大型军舰研制技术风险进行了综合评估和分析。曲麒富等将美国NASA技术成熟度(TRL)与技术风险相结合,对我国重大国防科技工程实施TRRA评价方法的作用和必要性,给出了对策和建议。张宇栋等基于系统安全结构理论和软件能力成熟度理论,建立了系统安全风险管控能力成熟度模型(SSRMC-CMM),利用决策实验与评价实验室和网络层次分析法(DEMATEL-ANP),定量分析指标因素并赋权,再用三元区间数评价模型描述决策数据,有效地确定责任主体改进和提升的关键因素。徐一帆等建立了技术成熟度模型用来评估复杂系统研制的技术风险,通过多分辨率建模方法提高系统分析粒度。

(2)在产品设计及管理研究方面,伍晓榕等基于产品开发过程中存在的产品设计和工艺设计并行性,以及产品设计信息由粗到细的递进规律,建立分层递阶的工艺成熟度模型。王敏等根据复杂产品系统的特点,参考CMM,从技术与管理两个维度构建复杂产品系统创新能力评价指标体系,并采用模糊综合评判法,对某企业的复杂产品系统的创新能力为例进行研究。邱家稳等基于卫星市场的需求,综合考虑功能、性能、价格和进度等约束条件,提出了基于成熟度评价的航天器集成研制管理过程,有效降低了航天器的研制经费,缩短了研制周期等。汪旭晖等基于在线顾客评论,认为它是消费者购买决策过程中搜集商品信息、消除不确定性的重要依据。以新型智能电视机和成熟普通电视机两种产品建模,探索在线顾客评论对产品销量影响过程中品牌强度和产品成熟度的调节效应,既丰富了相关理论,也为企业制定差异化营销策略提供案例参考。蒋丹鼎等提出一种系统工程模和熟度模型(MBSECM)组合评估方法,用百分比的形式量化产品方案设计过程中系统工程模型成熟程度,以对航天器方案设计各个阶段进行成熟度评估,验证方法的可行性。

(3)在航空航天技术及管理研究方面,周少鹏等基于航天制造所存在的高风险,借鉴制造成熟度对我国航天制造的适用性,提出航天制造成熟度评价方法、等级划分与定义,分析某导弹发射器的特征要素并进行评价,且提出建议。马宽等结合重大科技工程特点,量化评价重大工程中关键技术的成熟程度,构建了综合集成关系的广义技术成熟度模型,全面、准确地评价该关键技术的成熟程度。朱永国等提出识别粗糙集和信息熵的技术成熟度要素方法,通过实例验证该方法的有效性。朱凌子等针对航空产品研制过程中设计与制造部门分离,导致出现复杂航空产品研制周期长、质量低的现状,提出基于成熟度模型,将其应用于某型号航空产品的研制过程进行验证,结果显示,该法对缩短研制时间、控制研制成本、提升产品质量有效。刘庆东等针对航空传动系统故障频发,提出基于传动系统的技术分解结构(TBS),制定各项技术的成熟度评价体系,明确了该项技术的成熟度提升方向。

(4)在计算机信息技术研究方面,席芮从CMM的思想原理与发展出发,解释了CMM在我国电子文件管理领域的可适用性。耿超等以航天复杂数字化工业体系为例,建立了系统工程的复杂数字化工业体系成熟度评估模型,提出了复杂数字化工业体系的多指标成熟度分析方法和复杂数字化工业体系的多企业成熟度综合评价方法,结果表明,该方法能够用于规范和指导航天复杂数字化工业体系的建设。段尧清在网络环境下分析政府信息服务的成熟程度,为政府信息服务评价提供方法和参考。李君等借鉴CMM理论,提出了工业互联网平台建设CMM等级划分,给出了平台成熟度评估的基本框架、实施方法和流程,并提出改进方案。董有德通过构建互联网成熟度测度指标并将其纳入拓展的中国对东盟各国家投资的引力模型,进一步阐述东盟国家数字经济的发展水平及影响中国在该区域投资的相关因素。

(5)在金融保险研究方面,高新才等将软件能力成熟度模型的概念引入金融发展领域,构建金融成熟度及其指标体系和测算方法,采用PCA对国内9个省级农村金融成熟度测量并排序。朱航通过构我国保险市场的保险成熟度模型及评价指标体系,利用主成分分析法得到保险市场成熟度的发展曲线。董理等从财务柔性视角,研究了剩余负债能力对公司现金股利支付生命周期特征的影响机理,用成熟度理论对某些上市公司连续几年的数据进行可行性验证。贾立等借鉴 CMM 理论,构建我国农村金融成熟度模型,并以 1978—2013 年运行数据进行实证分析,得到我国农村金融成熟度总体保持上升趋势的推断。姚宏亮等基于艾略特波浪理论中的 W 形态,加减成熟度理论,提出结构成熟度信息的时序自回归股市预测算法,对实际数据进行了算法比较,表明该法预测精度较高。

(6)在评价研究方面,冯秀珍等在借鉴 CMMI 技术基础上,建立信息服务成熟度模型。利用证据理论研究方法评价信息服务提供商的成熟度,结果证明模型的可靠性。叶世绮等将 CMM/CMMI 思想引入云计算领域,从多个角度研究云计算的关键能力,构建云计算能力成熟度模型和评价体系。罗建强等将延迟策略融入服务型制造中,并归纳影响延迟策略成熟度的关键因素,借鉴成熟度模型提出了面向服务型制造的延迟策略成熟度评价体系,并以实例验证本法的科学性与有效性。吴龙刚等通过对工业体系能力内涵的分析,借鉴技术成熟度和制造成熟度的研究成果,提出一种经过初步试点应用证明合理有效的工业体系能力评价模型。陈刚等借鉴迈克尔·哈默的企业流程成熟度,采用证据理论分析,构建了企业流程成熟度评价模型。

(7)在企业管理研究方面,陈全等综合考虑 HSE 了管理体系运行绩效和 HSE 管理绩效,在此基础上对 HSE 管理体系成熟度进行评价。李浩等分析了企业制造服务系统的实施内涵与框架,提出了现代企业制造服务系统四个阶段成熟度模型并验证该系统的科学决策与支持有效性。王礼恒等在研究新兴产业发展成熟规律的基础上,结合系统工程和数据决策方法,提出了产业成熟度的理论及评价方法,通过第三方评审专家综合集成的评价和判断,得出产业发展状况的综合评价结果,并运用产业成熟度评价与预测产业发展趋势进行实例分析,有针对性地提出培育与发展政策建议。徐雨晴等以开发的时间顺序总结国外九大 BIM 成熟度模型,并在实际操作层面上比较其优缺点,为 BIM 国内外用户选择合适的 BIM 成熟度模型提供建议。王丙亮构建安哥拉凯兰巴新城建筑工程企业的合作关系成熟度模型并进行评价,为国际建筑工程企业开展合作关系研究提供一整套简便可行的方法和流程。

(8)在区域发展研究方面,袁潮清等定义了区域创新体系成熟度,采用灰色定权聚类方法,对我国 31 个省份区域创新体系发展水平和建设成效进行评估,并划分成 8 个类型,给出了相应的对策建议。段进军等利用成熟度测算模型,构建区域创新生态系统成熟度评价指标体系,运用主成分分析法对南京等城市的创新生态系统进行了实证研究。马永红等以黑龙江为例,构建了区域创新系统成熟度评价指标体系,用可拓方法和熵值法对区域创新系统成熟度等级进行划分。尹彦借助成熟度相关理论,梳理每个层面对区域协同创新能力的影响机理以及相互的作用机理,找出对于区域协同创新能力引导关键作用的构面,构建了四螺旋模型的、市民参与的区域协同创新能力评估模型。傅为忠等以对长江经济带 11 省市 2006—2015 年工业绿色发展的成熟度进行评价,通过熵值修正 G1 法进行指标赋权,利用 TOPSIS 和灰色关联度改进距离协调度模型(IDCM),对发展成熟度指数(DMI)、协调成熟度指数(CMI)和协调发展成熟度指数(CDMI)3 个成熟度测度指数进行评价,得出各省市工业绿色发展存在发展水平与协调程度的差异,并根据存在的差异提出对策与建议。

（9）在人力资源管理研究方面，刘波等以胜任力成熟度为培训需求分析视角，基于模糊数学的亦此亦彼思维模式，在员工胜任力成熟度分析中引入了隶属度范畴，并通过模糊划分建立模糊集合，分析个性化培训需求的具体运用。江林等构建了反映团队整体综合能力指标体系和基于 CMM 原理的教学团队能力成熟度等级模型，以卓越工程人才培养为目标、以能力提高为核心对教学团队能力进行评估并提出持续改进建议。国福丽等以"90 后"毕业生进入职场所存在的机遇和挑战为例，以人力资源管理策略贯穿职业生涯管理理念，通过动态、灵活的管理制度和管理方式来实现个人与组织发展的职业成熟度的有机统一。冯胜平等基于成熟度理论，提出企业人力资源管理质量概念框架、成熟度等级，构建人力资源管理质量评价模型，给出了人力资源管理质量评价计算方法、质量等级判断标准，根据计算结果给出对策与建议。刘瑞明等在分析国内外学者研究结果的基础上，采用层次分析法构建 P-CMM 模型，选取某公司人力资源外包发展水平作为实证研究对象，并根据实证研究结果制定出合理的提升方案。

（10）在数据管理研究方面，陈光宇等从系统理论和组织理论角度建立大科学工程可靠性数据管理模型，运用对象维、视图维和阶段维三个维度，分别阐述可靠性数据管理的主要内容及相关共性；以此提出管理模型的成熟度曲线分析方法，运用 S 进化曲线分析大科学工程可靠性数据管理存在的跨装置差异性；并在神光系列装置建设中加以验证，实现可靠性工程管理的规范化和效率的有效提高。谢刚等依据全面信息质量管理框架和 CMM，建立了信息质量管理成熟度评价模型及等级划分方法，并从个人因素、组织因素和技术因素三个维度，确立客户信息质量管理评价指标体系并对信息质量成熟度进行评定，提出了持续改善建议。李伟绵等在总结和梳理研究数据管理的生命周期模型的基础上，结合研究数据管理流程，研究了软件工程的能力成熟度模型在研究数据管理的构建及在知识库服务评估的应用，为 E-Science 环境下研究数理实施提供借鉴。叶兰利用能力成熟度模型测评国外高校数据管理过程模型，采用比较分析法从适用对象、建模方法、目标与作用、优势与不足等方面进行比较，认为高校应根据评估目标选择合适的评价模型。童楠楠等以数据管理成熟度模型为理论基础，探讨大数据管理特征和提升策略。

（11）在物流技术及管理研究方面，吴隽等对 3PL 企业进行分析，构建 CMM 并通过案例加以验证。肖久灵等在阐述能力成熟度模型思想及特性的基础上，结合供应链管理的特性，提出基于能力成熟度模型的供应链管理成熟度架构。钟昌宝等针对供应链物流子能力成熟度算法的缺陷，用柯西型隶属度函数测算物流子能力成熟度，再用层次变权模型对子能力成熟度进行层次变权综合计算，证实了方法的灵活性和有效性。聂彤彤等借鉴成熟度模型引入到应急物流管理领域，构建了应急物流能力成熟度模型，并借助贝叶斯网络强大的推理功能，对应急物流能力的主要关键因素进行分析与改进。

（12）在项目管理方面，黄喜等改进科研项目管理成熟度的定义及相应的评测指标体系、成熟度等级模型，提出了改进科研项目管理成熟度评价模型和等级划分方法，并通过算例验证了其方法可行性。何成等针对用数理统计方法选取关键过程域的不足，结合粗糙集理论方法进行了对比和优化，实践证明所提出的方法更有效。陈华雄等研究了技术成熟度评价在国内外军工新装备研制、航空航天技术等领域中的应用案例，分析技术成熟度评价应用于国家科技计划项目管理的必要性、可行性和局限性，并提出建议。朱方伟等运用多案例研究方法,以不同战略项目管理情境下的四家企业为分析单元,对战略项目管理情境如何影响项目权力配置模式进行探讨,并指出了我国企业发展演进路径。丰景春等梳理现有文献,总结出适合水利工程项目建设管理信息化成熟度模型和指标体系构建的方法和思路,探讨现有研究的局限性,指出未来研究的方向。

(13)在预测研究方面,邹灵浩等通过分析集成产品开发团队、硬件设施和时间等影响产品设计成熟度的影响因素,建立德尔菲法分析递阶模糊质量屋成熟度因素集的产品特征,基于模糊设计理论,提出了将多层次模糊计算模型作为成熟度的预测方法,通过实证分析验证了方法的合理性和可用性。王道平等以工业煤粉锅炉的相关专利产品为例,对技术成熟度进行组合预测。黄艳辉等以琼东南盆地为例,对深水区地层有机质成熟度进行预测,分析岩层成熟度等级。张惠琴等利用产品技术进化理论,建立产品技术成熟度预测模型,以液晶显示技术为例,剖析了该方法在高新技术企业中的具体应用。栾春娟等基于专利组合分析方法,选择技术颠覆潜力和技术成熟度两项综合指标,利用 Relecura 知识产权分析平台的四象限图示分析模型,以医疗领域新兴技术细胞免疫治疗为实证,对其技术领域、技术子领域、国际专利分类代码 IPC 和联合专利分类代码 CPC 等进行了实证分析。

(14)在政府管理研究方面,陈明亮等构建了以客户为中心组织政府电子服务 CSM4 个维度与公民满意、公民参与及公民信任之间的关系成熟度评价模型。杨永发等借鉴 CMM 理论,对财政信息化实施阶段缺乏明确的界定和科学的指导等问题构建财政信息化实施能力成熟度模型(FII-CMM),找出其关键过程域 KPA,对财政信息化实施过程进行评估并提出改进建议。田军等将 CMM 理论应用于政府应急管理研究中,提出了政府应急管理能力成熟度概念,构建了应急管理能力成熟度评估框架,提炼和筛选了综合体现政府应急管理能力成熟度层级,建立了关键过程目标实现程度的评估指标体系和测评方法,设计了相适应的评估程序,以陕西省人民政府应急管理能力评估为例,对实证研究的可行性进行了验证。张宇杰等针对政府大数据治理的现状、能力和发展路径不清晰等问题,提出评估和优化政府数据治理计划与策略的成熟度测评指标体系,提出政府大数据成熟度评测模型,可以作为不同地区之间政府大数据治理能力的比较基准。刘荣莉基于政府审计数字化管理系统目前仍未被各级审计机关普遍使用的实际,以 CMM 理论为基础构建了滨州市政府审计数字化管理系统的能力成熟度模型,并对系统影响因素进行定量分析,找出系统成熟度不高的原因并就系统改进提出建议。

(15)在知识管理研究方面,张鹏以某企业管理者、员工、企业文化、知识管理流程、知识管理技术和知识管理六个维度构建了知识管理成熟度模型,通过问卷调查获得数据,用AHP 确定成熟度各指标因子的权重并给出了成熟度"级越"的方法。尤霞光比较分析了基于能力成熟度的知识管理成熟度模型(CMM-Based KMMM)、非基于能力成熟度的知识管理成熟度模型(Non-CMM-Based KMMM)和通用知识管理成熟度模型(GKMMM)在成熟度等级、等级特征与关键流程领域的异同,但需在实践中进一步验证与完善。汪建康等从关键过程领域和成熟等级比较视角研究了现代组织知识管理成熟度模型(NCMM)。高艳等基于创新型企业知识管理的内涵,建立了基于知识吸收、知识创造、知识应用和知识保护四个维度评价模型,通过问卷调查,用 AHP 及模糊综合评判法评估其成熟度,并给出了对策与建议。肖久灵等借鉴 NCMM 的特性,结合我国企业知识管理实践,提出企业知识管理成熟度整合模型,并深入剖析其逻辑结构、成熟等级、关键过程领域及实施程序,为现代企业有效提升知识管理能力和绩效提供借鉴和帮助。

(16)在制造装备研究方面,战德臣等根据企业制造服务化的进程,分析其内涵及其基本的四要素、服务的本质及特性,从制造的四要素讨论了制造服务化的途径和关键点,提出了制造服务成熟度模型(MSMM)的概念和模型,给出并通过一个制造服务平台的典型案例,描述了该服务平台如何支持不同制造服务成熟度的企业运营。张慧等借鉴俄罗斯在武器装备项目科技评价领域做出的独特贡献,分析集中了设计成熟度、制造成熟度、试验成熟度的技术综合成熟度评价方法,进而判定科技储备对武器装备发展的满足程度,为我国武器装备项目中的科技评价提供重要参考。聂小云等将技术成熟度等级划分的概念引入到海洋能发电装备领域,给出了海洋能发电装备技术成熟度等级划分的定义,给出了技术成熟度等级的评估流程,为海洋能装备技术成熟度等级的应用提供有效指导。淡晶晶等提出光学元件研制的 TCMM 评价方法、评价等级、评价要素和评价流程,基于该体系对关键元件研制技术成熟度评价进行实证应用,评价结果对巨型激光装置的工程设计提供重要参考,结果显示降低巨型激光装置研制风险及光学元件供货对巨型激光装置研制进度会产生影响。李亮等针对传统 TCMM 评估中存在的时滞问题,构建了 FSTMC 模型,对装备技术成熟度、集成成熟度和系统成熟度的初始状态、演化过程和稳态分布进行研究,降低了时滞带来的决策误差,通过示例表明了演示验证方法科学有效、通用性强,具有实际意义和推广价值。

综上,CMM 在各领域得以广泛应用的同时,有人可能会提出一个问题:成熟度理论及其评价方法能否适用于自贸区港口产业生态圈的发展?基于此,本章从生态圈演化的角度,结合自贸区、产业和港口发展演化过程,认为自贸区港口产业生态圈发展也遵从生物演化规律,自贸区港口产业生态圈成熟度评价也可以借鉴 CMM 在自贸区港口发展与成熟问题上的应用和拓展。本章针对港口产业发展过程,把成熟度理论引进港口产业生态圈成熟度评价中,借鉴 CMM 和产业成熟度模型的概念,提出了自贸区港口产业成熟度和自贸区港口产业生态圈成熟度的概念如下:

定义 1 港口产业成熟度(port industry maturity)是评价和度量自贸区港口产业从诞生到成熟的发展过程并进行量化,反映了自贸区港口产业发展的完善程度。

定义 2 自贸区港口产业生态圈成熟度(port industry ecosphere maturity)是评估自贸区、港口、各类企业等领域组成的自贸区港口产业生态圈在发展过程中的情况,主要描述的是自贸区作为特定区域内各产业成长的过程。

5.3.2 自贸区港口产业生态圈成熟度评价指标体系

自贸区港口产业生态圈成熟度的指标体系是由一系列具有内在联系的指标组成,可从多个角度反映自贸区港口产业发展的实际情况。因此,建立自贸区港口产业生态圈成熟度评价指标体系有利于对自贸区港口产业生态圈评价的定量化、条理化和可操作化。实现自贸区港口产业生态圈成熟度衡量和科学评价指标体系有两点功能,即甄选出的评价指标具有通用性,适合于不同自贸区港口之间进行比较;能够对自贸区港口产业生态圈成熟度进行有效的衡量和评价。根据我国自贸区港口产业的发展现状,本章参考国内外相关港口产

业评价指标体系,构建符合中国自贸区发展特点的自贸区港口产业生态圈成熟度评价指标
体系,如图 5.4 所示。

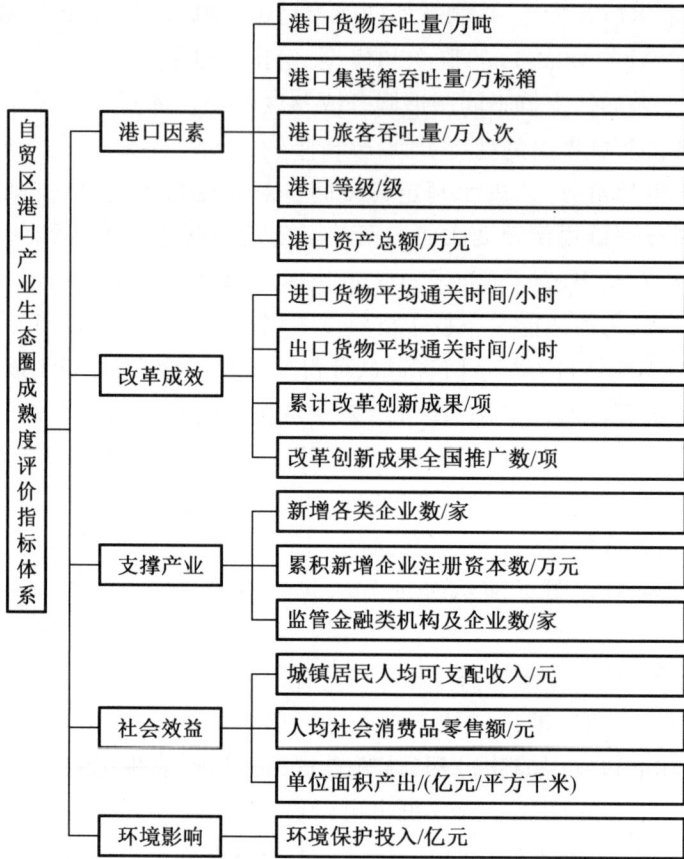

图 5.4　自贸区港口产业生态圈成熟度评价指标体系

　　需要说明的是,图 5.2 和图 5.4 的指标中的部分指标是由本书第 3 章的图 3.4 的指标
拆分而成的,基于交通集疏运体系对区域发展的重要性,经和专家会商,决定在图 5.2 中添
加了公路、铁路和民航的客(货)运量六个指标与区域经济支撑的 5 个指标,组成了用来求
解自贸区发展的区域差异系数的指标体系,虽然并不十分成熟,但试图为本章的自贸区港
口产业生态圈发展成熟度评价研究提供一个合理、公平的环境。在图 5.4 中,所用的自贸区
港口产业生态圈成熟度评价指标体系主要包含港口因素、改革成效、产业支撑、社会效益和
环境影响等 5 个方面的一级指标,在它们之下又有相应的可量化的 16 个二级指标,能充分
反映出自贸港口产业生态圈成熟度评价的各个方面。

5.4 自贸区港口产业生态圈成熟度评价模型的构建

有关管理科学评价方法有很多,如 TOPSIS 距离函数法、BP 神经网络、AHP、RBF 神经网络方法、模糊综合评价法、灰色综合评价法等。根据本章 5.2.2~5.2.3 节介绍的区域差异系数和多级模糊综合评价方法,提出基于区域差异系数、用 AHP 确定权重、三级模糊综合评价与 CMM 组合的自贸区港口产业生态圈成熟度评价模型,具体方法是首先构建原始数据矩阵,然后利用区域差异系数修正得到修正数据矩阵,用 AHP 法与专家打分法确定各二级指标、一级指标以及评价年份的权重,最后利用模糊综合评判法逐级对各指标层进行模糊综合评判,分别得到二级指标、一级指标与最终得到自贸区港口产业生态圈成熟度评价指标,因此,建模的具体步骤如下:

步骤 1 构建第 i 年的原始数据矩阵 X'_i。

$$X'_i = \begin{bmatrix} x_{11}^{i'} & x_{12}^{i'} & \cdots & x_{1n}^{i'} \\ x_{21}^{i'} & x_{22}^{i'} & \cdots & x_{2n}^{i'} \\ \vdots & \vdots & \vdots & \vdots \\ x_{m1}^{i'} & x_{m2}^{i'} & \cdots & x_{mn}^{i'} \end{bmatrix} \qquad (5.22)$$

在式(5.22)中, $x_{jk}^{i'}$ 为第 i 年第 j 区域(自贸区)的第 k 个指标,m 为区域个数,n 为指标个数。

步骤 2 利用区域差异系数进行修订,得到修订数据矩阵 X_i,所用算式为:

$$X'_i / X_i = C_i / 1 \qquad (5.23)$$

在式(5.23)中,C_i 为利用公式(5.1)~(5.6)计算得到了第 i 年的自贸区港口的区域差异系数。

步骤 3 将修订后的数据标准化。

由于各影响因素(指标)有不同的含义及取值范围,需要对指标进行标准化处理,即将其监测值转化到[0,1]之间再进行综合分析。本章按各指标对自贸区港口产业生态圈成熟度评价指标的影响程度,将指标分为效益型指标和成本型指标。效益型指标的数值越大,代表自贸区港口产业生态圈成熟度越优。成本型指标的数值越小,代表自贸区港口产业生态圈成熟度越优。各指标的标准化处理公式如下:

①对效益型指标,则

$$x_{kj}^i = \frac{x_{kj}^i - x_{k\min}^i}{x_{k\max}^i - x_{k\min}^i} \quad (j = 1, 2, \cdots, n) \qquad (5.24)$$

在式(5.24)中,x_{kj}^i 为第 i 年的第 j 个自贸区的第 k 个指标,$x_{k\max}^i$ 为第 i 年的第 k 个指标中的最大值,$x_{k\min}^i$ 为第 j 年的第 k 个指标中的最小值。效益型指标经过标准化后的数据线性显示如图 5.5 所示。

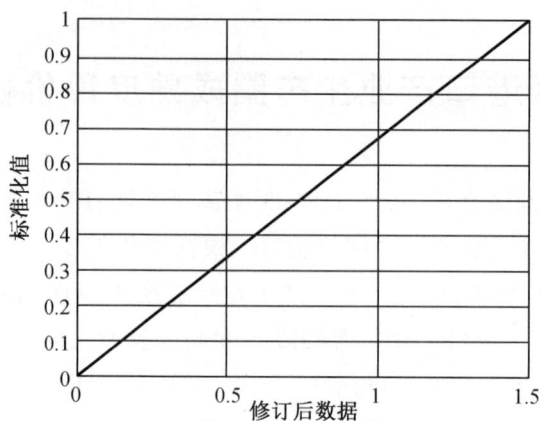

图 5.5　效益型指标标准化后数据

②对成本型指标，则

$$x_{kj}^i = \frac{x_{k\max}^i - x_{kj}^i}{x_{k\max}^i - x_{k\min}^i} \quad (j=1,2,\cdots,n) \tag{5.25}$$

成本型指标经过标准化后的数据线性显示如图 5.6 所示。

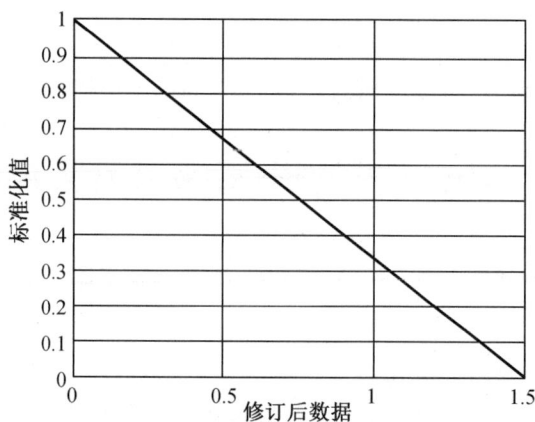

图 5.6　成本型指标标准化后数据

步骤 4　利用 AHP 和专家打分计算各级指标的权重，计算权重时要求：

$$\begin{cases} \sum_{k=1}^{m} \omega_{jk} = 1 \\ \sum_{j=1}^{n} \omega_j = 1 \\ \sum_{i=1}^{p} W_i = 1 \end{cases} \tag{5.26}$$

在式(5.26)中，ω_{jk} 为第 j 个一级指标下的第 k 个二级指标权重，ω_j 为第 j 个一级指标的权重，W_i 为第 i 年的权重。

步骤 5　利用二级指标计算其对应的一级指标的模糊综合评判值 FCAV$_{ij}$，所用求解计算式如下：

$$FCAV_{ij} = \sum_{k=1}^{m} \omega_{jk} x_{jk}^{i} \tag{5.27}$$

在式(5.27)中，ω_{jk} 为第 j 个一级指标中第 k 个二级指标的权重，x_{jk}^{i} 为标准化后第 i 年第 j 个一级指标中第 k 个二级指标的值。

步骤6　利用一级指标的模糊综合评判值计算自贸区的模糊综合评判值 $FCAV_i$：

$$FCAV_i = \sum_{j=1}^{q} \omega_j FCAV_{ij} \tag{5.28}$$

在式(5.28)中，ω_j 为第 j 个一级指标的权重，$FCAV_{ij}$ 为第 i 年第 j 个一级指标的模糊综合评判值。

步骤7　利用各年度自贸区的模糊综合评判值 $FCAV_i$ 去模糊化得到自贸区的成熟度，成熟度的计算方法为：

$$C_{CMM_i} = \sqrt[3]{FCAV_i} \tag{5.29}$$

步骤8　利用各年度的成熟度 C_{CMM_i} 计算自贸区的成熟度 C_{CMM}，所用计算式如下：

$$C_{CMM} = \sum_{i=1}^{p} W_i \cdot C_{CMM_i} \tag{5.30}$$

5.5　成熟度评价实证分析

以上海等10个沿江、沿海自贸区(含片区)港口为研究对象，对其港口产业生态圈成熟度进行评价，发现港口具有广泛的代表性。数据来源于这些港口城市的2017—2018年的自贸区官方网站、国民经济和社会发展统计公报、中国港口年鉴、上市港口企业年报和网络官方媒体等。

5.5.1　确定区域差异系数

根据本章5.2.2节的 TOPSIS 算法，分别求解各自贸区港口产业生态圈2017—2018年的区域差异系数，所得到的计算结果如表5.1所示。

表5.1　2017—2018年10个自贸区港口产业生态圈的区域差异系数

自贸区港口	年份	
	2017	2018
大连	0.773 6	0.776 4
天津	0.589 7	0.689 1
上海	0.470 1	0.434 6
舟山	0.861 3	0.909 3
厦门	0.858 4	0.856 9

表 5.1(续)

自贸区港口	年份	
	2017	2018
深圳	0.618 7	0.599 5
广州	0.594 4	0.585 9
珠海	0.939 1	0.929 3
海口	0.790 3	0.787 3
重庆	0.646 1	0.639 0

5.5.2 自贸区港口产业生态圈成熟度评价

5.5.2.1 确定主观权重

确定各个指标的权重是获得可靠评估的重要工作,为了确保权重系数客观、公正、公平和科学,聘请5位专家用AHP与客观定权值相结合,对每一个指标进行打分,取其平均值构建判断矩阵,得到5个二级指标的判断矩阵和1个一级指标的判断矩阵,具体如下:

(1)港口因素这个一级指标所属的港口货物吞吐量(x_1)、港口集装箱吞吐量(x_2)、港口旅客吞吐量(x_3)、港口等级(x_4)和港口资产总额(x_5)这5个二级指标,经专家评分得到的平均值所形成的判断矩阵如下:

$$\begin{bmatrix} & x_1 & x_2 & x_3 & x_4 & x_5 \\ x_1 & 1 & 4/5 & 2 & 4 & 4/3 \\ x_2 & 5/4 & 1 & 5/2 & 5 & 5/3 \\ x_3 & 1/2 & 2/5 & 1 & 2 & 2/3 \\ x_4 & 1/4 & 1/5 & 1/2 & 1 & 1/3 \\ x_5 & 1/3 & 3/5 & 3/2 & 3 & 1 \end{bmatrix}$$

利用MATLAB软件进行一致性检验,得到的结果如下:

①$\lambda_{max}=4.998\ 2$;

②$C.I.=\dfrac{\lambda_{max}-n}{n-1}=-0.000\ 45$;

③通过查表,得到 R.I.=1.12;

④C.R.=C.I./R.I.=-0.000 4<0.1。

根据上述①~④的结果,说明判断矩阵的一致性可以接受。再根据上面(1)的判断矩阵中所列数据求得港口货物吞吐量、港口集装箱吞吐量、港口旅客吞吐量、港口等级和港口资产总额这5个二级指标的主观权重集为:$w_1=[0.266\ 7,0.333\ 3,0.133\ 3,0.066\ 7,0.200\ 0]$。

(2)改革成效这个一级指标所属的进口货物平均通关时间(x_6)、出口货物平均通关时间(x_7)、累计改革创新成果(x_8)和改革创新成果全国推广数(x_9)这4个二级指标经专家评分得到的平均值所形成的判断矩阵如下:

$$\begin{bmatrix} & x_6 & x_7 & x_8 & x_9 \\ x_6 & 1 & 4/3 & 2 & 4 \\ x_7 & 3/4 & 1 & 3/2 & 3 \\ x_8 & 1/2 & 2/3 & 1 & 2 \\ x_9 & 1/4 & 1/3 & 1/2 & 1 \end{bmatrix}$$

再用 MATLAB 软件进行一致性检验,得到的结果如下:

① $\lambda_{\max} = 3.9998$;

② C. I. $= \dfrac{\lambda_{\max} - n}{n-1} = -6.7 \times 10^{-6}$;

③通过查表,得到 R. I. = 0.9;

④ C. R. = C. I. /R. I. $= -7.4 \times 10^{-6} < 0.1$。

根据上述①~④的结果,说明所列判断矩阵的一致性检验所得到的结果可以接受。再根据上面(2)的判断矩阵中所列数据求得进口货物平均通关时间、出口货物平均通关时间、累计改革创新成果和改革创新成果全国推广数这 4 个二级指标的主观权重集为: $w_2 = [0.4000, 0.3000, 0.2000, 0.1000]$。

(3)产业发展这个一级指标所属的新增各类企业数(x_{10})、累计新增企业注册资本数(x_{11})和监管金融类机构及企业数(x_{12})这 3 个二级指标经专家评分得到的平均值所形成的判断矩阵如下:

$$\begin{bmatrix} & x_{10} & x_{11} & x_{12} \\ x_{10} & 1 & 5 & 5/3 \\ x_{11} & 1/5 & 1 & 1/3 \\ x_{12} & 3/5 & 3 & 1 \end{bmatrix}$$

根据上面(3)的判断矩阵,通过一致性检验后,求得新增各类企业数、累计新增企业注册资本数和监管金融类机构及企业数这 3 个二级指标的主观权重集为: $w_3 = [0.5556, 0.1111, 0.3333]$。

(4)社会效益这个一级指标所属的城镇居民人均可支配收入(x_{13})、人均社会消费品零售额(x_{14})和单位面积产出(x_{15})这 3 个二级指标经专家评分得到的平均值所形成的判断矩阵如下:

$$\begin{bmatrix} & x_{13} & x_{14} & x_{15} \\ x_{13} & 1 & 1 & 5 \\ x_{14} & 1 & 1 & 5 \\ x_{15} & 1/5 & 1/5 & 1 \end{bmatrix}$$

根据上面(4)的判断矩阵,通过一致性检验后,得到城镇居民人均可支配收入、人均社会消费品零售额和单位面积产出这 3 个二级指标的主观权重集为: $w_4 = [0.4545, 0.4545, 0.0909]$。

(5)环境影响中二级指标仅有环境保护投入(x_{16})一个,其主观权重为: $w_5 = [1]$。

（6）港口因素（x_A）、改革创新（x_B）、产业发展（x_C）、社会效益（x_D）和环境影响（x_E）这 5 个一级指标经专家评分最终形成的判断矩阵如下：

$$\begin{bmatrix} & x_A & x_B & x_C & x_D & x_E \\ x_A & 1 & 5/2 & 5/3 & 5/4 & 5 \\ x_B & 2/5 & 1 & 2/3 & 1/2 & 2 \\ x_C & 3/5 & 3/2 & 1 & 3/4 & 3 \\ x_D & 4/5 & 2 & 4/3 & 1 & 4 \\ x_E & 1/5 & 1/2 & 1/3 & 1/4 & 1 \end{bmatrix}$$

根据上面（6）的判断矩阵，通过一致性检验后，求得港口因素、改革创新、产业发展、社会效益和环境影响这 5 个一级指标的主观权重集为：$w = [0.333\ 3, 0.133\ 3, 0.200\ 0, 0.266\ 7, 0.066\ 7]$。

由于本章所选取的 10 个自贸区的历史数据在时间上是从 2013—2018 年，并且这 10 个自贸区先后分 4 个批次设立，上海自贸区设立于 2013 年；天津、广东和福建自贸区（含下属片区）设立于 2015 年；辽宁、浙江和重庆自贸区设立于 2017 年；海南自贸区设立于 2018 年。海南设立的是全省自贸区，海口自贸片区 2017 年的数据也可以用来参考，因此，这 4 个批次自贸区有 2017 和 2018 两个年度的数据可以用来对比。另外，各个自贸区在发展过程中，通过深化改革和制度创新后得到的统计数据经专家会商分析，总的来说，各个自贸区发展形势逐年向好，设定这两个年度的权重集为 $W_w = [0.4, 0.6]$ 较为合理。

5.5.2.2　确定自贸区港口产业生态圈成熟度

根据本章 5.5.2.1 节运用 AHP 和专家评分得到主观权重集计算得到的结果，利用公式（5.23）～（5.28）计算得到的 2017—2018 年各自贸区一级指标模糊综合评判值如表 5.2 所示。

表 5.2　2017—2018 年各自贸区一级指标模糊综合评判值

自贸区	年份	港口因素	改革创新	产业发展	社会效益	环境影响
大连	2017	0.166 0	0.013 9	0.016 8	0.362 1	0.009 9
	2018	0.153 1	0.022 4	0.022 9	0.324 3	0.008 5
天津	2017	0.264 5	0.484 9	0.209 0	0.374 0	0.055 8
	2018	0.204 3	0.411 2	0.071 6	0.248 6	0.044 8
上海	2017	0.775 1	0.400 9	0.997 6	0.974 3	0.988 3
	2018	0.751 5	0.380 2	0.768 1	0.990 8	0.998 3
舟山	2017	0.273 0	0.200 6	0.009 3	0.099 8	0.001 3
	2018	0.265 9	0.175 9	0.005 5	0.074 6	0.001 2
厦门	2017	0.117 2	0.604 6	0.049 5	0.096 2	0.017 3
	2018	0.111 0	0.745 0	0.010 9	0.089 3	0.021 1

表 5.2(续)

自贸区	年份	港口因素	改革创新	产业发展	社会效益	环境影响
深圳	2017	0.443 0	0.175 3	0.479 9	0.688 9	0.047 2
	2018	0.438 4	0.157 8	0.480 9	0.641 2	0.045 5
广州	2017	0.332 3	0.562 3	0.356 5	0.593 3	0.027 2
	2018	0.326 8	0.540 6	0.446 7	0.507 1	0.026 6
珠海	2017	0.040 7	0.065 0	0.383 4	0.188 4	0.000 8
	2018	0.038 8	0.077 8	0.327 8	0.156 2	0.001 8
海口	2017	0.090 8	0.047 5	0.141 9	0.000 2	0.040 2
	2018	0.069 7	0.057 8	0.193 6	0.000 5	0.044 1
重庆	2017	0.094 2	0.511 2	0.176 1	0.046 9	0.015 5
	2018	0.088 6	0.500 1	0.155 7	0.052 5	0.014 7

利用表 5.2 中的数据进行二级模糊综合评判法,得到各自贸区港口在 2017 和 2018 年的成熟度,再利用各港口 2017 和 2018 年的成熟度进行三级模糊综合评判并去模糊化,得到各自贸区港口产业生态圈成熟度的综合评价得分,详细结果如表 5.3 所示。

表 5.3 自贸区港口产业生态圈成熟度评价结果

自贸区	成熟度得分		综合得分	最终排序
	2017 年	2018 年		
大连	0.483 6	0.474 3	0.478 0	9
天津	0.661 0	0.583 1	0.614 3	4
上海	0.934 9	0.905 8	0.917 4	1
舟山	0.519 8	0.505 4	0.511 2	8
厦门	0.559 1	0.570 9	0.566 2	5
深圳	0.744 4	0.737 6	0.740 3	2
广州	0.734 2	0.739 0	0.737 1	3
珠海	0.544 3	0.522 3	0.531 1	7
海口	0.432 8	0.450 1	0.443 2	10
重庆	0.564 3	0.554 9	0.558 6	6

将表 5.3 中的计算结果按本章 5.2.2 节对自贸区港口产业生态圈成熟度的等级划分范围,经和 5 位评委专家会商决定:将自贸区港口产业生态圈成熟度划分成 5 个等级,即 1~5 级,其区间范围定为:(0~0.5),[0.5~0.6],[0.6~0.7),[0.7~0.8),[0.8~1.0),最终得出各自贸区港口产业生态圈成熟度等级划分的结果如表 5.4 所示。

表 5.4　自贸区港口产业生态圈成熟度等级划分结果

自贸区	C_{CMM}	成熟度分值范围	成熟度等级
海口	0.443 2	$0 < C_{CMM} < 0.5$	1
大连	0.478 0		
舟山	0.511 2	$0 < C_{CMM} < 0.5$	2
珠海	0.531 1		
重庆	0.558 6		
厦门	0.566 2		
天津	0.614 3	$0.6 \leqslant C_{CMM} < 0.7$	3
广州	0.737 1	$0.7 \leqslant C_{CMM} < 0.8$	4
深圳	0.740 3		
上海	0.917 4	$0.8 \leqslant C_{CMM} < 1$	5

5.5.3　结果分析

从表 5.4 的结果可知,上海等 10 个自贸区港口产业生态圈成熟度分值由低到高的顺序为:海口、大连、舟山、珠海、重庆、厦门、天津、广州、深圳、上海。根据这些自贸区的发展情况,结果分析如下:

(1)海口、大连这两个自贸区港口产业生态圈成熟度等级为 1 级。①1988 年 4 月,海南省成立即成为经济特区,经过 30 年的发展,2018 年 4 月,经国家批准,设立了海南自贸区(全省范围)。借鉴上海、深圳和广州等自贸区的经验,海南自贸区利用自身区位优势和政策便利,以"生态旅游岛+自贸区"为海南经济发展战略,通过对标世界上制度完善、发展成熟的自由贸易港的政策,将自贸区港口转型升级为自由贸易港,再以自由贸易港为发展龙头,作为经济增长引擎,带动海南自贸区的发展。②大连港地处渤海湾出口,是建设中的东北亚航运中心、东北老工业基地的重要出海口,其地理位置优越,利用自贸区港口和辽宁省通过招商局集团的注资整合全省港口资源的机会,优化港口区域规划和产业布局,提升装卸、通关效率和改善营商环境,大连自贸区港口产业生态圈的发展优势将进一步凸显。

(2)舟山、珠海、重庆和厦门这 4 个自贸区港口产业生态圈成熟度等级为 2 级。①舟山区位优势明显,自宁波、舟山两港整合后优化港区、码头和泊位布局,港口货物吞吐量逐年上升。随着舟山群岛新区成为国家级重要的新区,以及浙、赣、皖等地的货源从该港进出,现成为世界第一大货物吞吐量港。②珠海港地处珠三角出海口南端,毗邻澳门,港口规模较小,随着港珠澳大桥的通行、进出珠海的铁路增加和《粤港澳大湾区发展规划纲要》的出台,把深圳、香港、珠海和澳门四个城市连成一片,优势互补,有助于将珠海纳入发展快车道,以期成熟度提升更快。③重庆自贸区水路交通位于嘉陵江、渠江、涪江和长江沿岸经济带上,经济腹地包括重庆、四川云南和贵州四省市,与成渝、川黔、襄渝铁路和成渝、渝万、渝黔等公路相连,水陆空的"多式联运"和"无水港"无缝衔接,成为是我国西部地区唯一拥有公、铁、水、空优势的重要内河港口城市。④厦门位于闽南三角洲内,是改革开放初期四大经济特区之一。厦门经济特区的台资、外资企业众多,对台经济、农商合作频繁,民众通过"三通"客流逐年增加。厦门港是建设中的东南国际航运中心,辐射金门和台湾本岛,经济腹地包括闽、赣,辐射同根同源的潮汕地区。

(3)天津自贸区港口产业生态圈成熟度等级为 3 级。天津港位于环渤海湾西部,京津冀一体化的核心港口、雄安新区出海口、建设中的北方航运中心,经济腹地辐射华北、东北。天津港立足"一带一路"重要战略支点、新亚欧大陆桥重要节点及中国北方汽车枢纽港的核心港口地位,整合物流企业优势资源,创新合作模式,创造互利共赢的发展格局。津冀港口一体化改革,重新对港口进行资源整合和功能区划分,加上中远海运集团、招商局集团等企业参股控股,提升了港口影响力、融资能力、货源集散能力,使港口的价值链和产业链得以延伸。

(4)深圳、广州自贸区港口产业生态圈的成熟度等级为 4 级。①深圳港处于广东南部,珠江口北侧,毗邻港澳,区位优势明显,是连接香港和内地的纽带和桥梁。深圳作为中国第一个经济特区、改革开放的窗口,在制度创新、扩大对外开放等方面肩负着试验与对外示范的重要使命,因此,在接受外资、政府和企业管理理念与开放政策实施力度方面领先全国,每年吸引大量人才前来就业、创业等,成为我国新兴移民城市,地区 GDP 先后超越香港、台湾和广州。2018 年,港口集装箱吞吐量位于全球第四,港口货物吞吐量在全球排名第二十,有着完整临港产业体系,港口产业成熟度较高。②广州港地处珠江入海口,东江、西江和北疆交汇处,毗邻港澳,也是商业氛围浓厚的千年商埠、华南第一大港和建设中的广州国际航运中心,航线通达 100 多个国家和地区的 400 多个港口。随着珠江口至南沙港区水深−17 米航道的开通,可供 12 万吨级的集装箱班轮乘潮通航。随着泛珠江三角洲经济腹地的货源和水陆空交通网络的便捷,广州港为本市经济和腹地经济发展贡献巨大,港口的快速发展有力地推动了城市经济的发展和繁荣。

(5)上海自贸区港口产业生态圈成熟度等级为 5 级。①上海自贸区港口位于长三角、长江出海口和西北太平洋航道上。1995 年,国家开始规划建设上海国际航运中心、国际金融中心、国际物流中心、科技创新中心和新经济策源地。2013 年,设立自贸区时即把港口功能区纳入自贸区核心发展区域,通过制度创新、优化营商环境和减少负面清单等举措,临港产业集聚效应明显,全产业链辐射到长三角地区,和长三角区域一体化发展上升为国家级战略。2018 年,港口集装箱吞吐量位于全球第一,上海自贸区为后续设立的自贸区复制推广了 202 项发展经验。自贸区的改革红利在全国范围内得到有效推广,充分发挥了自贸区以深化改革和扩大对外开放的"试验田"和"排头兵"的作用。

5.5.4　对策与建议

根据本章 5.5.3 节的结果分析,笔者认为在外部条件相同的情况下,提升自贸区港口产业生态圈成熟度等级的对策与建议如下:

(1)自贸区作为我国新时代改革开放高地,构建开放型产业体系体现了国家战略,大胆闯、大胆试,先行先试形成可复制、可推广的经验和一批新制度,争取首批监管高效便捷、法制环境规范、投资贸易便利等方面有效、管用的成果。①开放服务业务。放宽金融等服务领域对外资准入特别管理的经营限制,加快推动服务业对外开放,以开放促进改革,进一步提升我国服务业发展水平,进而推动经济高质量发展。从国内情况来看,服务业的地位和作用不断提升,成为第一大行业部门和经济增长主要驱动力,成为新一轮对外开放的重点。从世界经济态势来看,全球正在进入服务经济时代,制造业和服务业深度融合,增强了服务贸易的可能性,国际贸易中的服务贸易比重稳定增长。②全球科技创新进入空前密集期,新一轮科技革命和产业变革正在重塑全球创新版图和经济结构。加快发展高科技产业,对我全面优化产业结构、振兴实体经济、推进供给侧结构性改革、实现我国经济高质量发展具有重要意义。因此,各自贸区根据自己的实际,提出了以高科技作为重要的发展方向。③区域协同发展。区域协同发展是通过协作整合资源和市场配置,将之成为未来发展趋势,而构建起来的开放型产业体系,成为区域对接世界市场的一个桥梁和窗口,进一步加大区域的辐射和带动作用,也丰富和深化了区域发展一体化的战略内涵。④充分借鉴了中国香港、新加坡发展思路,重点发展航运、物流等贸易配套产业,注意产业的融合和升级发展。中国香港、新加坡等自由贸易港,大都因港而生、因港而兴、因港而荣,即依托港口的区位优势,以贸易为核心发展航运、物流等临港产业,并逐渐转型为金融、科技等现代服务业。⑤自贸区在扩大对外开放、准入前国民待遇和负面清单等重点任务上,体现了国家改革开放和产业发展的大方向,提出发展金融服务、航运服务、商贸服务等要立足本地经济,但也须避免部分自贸区不符合实际发展金融、高科技等产业。⑥鼓励社会资本设立产业基金,完善多元化投资、融资途径,助力产业发展。在工业和信息化部等部委鼓励社会资本设立设计类产业基金的基础上,拓宽产业发展扶持途径,鼓励设立高端产业发展基金,覆盖产业全生命周期的投资融资服务,提升高质量发展。⑦布局全球产业链、供应链和价值链,助力"一带一路"沿线国家和地区产业发展,提升产品质量,造福民众,构建人类命运共同体。在经济全球化遇到逆流,特别是单边贸易政策对全球贸易、投资和产业格局冲击的大环境下,全球供应链、产业链、价值链将会出现颠覆性的调整。我国通过自贸区建设的发展战略,对产业结构调整和转升级,从高端切入全球产业链、供应链、价值链和创新链,吸引国内外人流、物流、资金流、信息流和技术流在自贸区集聚、转化,特别是通过自贸区政策和制度创新,实现产业链的集群化、供应链系统化、价值链枢纽化,在自贸区全面形成面向全球地产集聚的漏斗效应。因此,各个自贸区在建设过程中普遍围绕供应链、产业链和价值链配置产业,汇聚生产要素,打造价值航运枢纽和高端产业中心。

(2)坚持以外向为主,统筹对内对外双向开放,对接国际标准、承接国际产业辐射,稳定内需市场,做好金融风险管控,充分挖掘市场潜力,注意带动周边地区的产业发展。改革开放40年的历史数据也证明此经济规律:出口大国未必是经济大国,有可能是劳动密集型、原材料加工出口或粮食农副产品出口大国,但进口大国肯定会成为经济大国,进口大国说明内需大、外汇储备也多,对世界商品有定价权。目前,我国经济已深度融入世界经济,与进出口直接或间接相关的产品和服务占经济总量比重大,市场广阔、内需潜力巨大,将稳定外贸政策措施落实并与外贸企业有效衔接,进一步拓展市场空间和政策余地。积极扎实做好稳定外贸工作以应对外部环境变化,在保障外贸运行平稳基础上促进外贸稳中提质的目标,进一步做好做稳外贸工作,提高出口产品质量和竞争力。为应对国际货币基金组织(IMF)、世界银行(WB)等主要国际经济金融机构相继下调世界经济增长预期,并警告全球经济面临重大下行风险,可以:①完善贸易融资、出口退税、信用保险和综合保税区跨境电商零售进口等政策,加快保税维修、再制造先行先试。②深化"放管服"改革,提高贸易便利化水平,构建高标准自贸区网络,有效利用经济开发区、保税区等空置土地,释放改革红利。③培育外贸发展新业态,支持市场采购贸易试点、外贸综合服务企业发展的新举措,加快贸易促进平台、外贸转型升级基地等的建设,设立跨境电商综合试验区并出台所得税核定征收办法。④加大内需农产品、日用消费品和设备、零部件等的进口,实行差异化政策,支持承接东部产业转移。⑤自贸区利用政策和区位优势,构建产业链、供应链,辐射带动周边地区的产业发展,吸引并带动周边企业进入加工贸易链和供应链,提升区域外的产业配套能力,促进区域内外制造业与生产服务业的深度融合,带动区域产业转型升级。

(3)金融改革创新方面,争取更有力的开放举措,探索跨境金融资金自由收付,协调区域监管政策,提升区域金融政策金融服务标准和服务水平,加强金融监管保障,出台地方金融条例,完善金融活动监管制度,赋予金融监管部门执法权和检查权,加大违规惩处力度。可以:①充分认识到金融发展经历从要素驱动、投资驱动到创新驱动,须以"知本+资本+资本市场"为核心,实现国民经济向高质量发展转型的途径。因此,在政府管理顶层设计上,自贸区所在省市(如广东省、上海市、大连市)编制一名在金融系统有资深履历的人员做副省长或副市长,让金融技术官员主管金融经济,使其更容易在自己擅长的领域发挥作用,主抓重视金融创新服务实体经济、不断趋紧的金融风险防控和以互联网金融为抓手的金融数字化、智慧化建设,兼管商务、住建、国资等事务,凭借自身强大的金融资源调动能力,有的放矢地化解地方重大金融风险,在中国转型过程中,高质量发展面临的结构性矛盾,落实党中央、国务院在金融领域的宏观战略部署,推动地方转型发展。②优化金融发展的软环境,吸引金融管理、从业人才,利用人民币在岸、离岸业务中心服务的优势,突出人民币国际化功能,先立足亚太,做大做强,在逐渐成为新的世界性金融中心后再辐射全球。③充分发挥投融资的功能作用,完善金融市场功能,丰富金融产品,提升交易量和自贸区港口城市的国际影响力,争取金融市场的话语权和定价权。④成立自贸区港口城市的电子口岸区块链联盟,形成"监管+服务"的平台,促进国际贸易各相关方信息共享和业务协同水平。推广"区块链+数字金融保险""区块链+数字供应链""区块链+物联网""区块链+智能制造"等商业环境领域,为广大企业免费提供国际贸易相关的公共服务。

(4)在港口规划布局方面,由于自贸区港口被纳入自贸区发展,并与港口城市一体化发展,具有双重特殊性,因此,在港口城市整体规划时,进一步优化港口布局,在港口供给侧结构性改革下,实施港口、港区、码头泊位的经营权与产权分离的运营管理模式,实现经营管理和调度一致性。可以:①港口规划建设要和港口所在的区域比如粤港澳、长三角、环渤海、长江经济带和海南"生态旅游岛+自由贸易港"协调和综合治理,提升港口功能,增强集聚辐射能力,全面提高服务效率和水平。②在"互联网+""区块链""5G+"等技术下,推进自贸区港口的"四港"联盟的智慧港口建设,辐射周边港口,形成互联互通的港口集群,协同发展大湾区港口城市群和大湾区港口产业生态圈。③加快建设环渤海铁路和烟台-大连海底隧道铁路,规划建设跨琼州海峡的粤海铁路、公路,助力海南自由贸易港建设和地区经济社会发展。

(5)在生态环保方面,科学规划利用岸线资源,保护生态环境和经济社会和谐发展。可以:①精心设计湿地、内河、海洋与其他资源相融合,打造海洋生态体验场景,确保水质全面提升。②推动实施陆源污染治理,海域、内河污染全域治理,强化港船共治,提高污染物接收、转运及综合处置能力。③加强沿江、沿海生态红线保护,严肃查处违法围江、填海行为,妥善处理先前围填埋的历史遗留问题。④要持续保持执法高压态势,坚决打赢水生态环境综合治理攻坚战。

(6)在优化营商环境方面,坚持和完善社会主义基本经济制度,推动经济高质量发展,抓实抓好深化"放管服"改革、优化营商环境改革各项工作,以取得营造一流营商环境的新成绩。可以:①充分发挥市场在资源配置中的决定性作用,以港口供给侧结构性改革为主线、建设世界一流港口为目标,发挥政府作用,全面贯彻新发展理念,建设现代化的产业经济体系。②完善社会主义市场经济体制和科技创新体制机制,推进建设更高水平、开放型的经济新体制。③坚持领导统筹协调,部门组织协同、社会共治的原则,构建协同高效共治的体制机制。④坚持深化改革,鼓励主动创新和提供法治保障,推动全国范围营商环境的持续改善。

(7)从更宏观的层面,推进环渤海、长三角经济圈和粤港澳大湾区的自贸区港口资源整合,发展大湾区港口群,优化港区功能划分和区域产业布局,实现竞争与合作共存。可以:①借鉴东京大湾区、纽约大湾区和旧金山大湾区的发展经验,结合《粤港澳大湾区发展规划纲要》,从国家发展战略出发,通过顶层设计,整合环渤海、长三角港口资源,规划建设环渤海、长三角大湾区,发展大湾区产业集群,逐渐形成良性发展的产业生态圈。②通过市场化的方法,加强港口间的互相投资、参股持股,加强港口间的关联性,实现分工合作。③通过扩大对港澳台和境外服务业开放等制度创新,促进港口、航运新业态的发展,使相关市场主体快速做大和提升服务水平、竞争力,优化产业布局和营商环境,发展生态理念的产业生态圈,促进经济社会发展,辐射"一带一路"沿线国家和地区,实现互惠互利、共同发展。

5.6 本章小结

本章以中国上海等10个自贸区为例,对其自贸区港口产业生态圈成熟度进行了评价和等级划分,它们存在的特色与创新如下:

(1)针对各个自贸区、港口和产业等发展的实际情况,引入区域差异系数的概念,根据自贸区港口的内外部环境,对指标体系采用定性和定量相结合的方法进行分析,避免了单一研究条件下对自贸区港口产业生态圈的评价结果不合理,解决以往研究中忽略区域差异的问题,为科学评价自贸区港口产业生态圈成熟度情况提供理论基础。

(2)构建了自贸区港口产业生态圈成熟度评价指标体系,建立了组合权重综合评价模型。对上海等10个自贸区2017—2018年的历史数据进行实证分析,客观地评价了它们的成熟度等级,得到的结果是上海自贸港口产业生态圈成熟度等级为5级;广州、深圳自贸区港口产业生态圈成熟度等级为4级;天津自贸区港口产业生态圈成熟度等级为3级;舟山、珠海、重庆、厦门自贸区港口产业生态圈成熟度等级为2级;海口和大连自贸区港口产业生态圈成熟度等级为1级。研究结果表明本章提出的方法具有可行性,填补了类似研究的空白。

（3）本研究为自贸区港口产业生态圈成熟度评价提供了参考。①以国家对港口企业供给侧结构性改革为契机，自贸区港口优化了辖区内产业结构并及时转型升级。比如对老旧码头泊位进行改造升级，加强港口建设和资产管理，避免盲目扩建港口，提高资源利用效率，促进了自贸区港口的绿色增长。②积极开拓思维，探索港口在清洁能源、港口岸电等的推广使用。优化用电设施配置以节约用电量，通过设置排放控制区（Emission Control Area，ECA）、降低噪声等问题，为自贸区港口提供绿色增长的环境。③积极提升港口价值、经营能力和优化营商环境，吸引更多人才前来就业；在缴纳利税、港口使费优惠等方面，降低成本、提高企业社会责任感，从而提升自贸区港口产业生态圈的成熟度等级。

需要指出的是，由于数据收集的难度大、港口样本数量有限和考核年限少等局限，本章仅对国内 10 个自贸区港口产业生态圈成熟度加以评价，未来可选取国内外更多的同类港口、连续多个年份的数据展开研究，研究结论将更具说服力和参考价值。在接下来的研究中，可从自贸区港口产业生态圈的健康度评价，自贸区港口转型升级自由贸易港及发展模式等方面进行深入探索。

6 自贸区港口转型升级及发展模式研究

6.1 引 言

第5章对自贸区港口产业生态圈成熟度进行了评价,得到上海自贸区港口产业生态圈成熟度层次等级最高,深圳、广州次之,海南自贸区港口产业生态圈成熟度层次等级最低,但最具发展潜力。世界各国设立自由贸易港和自贸区,旨在促进贸易和经济的发展。从发展的历程看,两者彼此共生互补,它们实行的贸易自由化、便捷化政策为区域经济和社会发展做出了巨大贡献,特别是我国香港、新加坡等发展成熟的自由贸易港更成为世界经济增长的引擎。我国自贸区经过几年的发展,改革成果富有成效,对区域经济和社会发展做出了巨大的贡献,也为国家经济体制改革和产业结构转型升级提供了思路。随着我国深化改革和进一步扩大对外开放,自贸区港口现行的政策体系和开放力度已难以适应未来发展的需要,为推动全面形成开放新格局,党的十九大提出探索建设自由贸易港,把自由贸易港发展成为改革开放新高地和经济增长引擎,而中国如何建设和发展自由贸易港成为学界研究的热点。学界对世界各国设立的自贸区、自贸区港口和自由贸易港的相关研究取得了较丰富的成果,但对于中国自贸区,在营商环境、法律体系制度等和发展成熟的自由贸易港相比存在较大差距,如何建设和发展中国自由贸易港的相关文献研究鲜有提及。对此,本章将对自贸区港口转型升级自由贸易港的发展模式展开研究,先用扎根理论的研究方法对中国自贸区港口和典型自由贸易港的发展历程和模式进行梳理,通过文献查阅、现场访谈、实地调查,提炼、筛选出典型自由贸易港发展模式信息编码和中国自贸区港口现状进行比较、分析,提出了中国自由贸易港发展模式,并给出了对策与建议。据此构建的自贸区港口转型升级及发展模式的流程如图6.1所示。

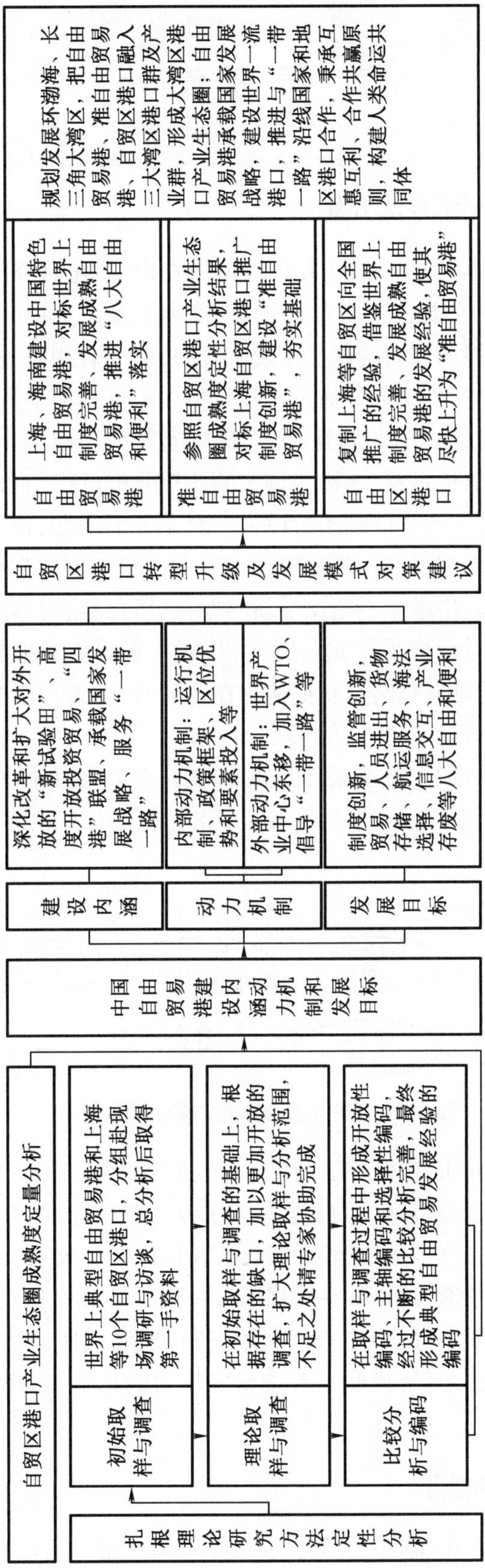

自贸区港口产业生态圈成熟度定量分析		
初始取样与调查	世界上典型自由贸易港和上海等10个自贸型自由贸易港口，分组走访现场调研与访谈，总分分析后取得第一手资料	
理论取样与调查	在初始取样与调查的基础上，根据存在的缺口，加以更加开放的调查，扩大理论取样与分析协助完成不足之处请专家协助完成	
比较分析与编码	在取样与调查过程中形成开放性编码和主轴选择性编码，经过不断的比较分析完善，最终形成典型自由贸易发展经验的编码	

扎根理论研究方法定性分析

中国自由贸易港建设内涵动力机制和发展目标	
建设内涵	深化改革和扩大对外开放的"新试验田"，"高度开放投资贸易"联盟、承载国家发展战略、服务"一带一路"
动力机制	内部动力机制：运行机制、政策框架、区位优势和要素投入等　外部动力机制：世界产业中心东移、加入WTO、倡导"一带一路"等
发展目标	制度创新、监管创新、贸易存储、人员进出、货物、海法、航运服务、信息交互、产业选择、比较选择自由和便利、存废等八大自由和便利

自贸区港口转型升级及发展模式对策建议		
自由贸易港	上海、海南建设中国特色自由贸易港，对标世界上制度完善成熟自由贸易港，推进"八大自由和便利"落实	规划发展环渤海、长三角大湾区，把自由贸易港、准自由贸易港融入三大自由港区产业群，形成大湾区港口产业生态圈；自贸区港口承载国家发展战略，建设世界一流贸易港，推进与"一带一路"沿线国家和地区港口合作，合作共赢原则，构建人类命运共同体
准自由贸易港	参照自贸区港口产业生态圈成熟度定性分析结果，对标上海自贸区港口推广建设"准自由贸易港"，夯实基础	
自由港区港口	复制上海等自贸区向全国推广的经验，借鉴世界上制度完善、发展成熟自由贸易港的发展经验，使其尽快上升为"准自由贸易港"	

图6.1　自贸区港口转型升级及发展模式的流程图

6.2 研究设计

6.2.1 扎根理论研究方法介绍

1967年,Glaser和Strauss在其专著《扎根理论的发现:质化研究策略》中首次提出扎根理论(Grounded Theory,GT)的概念与方法论体系,该理论是源于社会科学的一种定性研究方法。扎根理论的思想是将研究的问题基于现实资料,研究者用自身掌握的理论知识进行连续的理论采样,把收集到的理论采样通过比较分析后提炼出能够反映对所研究对象的概念、发现类属或者范畴及它们之间的相互关联,最终上升为理论。扎根理论的初始取样和理论取样包括数据收集和取样过程,取样与调查的比较分析过程(也即译码过程)。在研究的初始阶段,研究调查人员在调查的初始阶段带着对某方面问题,以笼统、模糊的兴趣初步选定样本数量并着手收集数据展开初步分析。在研究过程中不事先设定理论取样,任由研究者在收集数据的过程中运用触觉不断发现新问题,然后根据新问题继续寻找新的信息来源,当两者范畴不同时,再对数据进行重新收集,将新收集到的数据和前期已形成的数据、资料类别与范畴相比较,若已有范畴与新范畴存在差异时,需要及时进行理论修正,再将新范畴纳入理论,反复进行此过程,直至达到理论饱和,不会再出现新概念、新范畴或者新关系为止。扎根理论现已发展成三个学派,即Glaser的经典扎根理论、Charmaz的建构型扎根理论和Strauss的程序化扎根理论。本书以Strauss的是程序化扎根理论展开研究,流程图如图6.2所示。

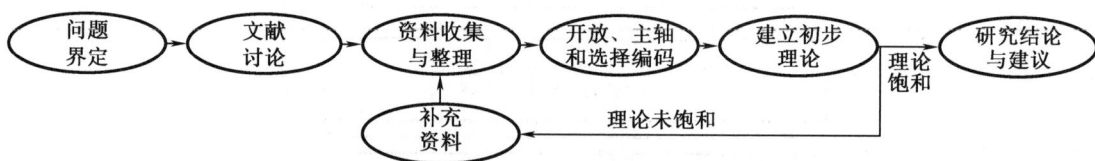

图6.2 程序化扎根理论法研究流程图

从图6.2所示的流程可知,扎根理论是带着研究问题,从实地调研入手,通过现场调研、访谈和查阅资料来提炼概念与范畴,数据收集与分析同步进行,并不断对理论进行归纳与修正,把新的范畴纳入理论,直至达到理论饱和,从而形成一个能够反映现象本质和意义的理论的质性研究法。扎根理论遵循理论-数据匹配原则,以同一研究视角对理论深入挖掘,并在理论的基础上进行数据解释,通过查阅文献资料、现场调研和访谈,通过凝练、筛选出自由贸易港发展过程的信息编码,摆脱了传统研究框架的束缚,增强了研究结论的严谨性和科学性。

6.2.2 研究对象的选取

扎根理论的研究方法旨在强调研究问题及理论的自然涌现,注重研究对象的信息丰富度的原则,通过直接、全面地获取资料和数据并进行分析,找出问题所在,利于解决问题,保证研究结果的正确性。

6.2.2.1　初始取样与调查

本章的初始取样与调查从上海、天津、大连、舟山、厦门、深圳、广州、珠海、海口和重庆等 10 个沿江、沿海自贸区(含片区)港口和国内外典型自由贸易港(主要包括中国香港、纽约-新泽西港、旧金山港、汉堡港、瑞士港和新加坡港)出发,调查组成员包括国内外学术和行业专家,由经贸、法律、港口、海洋、物流、交通、科研院校专家和港口国政府主管官员共 32 人,分成 4 个小组,每组 8 人,第 1 小组对国内上述 10 个自贸区港口进行调研;第 2 小组赴纽约-新泽西和旧金山自由贸易港调研;第 3 小组到汉堡自由贸易港和瑞士的自由贸易港(含陆港自由贸易港)调研;第 4 小组去香港和新加坡的自由贸易港调研。为了便于研究和沟通,在第 2~4 小组中,每组包括 1 名港口所属国专家。

在港口主管官员的委托及支持下,4 个小组的成员分别对所调研的港口进行初始取样与调查,初始调查为期 1 个月,调查前围绕这些自贸区港口、自由贸易港的政策体系、发展模式、产业种类规模等问题设计调查计划、访谈提纲和问卷调查内容,主要采用自由贸易港内现场观察和被调研人员面对面的深度访谈、焦点问题展开小组座谈及问卷调查的方式收集相关资料、仔细分析与翔实整理,确保资料完善,包括概念界定,发展历程及经验借鉴和发展模式等,并进行多轮协调沟通确定最终调查范围。小组调查人员需全程参与调研的前期设计、调查实施及室内分析工作,调查过程中用英语和港口所在国的官方语言作为工作语言,调查实施中有所分工,分别负责现场调查与分析、对文献资料、港口企业各部门及人员进行调查。各小组带着开放性的思维进行初步调查,随时沟通、补充、修正调查方案,并对调查结果互动分析。扎根理论的核心原则是围绕开放性问题从集体思想中广泛收集概念,避免研究者主观的、先入为主的假定。调查从自由贸易港政策体系与营运管理存在的问题以及所面临的挑战进行提问,提问人员持着参与者的姿态、遵循开放的心态开展工作,用开放式向对方提问,并鼓励被提问方真诚地表达内心真正的意见和想法。访谈过程中要注意观察被调查对象的细微反应和保障融洽的访谈氛围,负责记录的人员尽量客观翔实地记录整个访谈经过并据此整理数据,每次调查结束后立即召集相关人员就调查中存在的不明细节开会进行具体沟通、分析和总结,为进一步丰富本次的调查资料和为将来的理论取样与编码提供翔实的数据夯实基础。因此,对上述展开初始取样与调查应从以下几方面着手。

(1)从自贸区、自贸区港口和自由贸易港发展史展开调查

①中国水运发展史源远流长,港口、外贸发展有清晰的历史脉络

中国古代水运港口和外贸发展位居世界前列。以广州港为例,秦汉时期起,广州古港是外贸、海上丝绸之路的重要港口,714 年首设有近似海关、口岸功能的广州市舶使,971 年设立广州市舶司,1685 年设立粤海关(广州);1686 年清廷批准外商能在广州十三行街区经商,相当于现在的"经济特区"的某些功能,其管辖权、税收等权力均归中央政府。清政府因鸦片战争失败,1842 年割香港岛给英国,后香港逐渐发展为自由贸易港;开放广州、厦门、福州、宁波、上海为通商口岸;列强先后强租胶州湾、旅顺口、威海卫、广州湾、九龙、台湾和澳门;1898 年俄国强租旅大(旅顺、大连)开建港市,2 年后宣布大连港为自由贸易港;1904 年

日占领大连自由贸易港,1945 年苏联接管大连港,1951 年移交新中国政府。从鸦片战争失败到新中国成立,港口、领土主权回归前 100 多年期间,港口和关税几乎被外国人控制,内河航行权丧失,外国肆意侵略、掠夺我国资源、财富,我国有自由贸易港,但管辖权、税收均不属于中央政府。

改革开放以来,我国相继设立深圳、珠海、汕头和厦门四个经济特区。2013 年,设立上海自贸区、倡导"一带一路"建设;2017 年,为配合"一带一路"建设,探索建设自由贸易港;2018 年,设立海南自贸区,中央政府全力支持建设海南自由贸易港。

②国外自贸区和自由贸易港形成过程较中国早

研究认为,自由贸易港的雏形是公元前 12 世纪鼎盛时期的腓尼基(位于今黎巴嫩境内)。公元元年前后,地中海沿岸出现了为扩大贸易往来而允许外国商人自由通行的自由贸易港。早期港口以转口贸易为主,对进出口货物降低税负,通过规模集散降低贸易成本,如法国 1228 年把马赛港开辟为自贸区,主要从事转口贸易和中转业务。在 16~17 世纪,自由贸易港在地中海沿岸兴起,快速延伸到北海和波罗的海沿岸,如敦刻尔克、不来梅和丹麦哥本哈根等港。18 世纪,欧洲一些国家为扩大国际贸易,陆续将本国的一些港口设为自由贸易港,为联通本土市场和海外市场,这些港口城市逐渐发展成为欧洲的商业重镇。第二次世界大战后,随着全球的经贸发展,经济一体化和第三次科技革命推动国际贸易自由化和便利化,形成了高科技、加工工业区、大型工业制造园区,加上信息技术广泛应用,自由贸易港成为资源配置中心,具备服务贸易、物流分拨、航运服务、金融服务、法律服务等综合性功能。随着交通运输网络的完善,自由贸易港从区位上向腹地延伸,与具有部分海港功能的"无水港"(陆港)、机场附近的保税物流结合,成为综合型的现代自由贸易港。各自由贸易港在区位和腹地等因素影响下功能各有侧重,如我国香港和新加坡是综合性的自由贸易港;汉堡港、釜山港、迪拜港等则是工贸型的自由贸易港;鹿特丹为物流型自由贸易港。

(2)从自贸区、自由贸易港所处区位展开调研

调研人员在调研过程中发现,纽约-新泽西港、旧金山港、香港港位于世界公认的成熟的八大湾区内。

调查人员在总结东京湾、纽约湾和旧金山湾发展历程中发现:此三大湾区均依托优良的海湾资源发展成大湾区港口群、产业集群、世界金融中心、科教中心、制造业中心,均经历了港口经济、工业经济、服务经济到创新型经济四个阶段。其通用发展经验为:①大湾区环境宜人、文化包容、经济体量庞大、资源配置能力高效,成为区域乃至全国经济中心,辐射周边小城市并带动经济发展;②具有开放的经济结构、强大的集聚外溢功能、发达的海陆空交通网络和信息网络等优点;③港口及城市发展规划融入大湾区,实施"多湾区城市群战略",实现经济腾飞。

调查人员回顾我国港口产业发展情况,得到的结果为:由于改革开放,政局稳定释放出巨大的市场,加上廉价的劳动力等因素恰好承接世界产业中心东移,国民经济和社会发展总体处于快速发展时期;自加入 WTO 以来,GDP、工业增加值和进出口贸易总额稳定上升,逐渐形成了东北到西南等 10 个经济圈,其中,以北京为中心,天津、烟台和大连为核心的环渤海城市群和环渤海经济圈;以上海为中心,南京和杭州为核心的长江三角城市群和长三角经济圈;以香港为中心,广州和深圳为核心的粤港澳城市群和珠三角经济圈。中国这三

个经济圈以港口为平台,促进了物流、外贸、金融、航运、高科技、制造业和综合服务等产业发展,逐渐形成的产业集群和产业生态圈的势头尤为明显。

三大经济圈的辖区面积、人口数量、港口的货物吞吐量和集装箱吞吐量均超东京湾、纽约湾和旧金山湾,成为全球港口最密集、航运最繁忙的区域。三大经济圈港口作为物流平台,为货物进出口、贸易、区域经济和社会发展做出了巨大贡献,具备发展大湾区的潜力。世界三大湾区和我国三大经济圈的主要经济数据比较详见表6.1。

表 6.1 2018 年世界六大经济区域主要经济指标比较

区域	面积/平方千米	人口/万	集装箱吞吐量/万箱	GDP/万亿美元
东京大湾区	36 800	4 383	766	1.8
纽约大湾区	828.8	860	465	1.7
旧金山大湾区	17 955	760	227	0.8
珠三角经济圈	55 901	7 660	6 520	1.53
长三角经济圈	101 063	9 695	8 364	2.018
环渤海经济圈	140 587	7 620	4 346	0.859 2

资料来源:根据表中所列区域内的各城市 2018 年公布的统计数据整理。

(3)在港口发展模式上,各自由贸易港有独特的优势及背景,其功能的演化体现为多方向与多样化。世界各国港口管理模式大致分为三种:一是由政府机构或国有性质的企业管理的港口,即属于国有性质的企业;二是由政府机构、国有性质的企业和私人企业共同出资和管理的港口,即混合所有制,发达国家的自由贸易港均采用这一模式,即地主港模式;三是由私人企业经营的港口,在中国称为民营港口营运模式。世界自由贸易港多采用地主港营运模式。地主港营运模式是指港口国政府委托特许经营机构代表国家拥有港口或港区岸线及后方一定范围的土地、基础设施的产权,对航道维护、属地范围内的土地、岸线规划、开发和使用,港口、码头以租赁的方式租给国内外港口或航运企业经营,实行经营权和产权分离,对特许经营机构收取一定的租金以支持港口建设和滚动发展。地主港营运模式解决了因港口建设资金较大、回收期较长所带来的发展困难,是一种国际港口行业比较通行的做法。我国港口沿袭英国工业革命以来形成的以"港口+航运+国际贸易"为传统的发展模式,产权归国有;纽约-新泽西、鹿特丹、汉堡、中国香港和新加坡等港都是按地主港营运模式来管理,这种模式代表世界港口发展的方向。汉堡港在欧盟一体化后取消了自由贸易港政策,瑞士的陆港、空港自由贸易港,丹麦在欧盟数字经济和社会指数、公共管理和社会服务的数字化方面,采纳机器人和自动化技术企业予以税收优惠等政策,成为吸引外部投资的引力磁场,他们都为中国发展陆港型和空港型的自由贸易港提供借鉴,因此,这些初始调查形成的资料也为后续编码汇聚了第一手数据资料。对这些典型自由贸易港调查过程具体如下:

①西北欧典型自由贸易港发展模式

西北欧自由贸易港是汉堡、鹿特丹、安特卫普港,均实行自由贸易港政策。鹿特丹港将保税仓与保税运输系统在全国范围内连成一个整体性的保税网络,通过保税仓库和货物分拨配送中心储运或再加工,提高货物附加值。约60%的货物通过该港转运其他地区,逐渐发展成欧盟国家货物储、运、销一体化基地。欧洲也有发展到一定阶段不再实行自由贸易港政策的港口,如德国的汉堡港。汉堡港通过地主港模式推动转口贸易发展,并带动金融、保险等产业的发展,但汉堡港在欧盟一体化以后,取消了自由贸易港政策。

②北美典型自由贸易港代表是纽约-新泽西港和旧金山港

纽约港和新泽西港毗邻,是为避免两港恶性竞争而整合,采用地主港营运模式。港务局是纽约州和新泽西州共同所属的公益性政府管理部门,财务上独立核算,自负盈亏,通过收取码头租金费用盈利,负责港口规划、码头设施、填海造陆等港口航道维护和整治基础设施建设。码头建成后租赁给各个船公司经营,船公司交由专业码头营运公司进行管理。纽约-新泽西港以港口为核心,扩展整合了肯尼迪、纽瓦克、史度尔国际机场以及拉瓜迪亚、泰特波勒机场和曼哈顿直升机场,肯尼迪和纽瓦克机场轻轨干线、乔治·华盛顿大桥和呼兰克隧道等重要交通枢纽与汽车客运站等多项运输业务。旧金山港发展融进旧金山大湾区,港口主体功能转移到附近的奥克兰港,原来的港口基础设施调整为人性化亲水社区,发展集旅游、购物、休闲娱乐及餐饮为一体的港口旅游城市。

③远东自由贸易港的代表是香港和新加坡自由贸易港

香港自由贸易港发展经历了兴起、加速、深化和机遇四个阶段。由转口贸易型自由贸易港、加工贸易型自由贸易港向综合型自由贸易港和跨区域综合型自由贸易港演变;产业结构由初级商品的转口贸易以及面向出口的劳动密集型加工贸易,向以金融、国际贸易、航运物流、新技术加工制造、旅游与房地产业为主的多元经济转变,向知识密集、资本密集的金融、国际贸易、航运、旅游、科教服务为主的现代服务业转变;自由经济政策也由放任型管理向差别化、精细化管理型转变,空间结构与规模由港区型的自由贸易港向港城型自由贸易港,再到跨区域综合型的自由贸易港转变。中国香港自由贸易港发展过程如图6.3所示。

新加坡自由贸易港发展经历着兴起、加速、深化和机遇等阶段。由最初单一专业型向综合型的自由贸易港转变;港口产业结构由初级商品的转口贸易以及面向出口的劳动密集型加工贸易向金融、国际贸易、航运、旅游、新技术加工制造和科教服务为主的现代服务业转变;自由经济政策由放任型管理模式向差别化、精细化现代管理型转变;税收体制、知识产权管理,鼓励跨国企业参与合作的经济生态系统,吸引到全球科技公司进驻和开展业务;在空间结构、规模上由港区型的自由贸易港向港城型的自由贸易港,再到跨区域综合型的自由贸易港转变。新加坡自由贸易港发展过程如图6.4所示。

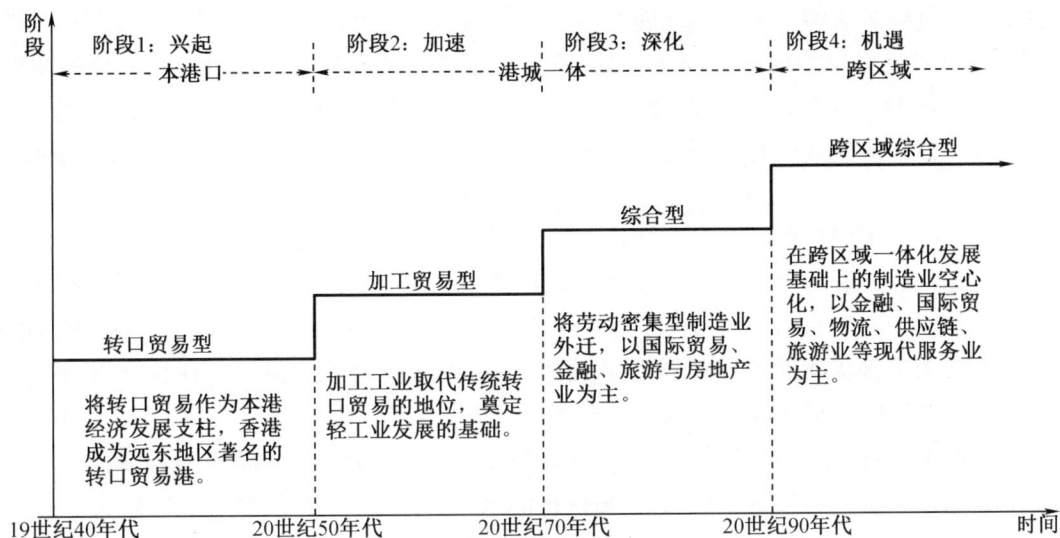

图6.3　中国香港自由贸易港发展过程

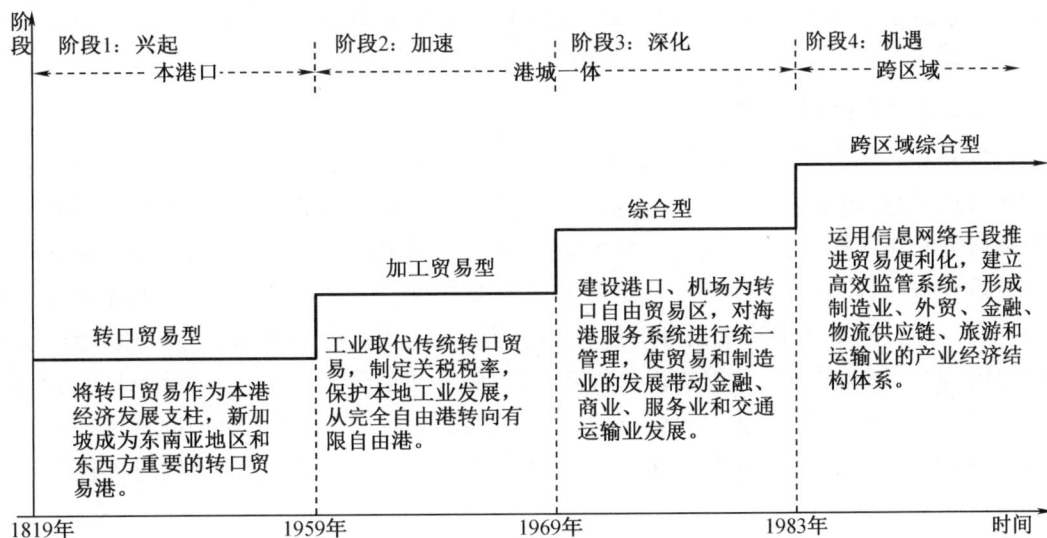

图6.4　新加坡自由贸易港发展过程

上述典型的自由贸易港在发展过程中逐步形成一套适合本港发展的政策体系,其发展经验如下:

①进驻辖区的企业享有土地使用、税赋等优惠政策,对企业注册和运营限制少,放松辖区内的仓储、物流、展销等管制,对业务范围、运营主体资格等管制相对轻松,商品可以再次加工、处理或者重新出口。②设立统一数字化信息管理平台。监管部门通过平台提取相应信息,实现质检、报关、通关一体化,货物进出辖区更加宽松,进入辖区的原材料、商品和零部件无须纳税,免除进出口配额、许可证等管制;对进出港区域的人员按照"境内关外"的原则进行管理。③实行"境内管制、境外自由"的金融制度和监管模式,积极给予外资优惠政策,扩展其海外金融业务,鼓励外资参与离岸市场交易。④外商投资项目改为备案制、安全审查制和反垄断审查制,取消持股限制、经营范围限制等准入限制措施,强化投资者资质。

⑤自由贸易港融入大湾区港口群发展。

通过对研究对象的取样与调查、初始访谈与座谈以及后续调查资料的深入分析发现，上海等自贸区港口设立时间、政策体系与典型自由贸易港均有很大不同：1995年国家开始规划建设上海国际航运中心、国际金融中心、国际物流中心，上海位于长三角，具有全球影响力的科技创新中心及新经济策源地，从本书第5章对成熟度分析的结果来看，它比其他自贸区发展得好。天津自贸区港口在渤海湾内，津冀港口一体化重新被规划，发展定位为北方国际航运中心。厦门自贸区港口位于海峡西岸的闽南三角洲内，辐射闽台，发展定位为东南国际航运中心。深圳和广州位于珠三角内，广州自贸区港口发展定位为广州国际航运中心，随着《粤港澳大湾区发展规划纲要》的实施和港珠澳大桥的通行，深圳、广州、香港和澳门成为大湾区门户枢纽港和区域重要经济增长极。海南自贸区地处南海、太平洋和印度洋航运要道上，被国家领导多次提及探索建设自由贸易港。纽约-新泽西、旧金山、汉堡、我国香港和新加坡自由贸易港有现代化、高科技的港口作为支撑系统，如自动化码头、信息网络系统、集疏运系统、现代化的管理和服务部门，港口开展转口贸易、货物中转、加工配送等业务，新加坡、我国香港更是制度完善、发展成熟的自由贸易港和国际航运中心，而上海等自贸区港口除了吞吐量比典型的自由贸易港高外，在航运服务、金融保险等方面与之存在较大差距。

6.2.2.2 理论取样与调查

根据初始调查分析，各小组在调研港口相关部门人员的配合下，通过和相关方协调链上的各节点汇总，确定接下来的取样与调查方案。从研究的有效度考虑，侧重于对调查对象整体研究和深入探索，难以做到全面和细致，因此所得到的概念、范畴及模型框架存在缺口在所难免，这时需要继续补充一些更为开放的调查，用来扩大理论取样范围并进行深度分析。可以通过网络搜索筛选出开放性的信息方式，包括宣传渠道和媒体报道、港口企业和港口国官方公布的信息，并查阅相关研究文献，弥补文献分析中现有研究针对性的不足、调研人员本身存在主观性、能力短板；在专家调查与研讨环节，及时更新反馈意见和调查记录，通过整理与分析资料形成大量第一手数据及观点，为后续比较分析和编码提供充足的基础资料。

针对典型自由贸易港发展模式调查点聚焦后调研组重新制定出调查方案，在参考前期调查分工及研究设计的基础上再次进行深入调查，根据调研的进展随时进行电话回访或视频交流，调查人员通过持续的理论取样及现场调查分析发现，自贸区建设富有成效，具体为：①截至2019年底，共设立上海等18个自贸区，各自贸区围绕国家战略，通过制度创新，以"放管服"改革为抓手，改革资本管理体制，推进贸易发展方式转变、金融领域开放创新，加快政府职能转变，健全法律保障体系。各自贸区根据自身特点和区位优势，针对性地提出了区域差异化发展任务，全国范围内形成了202项可复制推广的改革试点经验。2019年版负面清单减少到37条，使得自贸区的改革红利在全国范围内全面释放，充分发挥了"试验田"的作用，推动了区域高水平制度创新，高标准完成了复制推广工作。②发挥开放高地，引领开放型经济新体制的构建、开放制度与国际规则接轨，创新"一线放开，二线有效管住，区内自由"的监管模式，推出无纸化通关、货物分类监管的监管制度创新；自贸区通过对外商投资，实行准入前国民待遇和负面清单管理模式，开展了"证照分离"在内的上市登记制度改革,对外开放管理实行自由贸易账户,探索金融开放服务实体经济的新途径,实现"促发展+防风险"的有效结合;对标 WTO 的贸易便利措施,顺应全球经贸规则的变化,为打造法治化、国际化、便利化的营商环境,推动改革开放持续向前。③加快了高质量发展模式转型。自贸区通过"制度创新+科技创新"改变政府管理手段和改善科技发展环境,通过"产业升级+贸易升级"的前瞻布局,探索产业升级新途径和新模式,大力发展高新技术产业和高端服务业,积极推动服务贸易发展,探索服务业扩大开放和服务贸易管理的创新途径,带动产业链再造和价值链提升,助力高质量发展。④推动营商环境改善,降低市场主体的经营成本,促进各类主体公平竞争。各自贸区对照世界银行最新版《营商环境报告》显示的问题,探索改进、大胆尝试"放管服"改革,减少行政流程、缩短办事时间、优化政府服务、降低市场主体经营成本,以《优化营商环境条例》为各类市场主体投资兴业提供制度保障。在外资准入实行国民待遇,设立自贸区国际仲裁机构和相关管理制度,营造为各类市场主体有序、公平竞争的环境。

小组调查人员还发现,尽管自贸区建设成绩得以认可,但存在的问题也不容忽视,具体为:①自贸区的授权机制和容错、纠错有待完善。实行"自上而下"的改革方式和各级政府推行"自下而上"的管理体制相矛盾,导致部分措施未能及时落实,延缓了创新步伐。改革创新和法律法规相抵触,在操作中耗时长,出现相互推诿、扯皮现象,缺乏容错、纠错机制、束缚了改革的积极性和能动性。②改革力度有待加强。自贸区承载着推动我国全面深化改革和对外开放的历史使命,在建设发展过程中,存在有些地方政府缺乏大局观和服务国家战略的思维。③对标国际标准亟待提高。有些国际贸易新规则极大影响了多边经贸谈判和规则走向,影响我国未来全方位参与国际竞争。自贸区实行的开放领域、覆盖范围和内容与国际贸易新规则要求存在一定差距,需要进一步加快开放步伐。④复制推广经验缺乏政策实施环境,配套措施无法衔接,协调机制亟待完善和提高,存在同质化、低水平竞争力的观念。⑤部分自贸区在制度创新方面,改革步伐相对慢,需大胆试、大胆闯,及时纠错。上海、深圳金融市场虽比其他自贸区功能齐全,存在交易量大而不强、产品不够丰富、整体缺乏市场的话语权和定价权、国际化程度亟待进一步提高等问题,要充分发挥投融资功能作用,提升国际影响力,优化吸引金融人才、金融发展的软环境。在离岸金融方面,典型自由贸易港的发展历史、规模和业务规范比中国的自贸区港口好,如上海等自贸区港口内人员自由移动政策未放开,对离岸贸易的关税优惠政策未达完全减免,企业注册审批过程太长,产业存废变更手续复杂,金融业开放力度不够,辖区内投资领域未能完全放开,监管环境未能一体化等因素,影响了自贸区港口产业、服务和竞争力的提升。在主轴性译码及选择性译码阶段,考虑研究小组成员在知识及实践层面的局限性,不足之处另请专家援助完成。

6.2.3 比较分析与编码

编码是搜集数据和生成理论之间的关键环节,是对信息数据范畴的汇聚过程,分为开放性编码、主轴编码和选择性编码。

开放性编码是对深度访谈和聚焦会议后获取的数据进行整理与编码。整个开放性编码过程用比较分析法逐词、逐行和逐个事件进行编码。在编码过程中需要客观、准确分析材料,保持完全开放的态度,不先设编码。开放性编码是扎根理论分析的初始步骤,对原始材料进行逐字逐句的贴标签、概念化和反复比较,提出更高级别的范畴。在开放性编码过程中提取初始概念,聚类同义概念并删除无效概念,获得原生代码和部分资料编码。主轴编码是将开放性编码中获取的原生代码进行聚焦,把最重要和频繁出现的原生代码作为代码的类属,并将类属指向亚类属,并具体化其属性和维度,获得研究的主范畴。选择性编码是对主范畴之间的联系进行处理,挖掘其核心范畴,通过调查和访谈,密集地检测初始及理论取样与调查中形成的调查记录,不断将资料打散,将隐含的各种现象以新的方式重新组合并标签命名及归类,提炼自由贸易港发展的要素,并通过归类形成类属变量。调查人员每次访谈结束,对典型自由贸易港区位、政策体系、发展模式等角度形成的调查资料进行开放性译码,译码过程中由各小组分头进行编制开放性编码表,形成各自的初步编码方案。调查结束后调查人员对各小组的初始编码表进行分析汇总,通过系统的初始及理论取样、调查与编码,经过不断取样调查、层层深入分析与完善,对典型自由贸易港发展过程形成最终的调查编码如表6.2所示。

6.3 中国自由贸易港的建设内涵、动力机制和发展目标

通过对典型自由贸易港的发展历程进行归纳总结的编码,结合我国自贸区和自贸区港口发展现状概括和战略定位分析,笔者认为明确中国自由贸易港建设内涵、动力机制和发展目标很有现实意义。

6.3.1 建设内涵

中国自由贸易港建设内涵是实行高度开放的贸易制度,以发达的海港、空港、陆港和信息港为核心组成部分,通过创新制度机制,以贸易便利为抓手,使自由贸易港成为综合经济基础实力雄厚,能够集聚高能级的贸易主体、辐射能力强,要素流动通畅,具有投资贸易自由化的制度体系和国际竞争力的开放型产业体系,并融入正在规划或建设中的大湾区港口群,使自由贸易港成为港口集群内的关键核心技术的产业集群和良性发展产业生态圈样板,并以自由贸易港为联通"一带一路"沿线港口关键连接点,推进与沿线各国国际合作、协同发展,在全球贸易往来体系中起到集散中心和枢纽中心的作用,最终形成互利共赢、良性循环发展的自由贸易港口产业生态圈体系,实现互联互通的人类命运共同体。自由贸易港的良性循环发展效果图如图6.5所示。

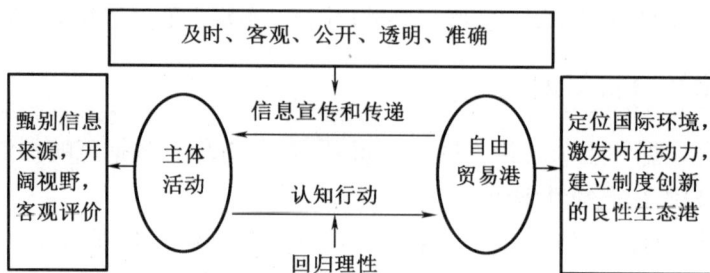

图6.5 自由贸易港的良性循环发展效果图

表6.2　典型自由贸易港的调查编码

功能设置	纽约-新泽西港	旧金山港	汉堡港	瑞士	中国香港港	新加坡港
地理位置	美国哈德逊河口	美国沙加缅度河口	德国易北河口	瑞士境内	中国珠江口北岸	马六甲海峡南侧，新加坡海峡
港口类型	海港/河港		河港	陆港/空港	海港/河港	海港
区位条件	西北大西洋主航线上	东北太平洋主航线上	北海主航线上	国境内	西北太平洋/珠江口主航线上	太平洋/印度洋的主航线上
港口条件	低碳/智慧/枢纽港/国际航运中心/金融中心/物流中心/制造业中心				低碳/智慧/枢纽港/国际航运中心/物流中心/制造业中心	国际航运中心/制造业中心
政策体系	享受关税优惠，不允许外商自由留居		豁免货物进出关税和免监管		货物进出免征税和免监管，外商可自由居留	少数指定商品免征税和免贸易管制
运输体系	水陆空/多式联运		陆/空/多式联运		水陆空/多式联运	水陆空/多式联运
管理体制	有限自由贸易港		有限自由贸易港		完全自由贸易港	有限自由贸易港
经营范围	部分自由贸易港市				自由贸易港市	
营运模式	地主港					
发展经验	监管部门通过公共数据平台提取相应信息，对进入自由港的原材料、零部件和商品免缴关税，免除进出口管制，商品在辖区可再次加工、处理或者重新出口；企业注册和运营限制少，税赋等优惠，企业有土地使用、税赋等优惠，放松仓储、物流、展销等业务范围，运营主体资格等制，贸易结算、投资、金融汇兑等自由；给外资优惠政策，鼓励外商外资参与离岸市场交易，投资项目核准制改为备案制，强化投资者资质，安全审查制度和反垄断审查制度。					

6.3.2 动力机制

港口发展阶段涉及内、外部动力机制,它们之间相互联系、互相影响,共同推动港口不断发展。

港口发展的内部动力机制主要包括运行机制、政策框架、区位优势和要素投入等。运行机制包括功能定位、运营体制与政策措施。与其他自贸园区相比,自贸区港口能最大限度地保证经济运行自由,适当对经济运行予以调控和监督,激发其动力和活力。政策框架内容是推动港口经济活力的核心驱动力,为港口成为世界级大港发挥重要的推动作用。如国家从 1995 年开始就对上海进行规划建设并将其打造为国际航运中心。港口发展的要素投入包括资本、劳动力和技术等多种要素。

港口发展的外部动力是指经济政治环境的变化,具体包括西方国家劳动密集型产业东移、中国对外开放、知识经济时代的到来,资讯科技创新推动高新科技革命等。20 世纪 70至 80 年代,西方国家受滞胀冲击,实行贸易保护主义政策。恰在此时中国实行改革开放,成立深圳等四个经济特区,自 1984 年以来,开放大连等 16 个沿海港口城市,承接发达国家投资转移的电子和玩具等劳动密集型产业,产业结构向产业集群转型,促进区域经济一体化,如珠三角地区围绕以港口为核心载体的产业发展,使"前店后厂"的空间合作,以及经济一体化得以进一步深入。

加入 WTO 以来,我国已和多个国家和地区缔结双边自由贸易协定,使进出口贸易旺盛,港口间竞争激烈。为此,2006 年,交通部规划布局了环渤海、长三角、东南沿海、珠三角和西南沿海五大港口群,形成了以大连、天津、上海、深圳、广州等 20 个主枢纽港为骨干,以地区性重要港口为补充的中小港的适当发展的分层次布局框架。

除了沿海经济特区助力改革开放和经济社会发展外,随后相继设立的国家级产业园区、科技园区、经济技术开发区、物流园、保税区、新区、保税物流园区、保税港区、综合保税区、国家级物流枢纽建设和港口发展相辅相成,促进行业快速发展和变革,逐渐形成以高科技、高端制造业为基础,金融、航运等综合服务业为主导的多元化经济结构。当前,世界经济复苏缓慢,贸易保护主义抬头,我国经过改革开放 40 多年的发展,经济规模、经济基础已经发生了深刻的变化,如人口老龄化、劳动力等人口红利消失,劳动力、要素、土地等成本上扬等问题。国家通过设立自贸区、倡导"一带一路"建设,提出探索建设自由贸易港,在自贸区内,保税物流园区实施"区港联动",享受保税区、出口加工区相关政策和港航资源。依托"区区联动"和"进区退税"等政策优势,保税物流园区与保税区两者优势互补、相辅相成,联动发展现代国际物流、国家物流枢纽、省一级的产业园区等,统筹兼顾,整合自贸区港口城市的"四港"联盟,发展多式联运和物流供应链产业、配送资源,完善水陆空综合交通运输体系,破解"前面 1 公里"和"最后 1 公里"的瓶颈,将沿海、中部和西部地区全部覆盖,形成全方位、宽领域、多渠道的开放格局。中国国家级产业园区、吞吐量亿吨港口、吞吐量千万标箱港口及自贸区发展状况如表 6.3 所示。

表 6.3　中国国家级产业园区和港口发展数据

首设时间/年	产业园区/亿吨/千万标箱港口名称	累计数
1983	上海港货物吞吐量(亿吨)	41
1984	大连经济技术开发区	219
1988	中关村科技园	168
1990	上海外高桥保税区	138
1992	上海市浦东新区	20
2003	上海外高桥保税物流园区	9
2003	上海港集装箱吞吐量(千万标箱)	8
2005	上海洋山保税港区	14
2006	苏州工业园综合保税区	52
2013	中国(上海)自由贸易试验区	18
2019	国家物流枢纽	23

资料来源:根据国家发展和改革委员会、交通运输部网站公布的数据整理。

另外,政局稳定、政策逐渐完善、人口红利的增加、港口交通便利性等因素促进了产业、经济社会的发展。港口吞吐量逐渐增加,亿吨大港从无到有,港口为适应外部环境而转型升级为国际枢纽,也吸引了更多的境内外企业进驻。中国港口发展动力机制如图 6.6 所示。

6.3.3　发展目标

自贸区经过改革试验、政府职能转变、服务业开放和外商投资管理体制改革,探索资本项目兑换和金融服务业全面开放、货物状态分类监管模式,对照《中华人民共和国外商投资法》和《中华人民共和国外商投资法实施条例》等法律法规,形成支持促进投资和创新的政策体系,推进营商环境国际化、法治化进程,推动形成全面开放新格局;需要实施促进和保护外商投资及其合法权益,规范管理外商投资,促进市场健康发展,建设投资贸易便利、监管高效便捷、货币汇兑自由、法制环境规范的区域,促使各自贸区港口产业发展稳定,形成总部经济和新型贸易业态。因此,对标中国香港、新加坡和丹麦等制度完善、发展成熟的自由贸易港政策框架,该框架包括 8 个核心方面,即政策环境、监管、税赋、法制、投资领域开放、金融开放、贸易自由化及自然人移动自由等,参考本书第 5 章表 5.4 中对上海等 10 个自贸区的自贸区港口产业生态圈成熟度评价、等级划分,以及从 5.5.4 节的结果分析来看,笔者认为中国自由贸易港发展目标如下:

(1)在制度创新方面,可以:①对标国际最高水平投资贸易规则,对自由贸易港管理制度进行创新,使行政管理和商事行为规则更独立。②通过建设自由贸易港,从单一贸易经济转为总部经济,使其成为国际金融中心、创新中心,重新分布产业链、价值链,并重构资本流动方向,通过一系列优惠政策吸引外资和外企,形成产业集群和产业生态圈。

目标定位：上海国际航运中心和金融物流中心运中心和国际物流中心
发挥功能：贸易、国际中转、金融市场逐渐放开
营运机构：国有控股、混合所有制
法律条例：宪法、海关法、进出口登记条例、海关税法
通关方式：全国通关一体化、注重事中、事后监管

不断完善
营运机制

区位市场：新中国成立之时，具有巨大的市场潜力
政策框架：计划经济、实行严格监管方式

要素投入：改革开放以来，引进先进生产技术、设备和管理方法、扩大进出口贸易、发展集装箱业务、设立经济特区、经济技术开发区、保税区、保税物流园等、建设上海国际航运中心

区位市场：国际航运重心东移，中国港口总吞吐量居全球第一。
政策框架：国家实行供给侧结构性改革、清理"僵尸企业"、推进港口区域化整合
要素投入：提振外贸、资源流向贸易、金融

政策框架：基于自由贸易区设立以来取得的成绩和存在的问题，2017年10月18日，党的十九大提出探索建设自由贸易港，在制度创新和监管创新和辖区内的自由化和便利化方面对标世界上的自由贸易港

政治环境：为打造帝国主义经济封锁和波兰禁运，和波兰成立自己的远洋运输公司；继而成立自己的远洋运输公司；开放广州、上海、青岛、天津、大连等港，积极发展外贸业务，直至设立经济特区

政治环境：加入WTO、金砖五国、APEC、OECD、成立"中国—东盟自由贸易区"美国提出"重返亚太"战略；制定TPP等

政治环境：中国倡导"一带一路"，对外投资增加；提出构建人类命运共同体
经济环境：后金融危机时代，世界经济萧条，中国经济稳定增长

政治环境："一带一路"，"中国—东盟自由贸易区"设立；美印的"印太再平衡战略"等
经济环境：世界经济一体化、知识经济、以科技创新为驱动的新经济浪潮时代的到来

内部动力

外部动力

中国自由贸易港发展过程

外贸港口（—1980.08）

报税区（2005.12—至今）

自由贸易区港口（2013.12—至今）

自由贸易港（2017.10—至今）

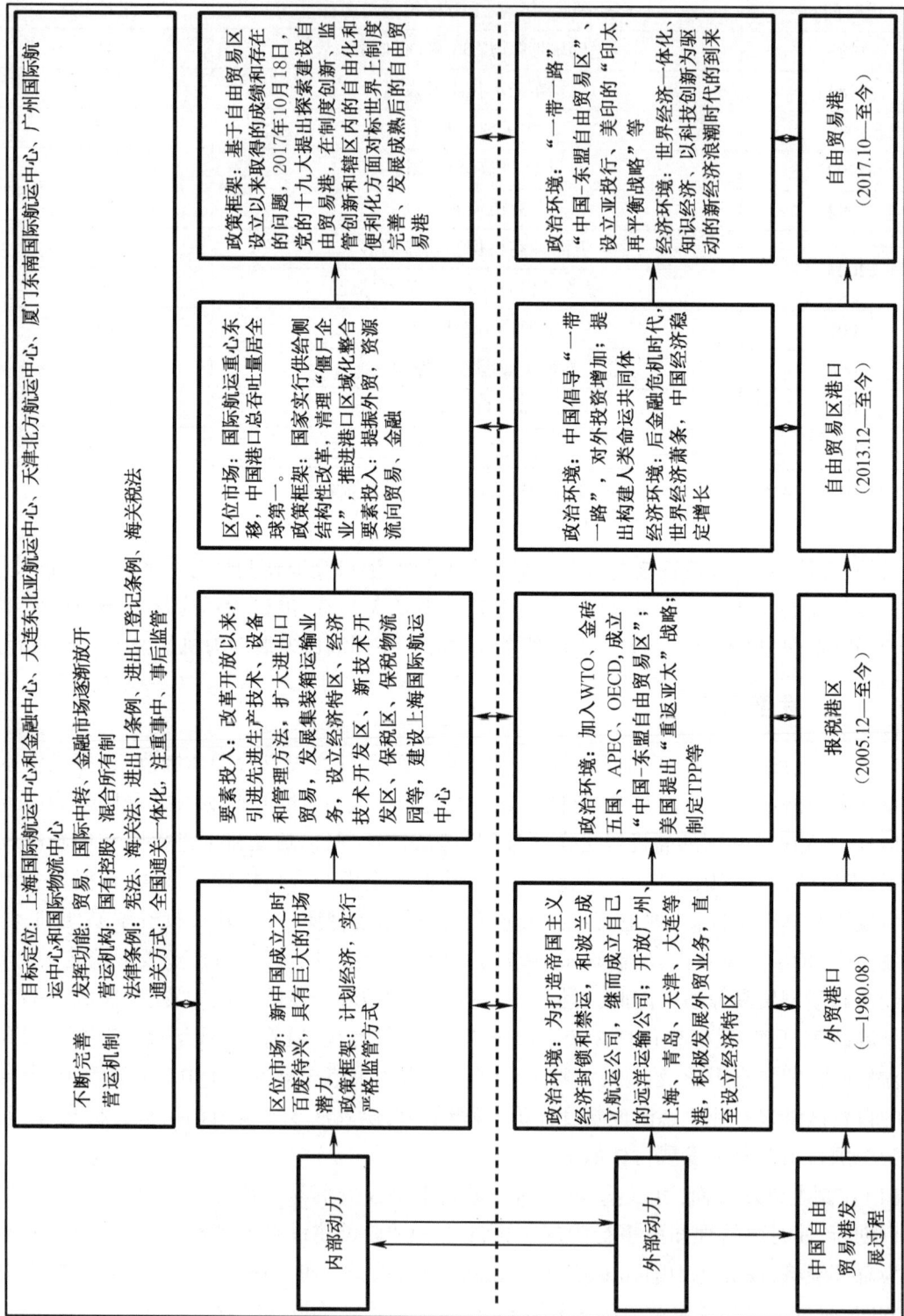

图6.6 中国港口发展动力机制

（2）在监管创新方面，可以：①在自贸区辖区内，构建整体意识强、协调性好、监管严密的综合监管机制，建立跨部门协调联动机制。②建设智慧港口城市物联网大数据管理平台，建立监管诚信档案、激励机制、预警机制、惩戒机制和淘汰机制。③实行全国检验、报关、通关一体化模式，推广减免税申请无纸化，取消减免税备案，节省通关时间。④完善启运港范围和退税政策，增加国内离境、经停港区设置，在自贸区内实行"证照分离"和"多证合一"改革。⑤开展国际监管一体化与区域合作，启动和完善"监管互认机制"。⑥实施"联合双随机"抽查监管，设立"可信身份认证服务平台"，建立进出口商品全球质量溯源体系，推动企业履行社会责任。

（3）在自由贸易港辖区内的自由和便利方面，可以：①船舶进出自由。加快国际船舶登记制度创新，逐步放开船级准入，允许设立外商独资国际船舶运输、船舶管理、国际海运货物、集装箱中转和装卸，允许外商从事国际船舶代理业务，取消外方持股比例。在船舶燃油、物料、外供等领域，允许外资和民营资本参股持股，允许经海事管理部门和引航协会审核符合资质的外资引航机构进驻港口开展业务。②货物存取自由。探索简化一线申报方式，最大程度简化甚至实现一线无条件准入，港内免审、免证，开展货物自由储存、展览、拆散、改装、重新包装、整理、加工和制造，为带动相关物流发展提供条件，实现货物的流动、转口贸易自由，促进贸易便利化。③资金流动自由。积极开放行业准入制度、扩大外资规模，提高利用外资质量，建设外资新平台，优化营商环境，保护外商投资合法权益，争取更多外资企业总部入驻自由贸易港辖区，构建由中国主导的物流链、供应链、价值链和信息链，形成面向全球的贸易、生产、投资、融资和服务网络体系；确立并完善金融监管制度，实现融资汇兑、资金进出、结算、金融服务等领域的自由活动。④人员往来自由。自由贸易港辖区内部人口和劳动力跨国流动频繁，因此在对从事商务活动的访客、游客、特殊劳工（如国际船员劳务输出）等实行自由的出入境政策。对港内跨国公司的境外员工、商务人员或文教人员，提供便携的工作签证，方便国际化人才流动。⑤航运服务自由。全球重要的自由贸易港大都是国际贸易中心与航运中心，因此，中国自由贸易港建设宜采用优惠政策以吸引相关航运企业、航运服务业入驻。积极推动船舶融资、保险、修造、燃料供应、船供、检验检疫等服务逐渐向竞争性市场转变，打造完整航运生态圈，为国际贸易打下良好基础。⑥海法选择自由。建立健全自由贸易港的法律法规制度，创新公证机构设立模式，提供公平、公开、公正的经营环境，建立虚假诉讼失信人的制度。强化海事审判理念，为从事船舶登记、海事仲裁、劳动纠纷、行业调解等海事法律业务提供强有力的保障。⑦信息交互自由。自由贸易港港口信息交互的多主体特征促使其对信息开放程度提出更高的要求。因此，在已有信息共享平台的基础上，应扩展并整合供应链各方资源，形成生产运营、电子政务、一站式通关相统一的对外互通互联的公共数据中心，提供港口物流与航运服务的整体解决方案。以多业务传送平台（MSTP）技术为支撑，构建连接港口、航运企业、货主货代、海关口岸等利益相关方的专线网络，结合自动交换光网络（ASON）技术建立多方交易与灾备系统，满足信息安全与开放自由的双重要求。⑧产业存废自由。政府围绕法治的核心职能，探索、发展新兴产业，降低产业准入门槛，对港内各企业、产业的投资、经营实行"积极不干预"方式，让市场在资源配置中起决定性作用，充分激活自由市场、参与自由竞争，实行优胜劣汰，促进物流、商贸、金融、传媒、旅游等多种产业自由发展，形成良性循环巨型产业生态圈。

6.4 中国自由贸易港发展模式探索及对策与建议

6.4.1 中国自由贸易港发展模式探索

据本章6.2.2节的调查分析可知,清朝时期广州十三行街区已有"经济特区"或"准自贸区"功能,口岸属于清政府,关税由官方征收;香港和大连则受外国殖民统治,被强行建设自由贸易港、开埠营运,中国领土上虽有自贸区、自由贸易港,但口岸无主权、关税被掠夺,直到新中国成立,港口、口岸主权才彻底回归中国政府。改革开放后中国港口发展过程如图6.7所示。

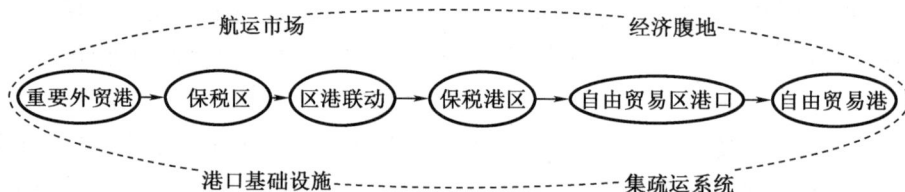

图6.7 改革开放后中国港口发展过程

参考如表6.4所示的上海等8个自贸区提出的战略定位,并参考党的十九大提出的赋予自贸区更大改革自主权,探索建设自由贸易港。根据前文的调查分析和编码结果,并结合本章6.3节的内容可知,自贸区作为我国深化改革的"新试验田"、自贸区港口作为进一步扩大对外开放的窗口和平台,笔者认为在自贸区和自贸区港口建设的基础上转型升级为自由贸易港,是符合区域协同发展、实现中华民族伟大复兴和建设贸易强国、交通强国和海洋强国的新时代需要。

表6.4 上海等8个自贸区的战略定位

自贸区	战略定位
上海	2013年9月29日设立。总体方案:坚持先行先试,以开放促改革和促发展,并率先建立符合国际化和法治化要求的跨境投资和贸易规则体系,使自贸区成为我国进一步融入经济全球化的重要载体,打造中国经济升级版,为实现中华民族伟大复兴做贡献
	2014年12月28日,扩区后方案:全面贯彻长江沿岸经济带的国家战略,在构建开放型经济新体制、探索区域经济合作新模式、建设法治化营商环境等方面率先挖掘改革潜力,破解改革难题,并积极探索外商投资准入前国民待遇加负面清单的管理模式,深化行政管理体制改革,提升事中、事后监管能力和水平

表 6.4(续)

自贸区	战略定位
上海	2019 年 8 月 8 日设立临港新片区。总体方案:对标国际一流自由贸易园区,根据需要选择国家战略需要、国际市场需求大、对外开放但其他地区尚不具备实施条件的重点领域,实施具有较强国际市场竞争力的开放政策和制度,加大开放型经济的风险压力测试,实现新片区与境外投资经营便利、货物自由进出、资金流动便利、运输高度开放、人员自由执业、信息便捷联通,打造更具有国际市场影响力和竞争力的特殊经济功能区,主动服务和融入国家重大战略,更好服务对外开放总体战略布局
天津	努力建设成为京津冀协同发展高水平对外开放平台、全国改革开放先行区和制度创新试验田、面向世界的高水平自贸区
福建	围绕立足两岸、服务全国、面向世界的战略要求,充分发挥改革先行优势,营造市场化、法治化、国际化营商环境,把自贸区建设成为改革创新试验田;充分发挥对台优势,率先推进与台湾地区投资贸易自由化进程,把自由贸易试验区建设成为深化两岸经济合作的示范区;充分发挥对外开放前沿优势,建设 21 世纪海上丝绸之路核心区,打造面向 21 世纪海上丝绸之路沿线国家和地区开放合作新高地
广东	依托港澳、服务内地、面向世界,将自贸区建设成为粤港澳深度合作示范区、21 世纪海上丝绸之路重要枢纽和全国新一轮改革开放先行地
辽宁	加快市场取向体制改革,积极推进结构调整,努力将自贸区建设成为提升东北老工业基地发展整体竞争力和对外开放格局的新引擎
浙江	建设成为东部地区重要海上开放门户示范区、国际大宗商品贸易自由化先导区和具有国际影响力的资源配置基地
重庆	全面落实党中央、国务院关于发挥重庆战略支撑点和连接点的重要作用,加大西部地区门户城市开放力度的要求,努力将自贸区建设成为"一带一路"和长江经济带互联互通重要枢纽、西部大开发战略的重要支撑点
海南	发挥海南岛全岛试点的整体优势,紧密围绕建设全面深化改革开放试验区、国家生态文明试验区、国际旅游消费中心和国家重大战略保障区,实行更加积极主动的开放战略,加快构建开放型经济新体制,推动形成全面开放新格局,把海南打造成我国面向太平洋和印度洋的重要对外开放门户

资料来源:根据国家批准各自贸区的总体方案摘选。

根据表 6.2 对中国香港、新加坡等典型自由贸易港的调查编码,结合表 6.4 中上海等 8 个自贸区的战略定位,笔者认为中国自由贸易港是由海港、空港、陆港(无水港、公路港、铁路港)、信息港、产业园区、集疏运体系和信息技术网络组成的低碳、绿色增长生态型自由贸易港,如图 6.8 所示。

从我国设立自贸区承载国家发展战略和实现中华民族伟大复兴的时代使命来看,中国建设的自由贸易港实行高度开放的贸易政策,发达的陆港、海港、空港和信息港,具有运行机制规范、综合经济基础实力雄厚、高能级贸易主体集聚、贸易辐射能力强、要素流动通畅的特点,成为面向太平洋和印度洋的重要开放门户,在全球贸易往来体系中起到集散和枢

纽中心的作用。基于此,笔者认为中国自由贸易港实行有限自由贸易港的自由贸易港市发展模式,可从以下三方面实现:

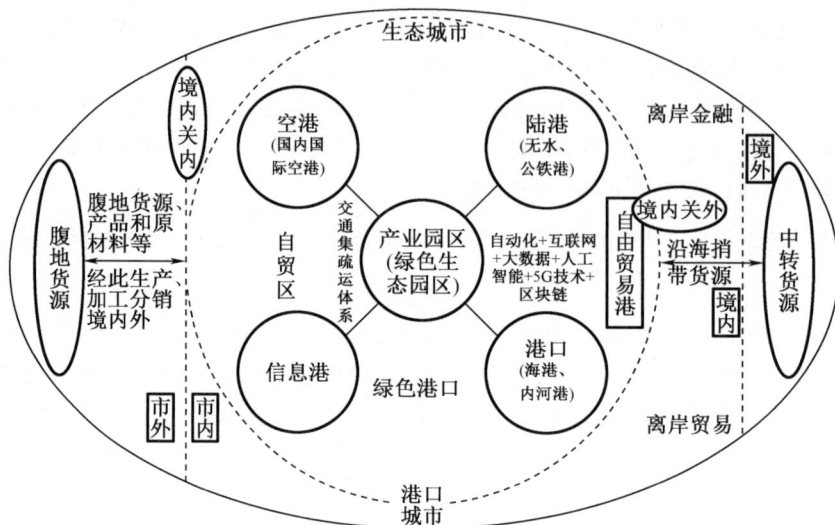

图 6.8　中国自由贸易港的概念图

(1)制度创新方面。①港口股权实行混合所有制的地主港营运模式,行政管理和商事行为规则独立,制定高水平投资贸易规则、优惠政策,吸引外资和外企进驻。②把自由贸易港发展成为资源配置型国际航运中心、国际金融中心和国际物流中心,从单一贸易经济转为总部经济,重新分布产业链、价值链,重构资本流动方向。

(2)监管创新方面。①构建整体意识强、协调性好、监管安全高效、综合监管和跨部门协调联动机制,建立用户诚信档案、激励机制、预警机制、惩戒机制和淘汰机制,推行跨国区域合作和互认机制。②建设港口大数据管理平台,开通客户业务网上申请,取消减免税备案,实行退税、"证照分离"和"多证合一"政策,开展监管一体化。③用智能化手段打通现场监管"最后 1 公里",积极探索新技术,运用"无人机+监管"、大数据分析等互联网思维创新监管模式,有效构建起以海关实地巡查为主体,以无人机配合的陆、海、空三维立体监管模式,提升海关实际监管效能。④运用"无人机+巡逻"模式进行特殊区域监管和安全巡查,打通综保区转型升级的"最后 1 公里"瓶颈。⑤在海关特殊监管区域,实现人员通道二维码管理,建立起红外报警装置和视频监控报警联动机制,全面提升风险防范能力和监管力度。⑥运用"无人机+检验检疫"工作新模式,实现"边检验、边输入、边计算"的监管模式,提高效率、降低监测费用,也减少商品接受监管等候的时间和成本。⑦建立进出口商品全球质量溯源体系,推动企业履行责任,扩大启运港范围,增加国内离境、经停港设置,服务港航业,促进经贸发展。

(3)贸易自由化和便利化方面,实现船舶进出、货物存取、资金流动、人员往来、海事综合服务、海事海商法选择、信息交互、产业存废等八大自由。

(4)在港口资源整合方面,借鉴国外大湾区和粤港澳大湾区发展经验,规划建设环渤海、长三角大湾区,形成国内三大湾区港口群和产业集群融合的大湾区港口产业生态圈。

中国大湾区港口产业生态圈的发展概念图如图6.9所示。

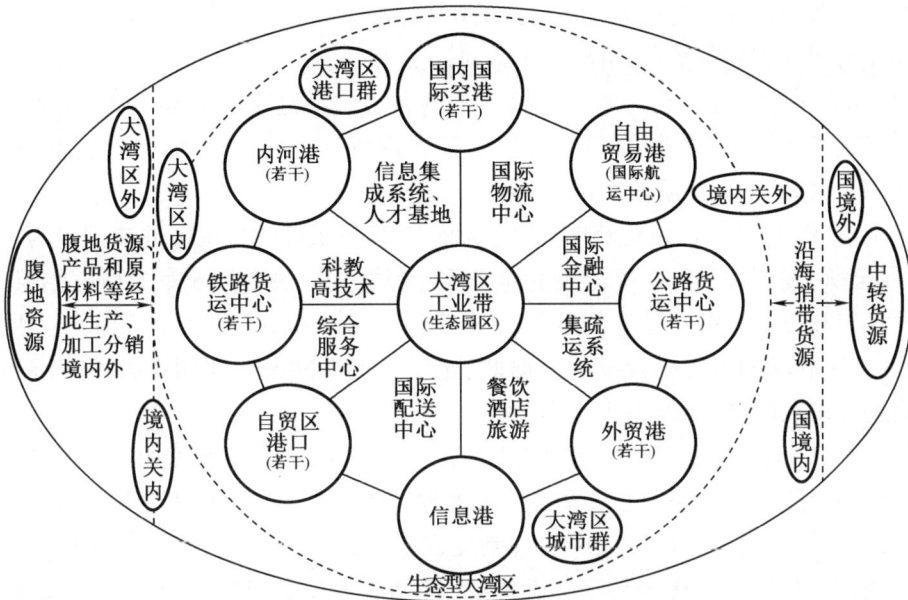

图6.9 中国大湾区港口产业生态圈的发展概念图

通过建设自由贸易港,促进区域深化改革和进一步扩大对外开放,具体措施为:

(1)扩大市场开放。①我国人口众多,国内市场规模、潜力巨大,要不断增强国内消费对经济发展的基础性作用,建设活跃的国内市场,为经济发展提供支撑,为世界经济增长扩大空间。②重视进口,进一步降低关税和制度性成本,培育一批进口贸易促进创新示范区,扩大对各国高质量产品和服务的进口。③推动进口和出口、货物贸易和服务贸易、双边贸易和双向投资、贸易和产业的协调发展,促进国际国内要素有序自由流动、资源高效配置和市场深度融合。

(2)完善开放格局。①实行全方位、全领域开放新格局,鼓励大胆试、大胆闯,建设自贸区、自由贸易港,打造开放新高地。②推动京津冀一体化协同发展、长江经济带发展、长江三角洲区域一体化和粤港澳大湾区建设的规划纲要,制定黄河流域生态保护和高质量发展新的国家战略,增强开放联动效应,规划发展环渤海、长三角大湾区、大湾区港口群、大湾区产业集群,形成以自由贸易港为核心的大湾区港口产业生态圈。

(3)优化营商环境。①加快经济发展制度改革,为国家高水平开放、高质量发展提供制度保障。②完善市场化、法治化、国际化的营商环境,放宽外资市场准入,减少负面清单,完善投资促进和保护、信息报告等制度。③营造尊重知识价值的环境,完善知识产权保护法律体系,强化执法,增强知识产权、民事和刑事司法保护力度。

(4)深化多边、双边合作。①支持对WTO的改革,使其发挥更大作用,增强多边贸易体制的权威性和有效性。②和更多国家签订自由贸易协定,积极参与联合国、二十国集团(G20)、亚太经合组织(APEC)、金砖五国(BRICS)等的合作,推动经济全球化向前发展。

6.4.2 对策与建议

根据上文对中国自由贸易港发展模式的探索,结合本书第 5 章对自贸区港口产业生态圈成熟度评价和等级划分结果,给出的对策建议如下。

(1)中国自由贸易港实行有限自由贸易港的自由贸易港市的发展模式,完善集疏运体系和开展多式联运体系,提升航运服务能力,把自由贸易港发展成为区域价值链的核心节点和交易平台,分以下三个阶段实施。

第一阶段,将 1~3 个区位优势明显、辐射面广、具备条件的自贸区港口升级为自由贸易港,引入混合所有制股权形式,推行地主港营运管理模式。根据第 5 章的研究结果,鉴于深圳自贸区港口和香港自由贸易港的区位毗邻、产业具有高度互补性,且具有很大的合作空间,可开展港深联动的深度融合发展。据此,建议将上海和海口这两个自贸区港口作为自由贸易港进行重点建设,原因如下:

①上海港自 1995 年国家规划建设成上海国际航运中心、国际金融中心、国际物流中心、具有全球影响力的科技创新中心及新经济策源地以来,设立自贸区时即把洋山港区纳入自贸区港口,发展智能港区。自贸区内通过制度创新实行负面清单、创新制度和营商环境优化,建立“四港”联盟,吸引越来越多的客户、投资创业者和全球知名企业进驻,协同长三角其他城市发展港口群和产业集群,形成长三角区域一体化发展,在区域发展、国家顶层设计和成熟评价方面都是建设自由贸易港的首选。

②海南地处南海、太平洋和印度洋航运要道上,1988 年成立海南省就设立全省经济特区,后续发展生态旅游岛,自 2018 年成立自贸区以来,被国家领导多次提及探索建设自由贸易港。尽管海口自贸区港口产业生态圈成熟度评价等级最低,但通过借鉴香港和深圳建港和发展经验,并在国家顶层设计和统筹发展的指导下,可以采取的举措有:集中优势资源,包括政策扶持、中央调派全国财经、管理人才协助发展,还可以推进“证照分离”商事制度、市场准入负面清单等各项具体政策;转变政府职能、优化营商环境,突破现有法律法规和体制机制中的许多制约;建立省委领导自贸区、片区由本级党委、政府领导的机制,利于诉求发掘、问题破解和宣传推广等;结合生态岛、低税率和区位优势,发展服务贸易,提升国际化水平;推进建设琼州海峡的粤海公路铁路通道,完善海南综合交通运输体系,助力海南自由贸易港发展;通过市场化方式设立专业人才培养专项基金,吸引社会资金作为有限合伙人参与自由贸易港建设,并对人口实行零增长调控政策,未雨绸缪为老龄化社会做准备,并通过复制和推广其他自贸区的成功经验,完全有能力建设好海南自由贸易港。

上述两港,可从以下方面推进航运中心功能区建设:①深化自贸区改革,推动港口、航运发展制度创新;②聚焦国家战略,精准招商形成总部经济,加快港口、航运要素资源集聚;③借鉴制度完善、发展成熟的自由贸易港发展经验,对标世界上最高标准水平,持续优化城市、港口尤其是航运营商环境;④加强相关行业和国际合作,提升港口对航运的虹吸能力、航运辐射能力;⑤优化枢纽港的集疏运交通体系,出台具有国际市场竞争力的开放型港口、航运政策体系,实施高度开放的国际航运管理和船舶登记制度,使得上海自由贸易港服务长三角区域一体化发展规划、海口自由贸易港服务南海自贸区和亚太航运要道来往船只的开放格局。

第二阶段,将具有发展潜力的自贸区港口作为"准自由贸易港"(即开放力度比自贸区港口大,贸易自由化、便利化政策比自由贸易港弱,介于自贸区港口和自由贸易港之间)建设。据此建议将深圳、广州、天津、大连和厦门这5个自贸区港口作为"准自由贸易港"建设,原因为:①根据《粤港澳大湾区发展规划纲要》,规划广州、深圳、香港、澳门为大湾区门户枢纽和区域经济增长极。深圳自贸区港口毗邻香港,港口、航运业务上通过港深一体化合作,避免近距离同质化竞争,整合惠州、东莞等港口资源,科学规划功能港区,增加港口体量和货源进出。②广州港是华南千年商埠,广州有着历史悠久的从商环境,每年春秋季举办的"广交会"已成为一张知名商业名牌。设立广州南沙自贸区以来,南沙自贸港区智能化、产业集聚方面发展迅猛,南沙自贸区片区和南沙港区未来发展被定位为广州自由贸易港、国际航运中心。③天津自贸区港口和大连自贸区港口同在渤海湾内,"三北"海上门户,津冀港口一体化重新进行规划,赋予天津港集团港区统一管理权限,完善港口管理体系,发展定位为北方国际航运中心。④大连自贸区港口在环渤海东北出口边沿,建设中的东北亚航运中心,服务华北、东北亚,和招商局集团注资整合营口港,未来规划发展融入环渤海大湾区。⑤厦门自贸区港口服务闽台,辐射西北太平洋,发展定位为东南国际航运中心,可以通过制度创新和优化营商环境吸引各类企业总部进驻,对航空租赁、生态旅游和国际邮轮母港方面进行重点建设。

第三阶段,除了对将相对薄弱的自贸区港口复制和推广其他自贸区港口的成功经验外,还借鉴国外典型自由贸易港的经验进行发展和充实,使之尽快上升到"准自由贸易港"的层次规划。据此建议珠海、重庆和舟山以自贸区港口规划发展。①珠海自贸区港口主要发展旅游、休闲健康、商务、航展文化科教和高技术产业,对接粤港澳区域性商务服务。②重庆自贸区港口继续建设法治化、国际化、便利化营商环境,促进外贸发展,推动产业转型升级,扩大投资、金融等领域的开放和创新,推动长江经济带和成渝城市群协同发展,促进区域产业转型升级,以中欧国际铁路联运通道为重点,探索建立"一带一路"政策支持体系,完善集疏运体系,构建覆盖全球主要经济体交通网络,服务运输经济发展。③舟山自贸区推行舟山和宁波共同探索建设自由贸易园区、自贸区港口,借鉴"纽约-新泽西"模式,将推进两市一体化建设作为中国与中东欧国家交流合作的重要平台,再和上海洋山港协同发展,服务长三角一体化。

(2)制度创新方面,完善自由贸易港法规,优化行政管理职能与流程,营造法制化、国际化、公平开放的营商环境,构建开放型经济体制,取消国际航运及其相关辅助业的外资股比限制,放宽外资市场准入,加快金融开放创新,提升贸易便利化水平,创新贸易综合监管模式,推动贸易转型升级。利用资本市场形成定价机制,健全现代企业管理制度,吸引物流、资金流、信息流和人才的集聚。具体内容如下:①完善定测设计,赋予自贸区更大的改革自主权。完善国家各部委对自贸区建设的协同支持制度,明确各联席会议成员单位在自贸区中的主要职责和工作重点,对重大敏感事件尽快出台支持性文件和实施细则;和现行法律规则有冲突的尽快调整,逐步推进构建自贸区法律体系,将容错纠错和激励机制纳入法治当中,充分发挥和保障对我国自贸区的改革引领功能。②提高实验水平,推动高质量发展。紧扣制度创新,以自贸区为抓手和突破口,深入推进改革。围绕区域产业发展诉求,提高试验任务的系统化和集成化水平,通过转变政府职能,划清政府和市场界限,按经济发展规律进行权力配置改革。加强与地方部门沟通,促进政-企、企-企之间有效沟通和协同创新,推动各级政府部门参与自贸区制度创新,构建有序管理机制和营运体制,在自贸区内形成科学有效、统筹有力、运转协调的管理模式。③注重总结提升,发挥自贸区示范带头作用。持续推出创新举措,加强部委改革政策、措施的系统集成,争取更多经验和制度创新成果复制推广,充分体现自贸区"试验田"的示范作用。④加强事中、事后监管制度,增强风险防范意识和应对能力。⑤推进监管部门间的信息共享机制建设,建立信息系统平台,联通海关、工商、金融、税务、综合监管等部门信息共享和互通,建立失信企业或个人的约束和惩戒法律规则,发挥媒体舆论监督作用,对失信行为予以曝光和惩戒。

(3)创新金融改革,争取更有力的开放举措,探索跨境金融资金自由收付,协调区域监管政策,提升区域金融政策、金融服务标准和服务水平,加强金融监管保障。自贸区出台地方金融条例,完善金融活动监管制度,赋予金融监管部门执法权和检察权,并加大违规惩处力度。①利用人民币在岸、离岸业务中心服务的优势,突出人民币国际化功能,立足亚太、辐射全球,助力自由贸易港成为生态港,实现绿色增长。②建立支持离岸金融、离岸贸易、互联网金融交易平台和管理的机制。③运用高科技手段提升金融服务水平和监管能力,建立高效的管理体制,支持实体经济发展,落实金融防范风险。

(4)加快区块链技术的集成应用对新的技术革新和产业变革的推动作用,促进区块链与经济社会的融合发展。具体措施为:①加强区块链相关人才队伍建设,完善区块链人才培养体系和高层次人才培养,强化基础研究和原始创新能力,让该领域走在理论最前沿和创新制高点,并取得产业新优势。②推动"政-产-学-研"协同攻关和研发投入,推进区块链核心技术的自主创新,突破安全可控技术。③加强区块链标准化研究,提升国际话语权和规则制定权,推动在人工智能、大数据、物联网等前沿信息技术的集成创新、深度融合和推广应用,形成"区块链+产业"生态圈。④利用区块链技术融合、功能拓展和产业细分,促进数据共享、降本增效、优化业务流程、诚信体系建设等方面的引领作用,发挥市场资源有效配置,加快产业发展和转型升级。⑤推动区块链和自由贸易港内实体经济深度融合,解决企业借贷融资、银行风险控制和部门监管存在的难题。⑥探索区块链技术的数字经济模式创新,提供便捷高效、公平竞争、稳定透明的营商环境,为推进港口供给侧结构性改革、实现产业供需有效对接提供服务,推动经济高质量发展。⑦探索建设"区块链+港口+航运"相结合的智慧型自由贸易港产业生态圈,推广到信息基础设施、国际贸易、智慧交通等领域使用,提升城市管理的智能化、精准化水平,促进港口城市间在信息、资金、征信等方面的互联互通,保障生产要素有序、高效流动。⑧利用区块链数据共享模式,实现政务数据跨部门、跨区域的维护和利用,促进业务协同办理,服务贸易自由化、便利化。⑨加强对区块链技术的引导和规范、安全风险的研究和分析,建立相应的安全保障体系,推动区块链技术安全有序发展和提升政府管理能力,建设网络强国,助力经济社会发展。⑩成立电子口岸,服务政府、企业和客户的区块链联盟,开展"区块链+"业务。在国际贸易服务的单一窗口开展"区块链+跨境人民币贸易融资""区块链+国际医药供应链信息""区块链+租赁""区块链+保税展示展销智慧监管"和"区块链+中小企业应用服务市场"等服务。

(5)在互联互通方面,成立海港、陆港、空港和信息港"四港"联盟。①全面推进"四港"联动发展,使各种运输方式的比较优势和组合效益得以发挥;建成综合交通"数字枢纽"及网络布局,实现区域综合交通体系优化、物流成本降低、运输增效。②依托大数据、云计算、人工智能等新技术,统筹运用到交通运输资源交互发展上,提供最贴合货主经济和时效需求的最优方案,协调海港、公路交通、机场、铁路、物流、电子口岸、综合交通大数据中心,打通不同运输方式间的壁垒,协商解决联动市场运营中的突出问题,推动成员间的互利合作,面向市场需求提供运输全过程物流解决方案。③充分发挥"政府-企业""企业-企业"之间的桥梁纽带作用,促成成员之间的跨界运输方式、跨行政区域、跨运营主体合作,大规模、成体系地谋划与发展,推动联盟成员在通道开辟、货源组织、运力调配、信息共享等方面的务实合作,实现互利共赢。④推动联运枢纽互联互通,建设联运业务相融合的信息化综合服务平台,实现物流链业务全程可视化、智能服务平台的"仓储-运输-配送"一体化能力优势,破除陆-海-铁联运"前面1公里"和"最后1公里"的瓶颈问题。⑤探索建设与"一带一路"沿线国家和地区的自贸区港口或自由贸易港之间实行"四港"联盟的互联互通机制,落实港口单证审核和通关互认、航线和货源信息共享等,巩固港口的价值链地位。

(6)以建设自由贸易港为契机,探索建设自由贸易港市的智慧社会,所形成的经验以点带面逐渐推广到非自贸区、自由贸易港和内陆一般城市。①扩大开放合作,推动共建网络共享互通,通过共建智慧社会和共享智慧成果,推动全球互联网和数字经济发展。②健全法治体系,完善法治环境,构建全球网络空间命运共同体、利益共同体、责任共同体,建议各国增强责任和深化国际务实合作,推进智慧社会建设规范化、科学化、法治化。③聚焦人文关怀,培育智慧伦理,以信息化推动社会治理体系和治理模式,推动人类社会可持续发展。④实施创新驱动发展战略,加强在数字经济、人工智能、纳米科技、量子计算机等前沿领域的攻关,推动大数据、云计算、智慧城市建设。⑤探索"互联网+""区块链+"和"5G+"技术的服务功能拓展,谋划布局6G技术,提升服务智慧社会建设的能力和水平,加强与各国的智慧社会建设经验的交流与互鉴,为人类社会的可持续发展、构建人类命运共同体出谋献策。

(7)将自由贸易港建设和产业发展融入大湾区港口群、产业集群和产业生态圈。实现此目标可以通过:①借鉴东京大湾区、纽约大湾区、旧金山大湾区发展经验,深化区域港口改革,通过国家层面的顶层设计,把长三角、环渤海经济圈内的港口资源整合和优化配置,规划发展长三角、环渤海大湾区港口群,形成产业集群和产业生态圈的世界级大湾区。②优化港口资源配置,建设国际枢纽港乃至国际航运中心,构建21世纪海上丝绸之路港口链原点,利用港航企业联手布局全球港口网络资源,扩大航务服务对外开放,拓展高端航运服务,打造国际船舶管理中心、国际代理中心。③推动岸线资源利用规划及游艇产业发展研究,发展游艇基地及交易中心,加快邮轮母港建设,建立国际海员外派基地。③充分利用以物联网、区块链、大数据、人工智能、互联网为代表的现代信息技术,推动智慧自由贸易港和大湾区港口群建设,吸引更多外资和企业入驻,形成总部经济,建设高信任度和高智能的控制监管平台,加大对大数据的挖掘和利用,通过数字化创新来满足企业需求。④在大湾区内高起点举办高校、研究院,通过创办或与国内外知名教育机构联办分校、培训机构,形成科教中心,助力大湾区发展和区域经济腾飞。⑤建立专门的创新管理部门,协调监督创新实体、资源落实,通过专利质量评估鼓励年轻科学家,支持人才发展,鼓励将想法转化成初创企业,鼓励企业和政府沟通,为投资科研创新项目提供更多资金。⑥到2050年,经规划建设的粤港澳、长三角和环渤海三大湾区将逐渐形成世界级的大湾区、大湾区港口群、国际邮轮母港,汇集航运、金融、科技、教育、制造业、跨境电商等产业集群的产业生态圈。

(8)利用智能城市的理念发展粤港澳、长三角、环渤海大湾区港口城市群,利用大湾区的地理位置和区域优势,在公、铁、海、空交通等进行资源整合,提升效率和节约能源,发展湾区产业、力争实现绿色生态区的发展目标。①在区港联动方面,探索粤港澳大湾区港口与广西港口全面对接、交通企业重组等,与大湾区港口群对接合作,提升运营管理水平;加快西部陆海新通道建设,分工协作、协同发展,统筹港口规划和港航资源配置;连接东盟国家和我国西南沿海地区的陆海双向通道,全面打造扩展版的粤港澳大湾区现代化智慧物流、港口群和产业集群。②通过规划建设长三角大湾区,配合“一带一路”、长三角区域一体化发展和长江沿岸经济带国家级战略,将产业链延伸到苏浙皖城市群,形成长三角大湾区港口群、产业集群和产业生态圈,优化区域产业布局和互认体制机制,加快区域互联互通和协同发展,建设具有全球影响力的世界级城市群。③通过规划建设环渤海大湾区,配合“一带一路”、京津冀协同发展国家级战略,利用建设津冀自贸区、雄安新区的区位优势和发展定位,完善津冀港口规划布局和生态环境保护,实现区域经济绿色发展。到2035年,使全国主要港口达到世界一流水平,引领港口绿色、智慧发展。

(9)推进与“一带一路”沿线国家和地区的港口合作,秉持共商、共建、共享的基本原则,优化对外投资结构,培育贸易新业态和新模式,促进港口产业生态圈的发展、成熟和区域业务增长,努力实现高标准、惠民、绿色可持续发展的目标,推动与共建“一带一路”沿线各国的经济和社会高质量发展。①在通关方面,对重要的经贸合作国家(或地区)的企业信誉状况、守法程度和安全水平较高的企业实施认证,相互给予对方经认可的经营者(authorized economic operator,AEO)互认的优惠措施,提升客户跨境通关效率,在压缩通关时间和降本增效上发力,继续全力推进与其他国家海关AEO互认磋商机制,为进出口企业创造安全便利的贸易环境。②在贸易和投资自由化、便利化方面,把自由贸易港建成国际航运中心和创新高地,使之成为创新、金融、贸易和先进制造业中心。③充分发挥自由贸易港的临港产业优势,发展绿色港口产业、现代化海洋产业和高科技先进制造业,建设有国际影响力的粮食、矿石、大宗散杂货、原油等商品交易市场,掌握市场定价权,把中国发展成贸易强国、交通强国和海洋强国。

6.5 本章小结

本章围绕中国自由贸易港的发展模式展开研究,用扎根理论法对上海等自贸区港口和典型自由贸易港进行系统的调查、设计和实施,对丰富的资料及数据进行提炼和筛选,得出典型自由贸易港发展过程的信息编码,并和自贸区港口现状进行对比分析,从国家未来发展需要提出中国自由贸易港发展模式,并给出对策与建议。主要研究结论如下:

(1)给出了中国自由贸易港发展模式和实施步骤,配套完善监管和经济制度,营造与国际接轨的法治化、国际化的营商环境。

(2)根据自由贸易港的区位条件等,整合区域港口资源和临港工业布局,发展大湾区港口群和临港工业带,形成以自由贸易港为核心的世界先进制造业中心、全球航运业创新高地、国际航运中心、国际金融中心和国际贸易中心。

(3)推进中国自由贸易港与"一带一路"沿线港口国际合作、互利共赢,推动港航业更高水平的开放和高质量发展,把中国建设为贸易强国、交通强国和海洋强国。

本章是在第5章对自贸区港口产业生态圈成熟度进行定量分析的基础上,利用扎根理论法定性分析了我国自贸区港口转型升级自由贸易港及其发展模式。而制度完善的自由贸易港成为世界经济增长的引擎,我国自由贸易港产业生态圈健康发展将被学界和政府决策者所关注,因此,未来可以对自由贸易港产业生态圈的健康度进行评价和预测等相关研究。

7 结论与展望

7.1 结　　论

本章对中国自贸区港口产业生态圈演化机理及成熟度评价研究是在国内外学者研究的基础上,结合各自贸区港口的实证数据,利用 IDCQGA 优化 BP 神经网络,经优化的 BP 神经网络与传统 DEMATEL 结合,组成改进 BP-DEMATEL 模型,分析了影响自贸区港口产业生态圈的关键因素。利用 SDM 对自贸区港口产业生态圈发展演化机理进行建模和仿真分析。引入区域差异系数概念,通过借鉴软件生产能力成熟度理论和三级模糊综合评判,构建评价了自贸区港口产业生态圈成熟度的模型。运用扎根理论研究方法,通过借鉴和分析典型自由贸易港的发展经验进行系统的调查、设计和实施,获取丰富的资料及数据,进行持续的开放性译码、主轴性译码与选择性译码,提炼出典型自由贸易港发展过程的信息编码,与自贸区港口现状进行对比、分析,进而提出了中国自由贸易港发展模式,并给出对策与建议。通过研究,拓展了自由贸易港的相关理论及管理策略,探讨了扎根理论在港口规划与管理中的具体运用。本章的研究是为我国自贸区港口产业发展提供了理论参考与实例分析依据。

7.1.1 自贸区港口产业生态圈因素识别的结论

本部分内容主要在本书的第 3 章展开研究,得到的主要研究结果与结论如下:

1. 丰富了影响因素研究的理论和方法

本部分将决策试验与评价实验室方法(DEMATEL)应用到我国的自贸区港口产业生态圈关键因素识别研究中,为了得到理想的结果,通过对传统 DEMATEL 方法进行改进,即使用 IDCQGA 优化 BP 神经网络作为基本算法,再用优化后的 BP 神经网络与传统 DEMATEL 结合,提出了改进 BP-DEMATEL 方法,解决了传统 DEMATEL 仅通过聘请专家对影响因素打分或调查问卷的形式构建直接关联矩阵的不足。改进 BP-DEMATEL 方法是利用改进 BP 神经网络用 MATLAB 软件训练经设定的目标指标和影响因素指标,计算得到这两种指标的权值,再用此权值构建指标间的直接关联矩阵。本章提出的方法能很好地分析出自贸区港口产业生态圈成熟度影响因素指标之间的关系,可以从中提取出原因型指标,从而为自贸区港口产业生态圈系统研究构建提供理论支撑。改进 BP-DEMATEL 方法丰富了关于影响因素理论研究和方法应用,为有效地提取我国自贸区港口产业生态圈根本型影响因素提供可能。

2.识别了影响自贸区港口产业生态圈的关键因素

将改进 BP-DEMATEL 方法使用到自贸区港口产业生态圈关键因素识别的结果可知，影响自贸区港口产业生态圈的原因型的影响因素为自贸区生产总值(GDP)、进出口贸易总额、外商直接投资额、工业增加值、固定资产投资额、港口货物吞吐量、港口集装箱吞吐量、港口旅客吞吐量、出口货物平均通关时间、累计改革创新成果和改革创新成果全国推广数等 11 个指标。而对自贸区港口产业生态圈影响最大的 5 个因素是自贸区 GDP、工业增加值、新增注册企业数、港口吞吐量和监管金融机构及企业数，区域发展、港口因素和支撑产业中的指标主要是影响自贸区港口产业生态圈原因型的指标，改革成效、社会效益和环境影响是结果型的影响指标，区域发展、改革成效和支撑产业一起构成了驱动自贸区港口产业生态圈发展的源动力。

7.1.2　自贸区港口产业生态圈演化研究的结论

本部分内容主要放在本书第 4 章展开研究，得到的主要研究结果与结论如下：

1.丰富了针对自贸区港口产业生态圈演化机理研究的理论与方法

利用系统动力学(SD)的理论和方法，借用 Vensim 软件建立 SDM，研究自贸区港口产业生态圈演化机理，并对港口吞吐量、工业增加值、监管金融机构及企业数和累计改革创新成果 4 个重要影响因素进行仿真分析。本章研究填补了如下空白：现有很多相关研究主要是对港口可持续发展和港口发展等的影响因素进行识别，而不是针对自贸区港口产业生态圈发展的动态演化机理进行研究。运用 SD 的理论和方法，从自贸区港口产业生态圈系统特征、系统模型边界和系统影响因素的因果关系出发，建立自贸区港口产业生态圈发展演化的 SDM，剖析了自贸区港口产业生态圈系统多重反馈机理和各子系统相互作用过程。

在运用系统动力学研究自贸区港口产业生态圈发展演化机理时，本研究创新性地将自贸区港口产业生态圈看成一个封闭的反馈系统闭环，以自贸区 GDP、工业增加值、新增注册企业数、固定资产投资、港口吞吐量和监管金融机构及企业数为系统的起点，系统的最终产出是自贸区港口产业生态圈对区域发展所贡献的 GDP。这种系统论的思想能够为本章研究更好地分析自贸区港口产业生态圈发展的动态演化机理，最终的研究结果也验证了这一点。

2.为自贸区港口产业生态圈成熟度评价提供参考

本研究可以为自贸区港口产业生态圈发展提供参考。根据演化和对重要影响因素仿真分析的结果，影响自贸区港口产业生态圈发展最重要的因素为港口吞吐量(港口货物吞吐量、港口集装箱吞吐量和港口旅客吞吐量)、工业增加值和改革创新成果。若要实现自贸区港口产业生态圈的绿色增长，可从工业增加值、累计改革创新成果、监管金融机构及企业数和港口吞吐量四方面着手。

(1)自贸区港口产业生态圈的发展、壮大、成熟离不开自贸区内产业的发展。得到的结论为：①提高政府服务能力、减少行政审批流程和时限，通过制定法律、法规和制度创新优化营商环境，吸引企业落户自贸区内，完善港口的硬件基础设施和软件管理系统，提升现代化港口企业的营运管理和综合服务能力，吸引辖区内企业、腹地的进出口贸易、物流、原材料、产成品从本港进出。②产业的发展可以增加税收、促进就业，吸引更多的内外资企业进驻,形成规模经济,尤其是吸引世界知名企业进驻,形成总部经济,运用价格、服务等优势增强港口竞争力,增加旅客乘坐邮轮旅行和货物进出口量,为港口赢得稳定的客、货源,提高单位船舶的载客、载货量、货物和旅客周转率,促进港口吞吐量和提升港口等级。③产业的发展可以培育更多规模以上的企业数量,创造更多营业收入和利税,使得地区 GDP 总量增加,对城市和港口的固定资产投资额也相应增加,港口基础设施完善,可以吸引航运企业如著名班轮公司入驻或在本港设立邮轮母港等。借鉴世界上制度完善、发展成熟的自由贸易港在基础设施、营商环境、经贸便利、政策制度、企业管理和综合服务等创新理念,为临港产业的产销、供需等提供良好的环境,因而成为世界经济增长引擎。因此,我国自贸区港口作为国际枢纽港乃至国际航运中心,应利用区位优势和资本优势去吸引更多船舶挂靠、货物和旅客从本港进出,开展转口贸易和中转业务,促进临港产业和港口产业生态圈的良性循环发展,为自贸区港口产业生态圈的可持续发展和提升成熟度等级,为周边城市乃至腹地带来辐射和虹吸效应的先动优势。④自贸区实行投资自由化和贸易便利化政策,倒逼自贸区深化改革和对外开放,通过落实《优化营商环境条例》,持续优化营商环境,不断解放和发展社会生产力,加快建设现代化经济体系,推动高质量发展,促进更加公平的竞争,提升政府服务效率,吸引更多国内外港口、航运等企业参股持股,提升港口的资本运作能力。⑤增加港口固定资产投资,完善港口基础设施和现代港口管理制度,发展智能港口和岸电项目,促进港口节能减排,加强资产、人才等方面的管理,提高资源利用效率,促进自贸区港口产业生态圈良性发展。

(2)提升港口吞吐量和管理能力的具体措施有:①加强港口与航运物流企业、港口与人才培养单位的合作。加强港口与临港企业尤其是与腹地企业的合作,鼓励企业进出口贸易、物流、原材料、产成品从本港进出。自贸区发展需要先进技术、设备、大量产业工人、高科技人才尤其是高端的专业化人才,可通过联系本土高校培养和全球引智解决此问题。②加强城市综合智能交通技术在港口设施和管理中的推广应用。建立自贸区港口城市"四港"联盟的互联网+交通大数据信息平台,共享连接网络数据,为客户提供实时的载运工具数据和交通信息,改善城市综合交通运行效率。③加快港口转型升级。智能化、低碳、绿色生态型港口的发展理念在发达国家已经实施多年,不可否认,中外存在一定差距。因港口交通管制、装卸效率等问题导致大量船舶压港的事件时有发生,影响船舶的正常营运,无形中增加了港口环保压力。加大基础设施投入、引入区块链和 5G 技术对智能港口服务和相关产业中的应用,可以提升港口的服务效率,加强港口的吞吐能力,提升自贸区港口产业的虹吸能力、辐射能力和竞争力。

7.1.3　自贸区港口产业生态圈成熟度评价的结论

本部分内容主要放在本书第 5 章展开研究,得到的主要研究结果与结论如下:

1.丰富了自贸区港口产业生态圈成熟度的理论与方法

将软件能力成熟度理论、区域差异系数、AHP 和三级模糊综合评判法运用到自贸区港口产业生态圈成熟度评价中,首先用 TOPSIS 算法计算区域差异系数,然后用 AHP 和专家打分方法确定影响自贸区港口产业生态圈成熟度各种因素的主观权重,最后用三级模糊综合评判法和软件能力成熟度理论相结合,构建自贸区港口产业生态圈成熟度模型。该模型不仅考虑到了区域发展不平衡所造成的区域差异系数,同时又考虑到了影响自贸区港口产业生态圈成熟度的各种因素。

上述所构建的自贸区港口产业生态圈成熟度算法模型借鉴了成熟度在各个领域的研究成果,提出了自贸区港口产业生态圈成熟度的概念,并利用上海等 10 个自贸区港口 2017—2018 年的历史数据,对它们进行成熟度评价并划分层次等级,填补了现有研究的空白,为自贸区港口产业生态圈成熟度评价奠定良好的基础,为合理评价自贸区港口产业生态圈发展过程科学评价提供了理论支撑。

2. 对自贸区港口产业生态圈成熟度进行评价

研究结果表明,2017 和 2018 年上海等 10 个自贸区港口产业生态圈的成熟度等级均有所提升,但是幅度有差别。我国通过深化改革,设立自贸区,进一步扩大对外开放,国内港口尤其是自贸区港口借助自贸区实施的优惠政策,港口货物吞吐量、集装箱吞吐量和旅客吞吐量平均增幅大于国内外同类港口。这说明我国港口和世界发达国家港口差距在逐渐缩小,自贸区港口产业生态圈成熟度等级越来越高。

7.1.4   自贸区港口转型升级及发展路径选择的结论

本部分内容主要放在本书第 6 章展开研究,得到的主要研究结果与结论如下:

1. 丰富了扎根理论法的理论与方法应用范围

将扎根理论法运用到自贸区港口转型升级自由贸易港发展模式研究中,系统的调查、设计和实施,获取丰富的资料及数据,进行持续的开放性译码、主轴性译码与选择性译码,提炼出典型自由贸易港发展过程的信息编码,并和中国成熟度等级较高的自贸区港口现状进行对比分析,提出了中国自由贸易港发展模式,并给出对策与建议。通过本书的研究,自由贸易港的相关理论及管理策略得到了拓展,扎根理论在港口规划与管理中的具体运用得到了探讨。

2. 提出了自贸区港口转型升级及发展模式

根据对中国自由贸易港发展模式探索分析,认为中国自由贸易港未来是要对标世界上制度完善、发展成熟自由贸易港,但在探索建设初始阶段则实行有限自由贸易港的自由贸易港市的发展模式,深化区域港口改革,融入大湾区港口群,优化港口资源配置,完善集、疏运体系,在智慧港口的基础上开展数字港口、数字物流、数字多式联运体系,提升航运服务能力。把自由贸易港发展成为区域价值链的核心节点和交易平台,分三阶段实施:①上海作为自贸区港口、国际航运中心,在长三角一体化战略下,建设长三角大湾区,将上海升级为自由贸易港,引领长三角港口群良性发展;在海南自由贸易港中,重点建设海口港和三亚港,这些港口以国有控股为主的混合所有制股权形式,推行地主港营运管理模式。②将深圳、广州、天津、大连和厦门这 5 个自贸区港口作为"准自由贸易港"建设。③除将相对薄弱的自贸区港口复制和推广其他自贸区港口的成功经验,还借鉴国外典型自由贸易港的经验进行发展和充实,据此建议珠海、重庆和舟山以自贸区港口的形式尽快上升到"准自由贸易港"的层次进行规划发展。

7.2 展　望

针对本书研究的局限性,接下来可从以下几方面展开研究:

(1)选取更多国内外自贸区港口,通过实地考察并了解辖区内产业发展实际情况,建立相关的数据库,参阅最新相关研究成果,丰富自贸区港口产业生态圈研究维度和构建更为科学、可行的指标体系,为全面地展开研究提供参考依据。

(2)探索运用现代智能算法或其他方法与传统 DEMATEL 方法相结合,分析各指标之间的相互关系,并具体应用到自由贸易港或大湾区产业生态圈因素识别的研究中。

(3)本书研究自贸区港口产业生态圈演化机理、方针,分析了自贸区港口产业生态圈的重要影响因素,探讨了自贸区港口产业生态圈发展演化机理以及对自贸区港口产业生态圈成熟度进行了评价。制度完善的自由贸易港成为世界经济增长的引擎,在未来的研究中,结合对自贸区港口产业生态圈成熟度研究的基础上,探索研究自贸区港口或自由贸易港产业生态圈的健康度评价和预测,为健康度的理论与方法得以拓展、应用提供参考依据。

(4)自贸区港口或自由贸易港及其产业融入经济圈或大湾区,形成区域港口群及产业集群的港口产业生态圈,但对于如何科学规划和布局区域内各类港口功能定位,促进产业集群一体化发展、互相竞争和合作关系、管理机制等都值得深入研究。

(5)结合现有数据对这些自贸区港口形成的产业生态圈的发展趋势进行分析,研究同一区域内如长三角地区、粤港澳大湾区或远东地区的其他自贸区港口之间的竞争与合作关系,以使结果更加合理,对自贸区、港口和产业发展更具说服力。

参 考 文 献

[1] 王迟.中国现代邮轮产业的前 10 年[J].中国港口,2016(1):20-22.

[2] 杨俊.自由贸易区港口物流企业转型研究:以天津港为例[D].大连:大连海事大学,2018.

[3] 李月.我国邮轮市场外资准入法律问题研究[D].大连:大连海事大学,2017.

[4] 崔强.中国空港竞争力形成机理及评价研究[D].大连:大连理工大学,2013.

[5] 杨丽艳.多种自贸区类型下的广西东兴国家重点开发开放试验区的运作机制与海关作用的发挥[J].广西大学学报(哲学社会科学版),2013,35(6):5-9.

[6] 翁梦佳.论自由贸易区贴牌加工的商标侵权认定[D].福州:福州大学,2017.

[7] 曾凡.上海自贸区实现预期效应的关键因素[J].中国流通经济,2014,28(7):65-70.

[8] 艾伦.老挝万象工贸区(VITA PARK)发展模式研究[D].苏州:苏州大学,2018.

[9] 王超.锦州港油品物流发展战略研究[D].大连:大连海事大学,2013.

[10] 王晓斌.GIS 实现下的港口腹地划分方法研究[D].大连:大连海事大学,2015.

[11] 奥索洛娃,罗见今.维尔纳茨基关于智力圈学说的现代意义[J].咸阳师范学院学报,2012,27(4):74-77.

[12] 陈辰.试论法律生态化发展[J].菏泽学院学报,2012,34(6):85-87.

[13] MOORE J F. The death of competition:leadership and strategy in the age of business ecosystems[M]. 1st ed. New York:Harper Business,1996.

[14] MOORE J F. Predators and prey:a new ecology of competition [J]. Harvard Business Review,1993,71(3):75-86.

[15] ROTHSCHILD M. Bionomics:economy as business ecosystem[M]. New York:Beard Books,1990.

[16] KANDIAH G, GOSSAIN S. Reinventing value:the new business ecosystem [J].Strategy & Leadership, 1998,26(5):28-33.

[17] 梁嘉骅,葛振忠,范建平.企业生态与企业发展[J].管理科学学报,2002,5(2):34-40.

[18] 叶德磊.论我国金融生态圈优化与金融创新的功效[J].当代经济科学,2006,28(4):34-39.

[19] 袁政.产业生态圈理论论纲[J].学术探索,2004(3):36-37.

[20] 张洪潮,王欣欣.基于低碳经济视角的煤炭经济生态圈模式研究[J].生产力研究,2011(4):8-10.

[21] 胡青华,邓少灵.基于纳什联盟博弈的移动商务生态圈价值分配模型[J].物流科技,2014,37(11):28-36.

[22] 计春阳,李耀萍.中国-东盟跨境电子商务生态圈构建研究[J].广西社会科学,2016 (9):50-54.

[23] 谢佩洪,陈昌东,周帆.平台型企业生态圈战略研究前沿探析[J].上海对外经贸大学学报,2017,24(5):54-65.

[24] 黄丽芬,杨晗之,刘爱明.刘爱明:服务企业转型,践行产业升级[J].张江科技评论,2019(1):52-54.

[25] 于瑶.改革开放以来我国政府治理转型研究[D].长春:东北师范大学,2019.

[26] 马正立.新常态下中共县委书记成长机理研究:基于场域、机制与角色的分析框架[D].北京:中共中央党校,2018.

[27] 周宁武.要素分析视角下的高职院校人才培养系统优化[J].物流工程与管理,2019,41(1):170-173.

[28] 王洁.产业集聚理论与应用的研究:创意产业集聚影响因素的研究[D].上海:同济大学,2007.

[29] 黄玉妃.产业集聚、研发投入与产业成长:基于装备制造业上市公司面板数据的分析[D].湘潭:湘潭大学,2016.

[30] 李建华.中国区域产业集聚与FDI的互动关系研究[D].长春:吉林大学,2019.

[31] 乔诗莹.郑州市工业集聚区发展问题研究[D].郑州:郑州大学,2012.

[32] BAPTISTA R,SWANN P. Do firms in clusters innovate more? [J]. Research Policy,1998,27(5):525-540.

[33] MIEHAEL P. Competitive strategy[M]. NewYork:The Free Press,1999.

[34] 王缉慈.创新的空间:企业集群与区域发展[M].北京:北京大学出版社,2001.

[35] 汪铭泉.集群企业跨区域发展的机制及模式研究[D].杭州:浙江大学,2009.

[36] 朱华晟.浙江产业群:产业网络、成长轨迹与发展动力[M].杭州:浙江大学出版社,2003.

[37] 朱华晟.浙江传统产业集群成长的社会网络机制[J].经济经纬,2004,21(3):42-45.

[38] 惠宁.社会资本与产业集群的互动研究[J].西北大学学报(哲学社会科学版),2006,36(2):30-35.

[39] PUTNAM R D. Making democracy work:civic tradition in modern Italy[M]. Princeton:Princeton University Press,1993.

[40] PUTNAM R D. Tuning in,tuning out:the strange disappearance of social capital in America[J]. Political Science and Politics,1995,28(4):664-683.

[41] 速水佑次郎.发展经济学:从贫困到富裕[M].李周,译.北京:社会科学文献出版社,2003.

[42] 吴德进.产业集群的组织性质:属性与内涵[J].中国工业经济,2004(7):14-20.

[43] 孙晓波,张玉东,栾奎志.浅谈林业产业集群的组织生态系统[J].黑龙江科技信息,2011(22):256.

[44] 穆尔.竞争的衰亡:商业生态系统时代的领导与战略[M].梁骏,等,译.北京:北京出版社,1999.

[45] AMIN A, THRIFT N J. Globalization, institutional thickness and local prospects[J]. Revue deconomie regional et urbaine,1994(3):405-427.

[46] AMIN A, THRIFT N. Globalization, institutions, and regional development in Europe[M]. Oxford:Oxford University Press,1994.

[47] 斯密.国民财富的性质和原因的研究[M].郭大力,王亚南,译.北京:商务印书馆,1975.

[48] 马克思.资本论·第一卷[M].北京:商务印书馆,1994.

[49] 蒋潆潆.珠三角地区的空间结构对快递网络组织的影响[D].上海:上海师范大学,2019.

[50] 鞠永春.产业集群与地区发展政策分析[D].上海:复旦大学,2004.

[51] 马歇尔.经济学原理[M].北京:商务印书馆,1997.

[52] 余振,葛伟.经济一体化与产业区位效应:基于中国东盟自贸区产业层面的面板数据分析[J].财贸经济,2014(12):87-98.

[53] 邬丽萍,柴陆陆.跨境垂直专业化影响因素分析:对中国-东盟制造业分行业面板数据的实证[J].科技进步与对策,2017,34(7):43-48.

[54] 周曙东,肖宵,杨军.中韩自贸区建立对两国主要产业的经济影响分析:基于中韩自由贸易协定的关税减让方案[J].国际贸易问题,2016(5):116-129.

[55] 潘松挺,杨大鹏.企业生态圈战略选择与生态优势构建[J].科技进步与对策,2017,34(21):80-87.

[56] 孟广文,王春智,杜明明,等.尼日利亚奥贡广东自贸区发展历程与产业聚集研究[J].地理科学,2018,38(5):727-736.

[57] FAROL T, AKINCI G. Special economic zones: progress, emerging challenges, and future directions[M]. Washington, DC: World Bank, 2011.

[58] FAROLE T. Special economic zones in Africa:comparing performance and learning from global experiences[M]. Washington, DC: World Bank,2011.

[59] WOOLFREY S. Special economic zones and regional integration in Africa[M]. Washington, DC: World Bank, 2013.

[60] ZENG D Z. Global experiences of special economic zones with focus on China and Africa: policy insights[J]. Journal of International Commerce, Economics and Policy, 2016, 7(3):1-27.

[61] 郭皓月,樊重俊,李君昌,等.考虑内外因素的电子商务产业与大数据产业协同演化研究[J].运筹与管理,2019,28(3):191-199.

[62] 徐锦瑞,陈锦荣.对优化产业互联网金融生态圈的思考[J].上海金融,2019(4):82-87.

[63] 黎绍凯,李露一.自贸区对产业结构升级的政策效应研究:基于上海自由贸易试验区的准自然实验[J].经济经纬,2019,36(5):79-86.

[64] 韦伯.工业区位论[M].李刚剑,陈志人,张英保,译.北京:商务印书馆,1997.

[65] 昝剑飞,黄洁卉.企业集群理论综述[J].商业研究,2005(1):24-26.

[66] 施文鑫.基于产业集聚视角的西安都市圈小城镇发展研究[D].咸阳:西北农林科技大学,2009.

[67] ANN M. Sticky places in slippery space:a typology of industrial districts[J]. Economic Geography,1996,72(3):293-313.

[68] KNORRINGA P,MEYER J S. New dimensions in local enterprise cooperation and development: from cluster to industrial districts[C]. UNCTAD, new approach to science and technology cooperation and capacity building, New York, Geneva:United Nations,1998.

[69] BAIR J,GEREFFI G. Local clusters in global chains:the causes and consequences of export dynamism in torreon's blue jeans industry[J]. World Development, 2001,29(11):1885-1903.

[70] STREECK W, PYKE F,SENGENBERGER W. Industrial districts and local economic regeneration[J]. Industrial and Labor Relations Review,1993,46(4):741-742.

[71] 朱华晟.浙江产业群:产业网络、成长轨迹与发展动力[M].杭州:浙江大学出版社,2005.

[72] 魏守华.产业群的动态研究以及实证分析[J].世界地理研究.2002,11(3):16-24.

[73] PORTER M E. Clusters and the new economics of competition[J]. Harvard Business Review, 1998,76(6):77-90.

[74] 郭利平.产业群落的空间演化模式研究[M].北京:经济管理出版社, 2006.

[75] 陈航.港城互动的理论与实证研究[D].大连:大连海事大学,2009.

[76] 宋炳良.论上海港口全部经济贡献的评估[J].上海海运学院学报,2001,22(4):26-29.

[77] 刘秉镰.港城关系机理分析[J].港口经济,2002(3):12-14.

[78] 张冬平.长江三角洲港口布局研究[D].上海:上海海事大学,2005.

[79] 陈诚,林志刚,任春杨.探索建设自由贸易港的政策安排与路径分析[J].国际贸易,2018(5):21-27.

[80] VINER J. The customs union issue[M]. New York:Carnegie Endowment for International Peace,1950.

[81] LIPSEY R G. The theory of customs unions:a general survey[J]. The Economic Journal, 1960,70(279):496-513.

[82] THOMAN R S. Free ports and foreign-trade zones[M]. Cambridge:Cornell Maritime Press, 1956.

[83] HAMADA K. An economic analysis of the duty-free zone[J]. Journal of International Economics, 1974,4(3): 225-241.

[84] RODRIGUEZ C A. A note on the economics of the duty free zone[J]. Journal of International Economics, 1976,6(4): 385-388.

[85] HAMILTON C, SVENSSON E O. On the welfare effects of a "duty-free zone"[J].

Journal of International Economics, 1982, 13(1/2): 45-64.

[86] MIYAGIWA K F. A reconsideration of the welfare economics of a free-trade zone[J]. Journal of Development Economics,1986,21(3/4): 337-350.

[87] TSUI K Y. Welfare effects and optimal incentive package of export processing zones[J]. Journal of International Journal,1993,7(2): 77-89.

[88] JOHANSSON H. The economics of the export processing zones revisited[J]. Development Policy Review, 1994, 12(4):387-402.

[89] DEVEREUX J,CHEN L L. Export zones and welfare: another look[J]. Oxford Economic Papers, 1995,47(4): 704-713.

[90] FACCHINI G, WILLMANN G. The gains from duty free zones[J]. Journal of International Economics, 1999, 49(2): 403-412.

[91] YONG L, MIYAGIWA K F. Unemployment and the formation of duty-free zones[J]. Journal of Development Economics, 1987,26(2): 397-405.

[92] CHAUDHURI D T, ADHIKARI S. Free trade zones with Harris-Todaro unemployment:a note on Young - Miyagiwa [J]. Journal of Development Economics, 1993, 41 (1): 157-162.

[93] GRUBEL H G. Towards a theory of free economic zones[J]. Weltwirtschaftliches Archiv, 1982, 118(1): 39-61.

[94] MIYAGIWA K F. The locational choice for free-trade zones: rural versus urban options [J]. Journal of Development Economics,1993, 40(1): 187-203.

[95] CHEN X M. The evolution of free economic zones and the recent development of cross-national growth zones[J]. International Journal of Urban and Regional Research, 1995, 19(4): 593-621.

[96] HAMADA K. An economic analysis of the duty-free zone[J]. Journal of International Economics, 1974,4(3): 225-241.

[97] RODRIGUEZ C A. A note on the economics of the duty free zone [J]. Journal of International Economics, 1976, 6(4): 385-388.

[98] FELTENSTEIN A, PLASSMANN F. The welfare analysis of a free trade zone: intermediate goods and the Asian tigers [J]. The World Economy, 2008, 31 (7): 905-924.

[99] MATHUR L K, MATHUR I. The effectiveness of the foreign-trade zone as an export promotion program: policy issues and alternatives[J]. Journal of Macromarketing, 1997, 17(2): 20-31.

[100] MENG G W. The evolutionary model of free economic zones: the different generations and the structural features[J]. Chinese Geographical Science, 2005, 15(2): 103-112.

[101] 刘重.国外自由贸易港的运作与监管模式[J].交通企业管理,2007,22(3):35-36.

[102] 刘重.建立天津滨海新区自由贸易港的思考[J].天津经济,2007(4):34-37.

[103] 吕晋津,孟广文.天津东疆保税港区发展自由贸易区可行性及政策建议[J].城市, 2010(1):61-64.

[104] 李志鹏.中国建设自由贸易园区内涵和发展模式探索[J].国际贸易,2013(7):4-7.

[105] 岳文,陈飞翔.积极加速我国自由贸易区的建设步伐[J].经济学家,2014(1):40-47.

[106] 王孝松,张国旺,周爱农.上海自贸区的运行基础、比较分析与发展前景[J].经济与管理研究,2014,35(7):52-64.

[107] 孟广文.建立中国自由贸易区的政治地理学理论基础及模式选择[J].地理科学, 2015,35(1):19-29.

[108] 孟广文,王洪玲,杨爽.天津自由贸易试验区发展演化动力机制[J].地理学报, 2015,70(10):1552-1565.

[109] 张诗荟.自由贸易区航运服务贸易功能研究[D].杭州:浙江大学,2015.

[110] 彭海阳,詹圣泽,郭英远.基于厦门前沿的福建自贸区对台合作新探索[J].中国软科学,2015(8):72-88.

[111] 张绍乐.自贸区综合发展水平影响因素评价研究[J].区域经济评论,2017(6):112-120.

[112] 孟广文,王艳红,杜明明,等.上海自由经济区发展历程与启示[J].经济地理,2018, 38(5):1-10.

[113] 郑思宁,王淑琴,郑逸芳.福建与台湾渔业国际竞争力及其影响因素比较研究:兼论自贸区背景下闽台渔业合作的政策选择[J].中国农业大学学报,2019,24 (2):237-250.

[114] 李鲁,张学良.上海自贸试验区制度推广的"梯度对接"战略探讨[J].外国经济与管理,2015,37(2):69-80.

[115] 裴长洪,付彩芳.上海国际金融中心建设与自贸区金融改革[J].国际经贸探索, 2014,30(11):4-18,65.

[116] 王冠凤,郭羽诞.上海自由贸易试验区发展融资租赁研究[J].管理现代化,2014 (1):15-17.

[117] 王冠凤,郭羽诞.上海自贸区贸易便利化和贸易自由化研究[J].现代经济探讨, 2014(2):28-32.

[118] 王冠凤.上海自贸区推进贸易自由化研究[J].中国流通经济,2014,28(3):79-84.

[119] 王冠凤.上海自由贸易试验区金融服务贸易自由化研究[J].经济体制改革,2015 (1):157-162.

[120] 孔佩伊,江航.基于 D-ANP 的厦门自贸区建设区域性国际金融中心关键因素分析 [J].现代城市研究,2019,34(3):83-90.

[121] 陈媛媛,李坤望,王海宁.自由贸易区下进、出口贸易效应的影响因素:基于引力模型的跨国数据分析[J].世界经济研究,2010(6):39-45,88.

[122] 敖丽红,赵儒煜.关于中日韩自贸区建设的理论与实证分析[J].东北亚论坛,2013, 22(4):73-81,129.

[123] 金缀桥,杨逢珉.在自贸区框架下扩大中国农产品出口日韩市场的研究[J].苏州大

学学报(哲学社会科学版),2014,35(5):117-125,192.

[124] 苏珊珊.中国(上海)自由贸易试验区政策分析:基于中国台湾基隆自由贸易港区、韩国釜山自贸区的比较[J].当代经济管理,2014,36(9):42-47.

[125] 谭秀杰,周茂荣.21世纪"海上丝绸之路"贸易潜力及其影响因素:基于随机前沿引力模型的实证研究[J].国际贸易问题,2015(2):3-12.

[126] 屠年松,李彦.中国与东盟国家双边贸易效率及潜力研究:基于随机前沿引力模型[J].云南社会科学,2016(5):84-89.

[127] 杨爽,孟广文,陈会珠,等.韩国自由经济区发展演化过程及启示[J].经济地理,2015,35(3):16-22.

[128] 王雪,孟广文,隋娜娜.印度自由经济区的发展类型及启示[J].世界地理研究,2017,26(1):22-31.

[129] 雨戈.自贸区下的港口新机遇[J].中国港口,2013(11):13-14.

[130] 张哲辉.自贸区契机下港口发展对策[J].中国港口,2014(1):21-22.

[131] 徐才.基于福建自贸区建设的港口通关模式优化研究:以厦门片区为例[J].物流工程与管理,2015,37(3):20-21.

[132] 陈义光.自贸区背景下福建省干散货港口竞争力策略研究[J].物流工程与管理,2015,37(10):14-15,92.

[133] 曹晓发.基于自贸区联动发展模式的世界强港评价指标体系构建[J].物流技术,2015,34(14):185-188.

[134] 郭薇.自贸区经济带影响下江苏港口物流金融基地建设对策[J].商业经济研究,2015(30):38-39.

[135] 陈继红,朴南奎.上海自贸区国际集装箱物流中转服务策略:基于韩国釜山港经验[J].中国流通经济,2016,30(7):25-32.

[136] 温兆琦.自贸区视角下厦门外贸对港口物流的影响及对策[J].宏观经济管理,2016(7):78-82.

[137] YOCHUM G R, AGARWA V B. Static and changing port economic impacts[J]. Maritime Policy & Management, 1998,15(2):157-171.

[138] DAVIS H C. Regional port impact studies: a critique and suggested methodology[J]. Transportation Journal,1983,23(2):61-71.

[139] WANG J J, SLACK B. The evolution of a regional container port system: the Pearl River Delta[J]. Journal of Transport Geography,2000,8(4):263-275.

[140] 施欣.港口产业供需函数及福利效率分析[J].系统工程,2000,18(5):35-39.

[141] 陈晨子,成长春.复合系统中港口、城市与临港产业的协调发展评价[J].统计与决策,2013(6):63-65.

[142] 李新光,张永起,黄安民.自贸区背景下金融发展与产业结构升级关系的实证[J].统计与决策,2018,34(13):155-159.

[143] 周春山,王宇渠.海港型自由经济区演化趋势及对南沙自贸区启示[J].中国发展,

2019,19(2):46-55.

[144] 刘志强,宋炳良.港口与产业集群[J].上海海事大学学报,2004,25(4):22-26.

[145] 周昌林.基于港口的物流产业集群形成机理与政府作用研究[J].商业经济与管理,2006(11):11-14.

[146] 史安娜,南岚.港口物流产业集群共生性分析[J].商业经济与管理,2010(2):5-11.

[147] 沈玉芳,刘曙华,张婧,等.长三角地区产业群、城市群和港口群协同发展研究[J].经济地理,2010,30(5):778-783.

[148] 黄顺泉,余思勤.全球供应链企业的港口集聚模型与仿真[J].同济大学学报(自然科学版),2011,39(9):1401-1406.

[149] 李新然,吴健妮.港口物流产业集群竞争力指标体系构建及评价分析[J].大连理工大学学报(社会科学版),2012,33(2):28-33.

[150] 彭勃.基于产业集群模式的港口物流柔性供应链:概念及运作机制[J].科技管理研究,2012,32(3):144-148,152.

[151] PELTONIEMI M, VUORI E. Business ecosystem as the new approach to complex adaptive business environments[C]. In Proceedings of eBusiness Research Forum ,2004:267-281.

[152] TIAN C H. RAY B K,LEE J, et al. BEAM:a framework for business ecosystem analysis and modeling[J]. IBM Systems Journal,2008,47(1):101-114.

[153] CECCAGNOLI M, FORMAN C, HUANG P, et al. Cocreation of value in a platform ecosystem:the case of enterprise software[J]. MIS Quarterly,2012, 36(1): 263-290.

[154] GAWER A, CUSUMANO M A. Industry platforms and ecosystem innovation [J]. Journal of Product Innovation Management, 2014,31(3): 417-433.

[155] 张燚,张锐.企业生态系统的构成及运行机制研究[J].科技管理研究, 2005,25(3):58-61.

[156] 许芳,李建华.企业生态位原理及模型研究[J].中国软科学,2005(5):130-139.

[157] 李梅英.基于生物学的企业生态系统共生模式研究[J].江海学刊, 2006(6):90-95.

[158] 胡斌.企业生态系统的动态演化及运作研究[D].南京:河海大学,2006.

[159] 资武成."大数据"时代企业生态系统的演化与建构[J].社会科学,2013(12):55-62.

[160] CORALLO A,PASSIANTE G, PRENCIPE A. The digital business ecosystem[M]. Chelthenham:Edward Elgar Publishing, 2007.

[161] LI Y R. The technological roadmap of Cisco's business ecosystem[J]. Technovation,2009,29(5): 379-386.

[162] DARKING M L, WHITLEY E A. Towards an understanding of FLOSS: infrastructures, materiality and the digital business ecosystem[J]. Science Studies,2007,20(2):3-33.

[163] 胡岗岚,卢向华,黄丽华.电子商务生态系统及其演化路径[J].经济管理,2009,31(6):110-116.

[164] 王兆华,尹建华,武春友.生态工业园中的生态产业链结构模型研究[J].中国软科学,2003(10):149-152,148.

[165] 张运生.高科技产业创新生态系统耦合战略研究[J].中国软科学,2009 (1):134-143.

[166] 金汉信,霍焱.港口发展的生态位理论研究[J].南京财经大学学报,2008 (2):48-50.

[167] 蒋柳鹏,封学军,王伟."港口-产业-城市"复合系统协调度模型[J].水利经济, 2011,29(1):11-14,18,73.

[168] 高琴.港口产业集群的复杂性研究[D].天津:天津大学,2009.

[169] 李南,刘嘉娜.临港产业集群的经济特征与国际经验[J].水运工程,2007(5):35- 38,53.

[170] 韩二东,郭鹏.生态学视角下港口产业集群共生模型的稳定性[J].华中师范大学学 报(自然科学版),2013,47(6):819-823.

[171] 王珍珍,甘雨娇.中国与"一带一路"沿线国家港口联盟机制研究[J].东南学术, 2018(1):175-183.

[172] 蹇令香,曹章露.基于生态位理论的广东省港口产业发展研究[J].科技管理研究, 2018,38(12):205-209.

[173] 计春阳,晏雨晴.互联网背景下港口企业供应链金融模式演化及创新趋势研究[J]. 软科学,2019,33(5):22-28.

[174] 上海对外经贸大学自由贸易港战略研究院.关于建设自由贸易港的经验借鉴与实 施建议[J].国际商务研究,2018,39(1):5-12,68.

[175] 黄志勇,李京文.实施自由贸易港战略研究[J].宏观经济管理,2012(5):31-33.

[176] 马得懿.中国(上海)自贸区实施沿海捎带业务政策之法律解读[J].上海经济研究, 2014,26(10):89-99.

[177] 李凯杰.中国自由贸易试验区向自由贸易港转变研究[J].国际经济合作,2017 (12):35-39.

[178] 田珍.中国建设自由贸易港的战略意义与发展措施[J].国际经济合作,2017(12): 29-34.

[179] 张释文,程健.我国自由贸易港建设的思考[J].中国流通经济,2018,32(2):91-97.

[180] 黄庆平,袁始烨.自贸港的未来:基于负面清单管理的国际经验[J].经济体制改革, 2018(3):173-178.

[181] 孙超.自由贸易港的税收制度研究:兼论我国海南自由贸易港的税收激励机制的构 建[J].税收经济研究,2018,23(4):44-50.

[182] 李思奇,武赟杰.国际自由贸易港建设经验及对我国的启示[J].国际贸易,2018 (4):27-33.

[183] 王艳红,孟广文.我国自由贸易港建设存在的难点和对策[J].经济纵横,2018(5): 83-88.

[184] 朱孟楠,陈冲,朱慧君.从自贸区迈向自由贸易港:国际比较与中国的选择:兼析厦 门自由贸易港建设[J].金融论坛,2018,23(5):3-12.

[185] 李猛.新时代我国自由贸易港建设中的政策创新及对策建议[J].上海经济研究,2018,30(5):60-71.

[186] 李猛.新时代中国特色自由贸易港建设中的政策创新[J].经济学家,2018(6):38-47.

[187] 何悦涵.中国建设自由贸易港临时仲裁制度问题研究[J].上海对外经贸大学学报,2018,25(6):59-71.

[188] 黄庆平,李猛.国际竞争性税制经验对中国探索建设自由贸易港的启示[J].国际贸易,2019(9):25-32,89.

[189] 李金珊,胡凤乔.国际关系体系下欧洲关税制度的变迁与自由贸易港功能形态的演化[J].浙江大学学报(人文社会科学版),2014,44(6):85-97.

[190] 陈会珠,孟广文,高玉萍,等.香港自由贸易港模式发展演化、动力机制及启示[J].热带地理,2015,35(1):70-80.

[191] 胡凤乔,李金珊.从自由贸易港代际演化看"一带一路"倡议下的第四代自由贸易港发展趋势[J].社会科学家,2016(5):95-99.

[192] 胡凤乔.世界自由贸易港演化与制度研究[D].杭州:浙江大学,2016.

[193] 彭羽,沈玉良.全面开放新格局下自由贸易港建设的目标模式[J].亚太经济,2018(3):104-111,151.

[194] 孟广文,杨开忠,朱福林,等.中国海南:从经济特区到综合复合型自由贸易港的嬗变[J].地理研究,2018,37(12):2363-2382.

[195] 崔强,武春友,匡海波.BP-DEMATEL在空港竞争力影响因素识别中的应用[J].系统工程理论与实践,2013,33(6):1471-1478.

[196] 李月娟,郭德,张茜,等.基于DEMATEL方法的高校软实力因素分析[J].价值工程,2018,37(2):5-8.

[197] KIM Y H. Study on impact mechanism for beef cattle farming and importance of evaluating agricultural information in Korea using DEMATEL, PCA and AHP [J]. Agricultural Information Research, 2006, 15(3): 267-279.

[198] WU W W,LEE Y T. Developing global managers' competencies using the fuzzy DEMATEL method[J]. Expert Systems with Applications, 2007, 32(2):499-507.

[199] TZENG G H,CHIANG C H,LI C W. Evaluating intertwined effects in e-learning programs: a novel hybrid MCDM model based on factor analysis and DEMATEL[J]. Expert Systems with Applications, 2007, 32(4):1028-1044.

[200] WU W W. Choosing knowledge management strategies by using a combined ANP and DEMATEL approach[J]. Expert Systems with Applications, 2008, 35(3): 828-835.

[201] TSENG M L. Using the extension of DEMATEL to integrate hotel service quality perceptions into a cause-effect model in uncertainty[J]. Expert Systems with Applications, 2009, 36(5):9015-9023.

[202] TSENG M L, LIN Y H. Application of fuzzy DEMATEL to develop a cause and effect

model of municipal solid waste management in Metro Manila [J]. Environmental Monitoring and Assessment, 2009, 158(1):519-533.

[203] LI C W, TZENG G H. Identification of a threshold value for the DEMATEL method using the maximum mean de-entropy algorithm to find critical services provided by a semiconductor intellectual property mall [J]. Expert Systems with Applications, 2009, 36(6):9891-9898.

[204] TSAI W H, CHOU W C. Selecting management systems for sustainable development in SMEs:a novel hybrid model based on DEMATEL, ANP, and ZOGP [J]. Expert Systems with Applications, 2009, 36(2):1444-1458.

[205] TSENG M L. A causal and effect decision making model of service quality expectation using grey-fuzzy DEMATEL approach [J]. Expert Systems with Applications, 2009, 36(4):7738-7748.

[206] LIN C L, TZENG G H. A value-created system of science(technology) park by using DEMATEL [J]. Expert Systems with Applications, 2009, 36(6):9683-9697.

[207] SHIEH J I, WU H H, HUANG K K. A DEMATEL method in identifying key success factors of hospital service quality [J]. Knowledge-Based Systems, 2010, 23(3): 277-282.

[208] CHANG B, CHANG C W, WU C H. Fuzzy DEMATEL method for developing supplier selection criteria [J]. Expert Systems with Applications, 2011, 38(3):1850-1858.

[209] YANG J L, TZENG G H. An integrated MCDM technique combined with DEMATEL for a novel cluster-weighted with ANP method [J]. Expert Systems with Applications, 2011,38(3):1417-1424.

[210] 史丽萍,贾亚男,刘强. 团队目标导向影响因素的探索性研究:基于扎根理论和概念格-加权群组 DEMATEL 方法[J]. 运筹与管理,2016,25(2):104-112.

[211] 高沛然,张金隆,艾学轶,等. PLS-DEMATEL 方法及其应用研究:以组织敏捷性的 IT 影响因素分析为例[J]. 运筹与管理,2018,27(3):126-132.

[212] 李英,朱庆华,夏西强. 基于 Grey-DEMATEL 方法的绿色食品可持续供应链障碍分析[J]. 当代经济管理,2013,35(6):21-25.

[213] 徐金杰,武忠. 基于 AHP 和 DEMATEL 法的技术创新网络知识转移研究:以江苏省风电产业技术创新联盟为例[J]. 情报杂志,2012,31(9):121-125,135.

[214] 王中原,魏法杰. 基于 IFAHP-DEMATEL 的军工企业法律风险识别研究[J]. 管理评论,2015,27(6): 68-77.

[215] CHEN Y F,LIU J, LI Y P, et al. RM-DEMATEL: a new methodology to identify the key factors in $PM_{2.5}$ [J]. Environmental Science & Pollution Research, 2015, 22(8): 6372-6380.

[216] SU C M, HORNG D J, TSENG M L, et al. Improving sustainable supply chain management using a novel hierarchical Grey-DEMATEL approach [J]. Journal of Cleaner Production,2016,134:469-481.

[217] 崔强,徐鑫,匡海波.基于 RM-DEMATEL 的交通运输低碳化能力影响因素分析[J].管理评论,2018, 30(1):210-220.

[218] 秦晓楠,卢小丽.基于 BP-DEMATEL 模型的沿海城市生态安全系统影响因素研究[J].管理评论, 2015,27(5):48-58.

[219] 李敬强,赵宁.基于 G1-DEMATEL 的飞行员心理健康评价指标体系研究[J].航天医学与医学工程, 2014,27(6):413-418.

[220] 崔强,武春友,匡海波.基于 RBF-DEMATEL 的交通运输低碳化能力影响因素研究[J].科研管理, 2013,34(10):131-137.

[221] 武春友,陈兴红,匡海波.基于 Rough-DEMATEL 的企业绿色增长模式影响因素识别[J].管理评论,2014,26(8):74-81.

[222] 隋立军,武春友,卢小丽.绿色养老社区建设的影响因素识别与分析[J].科技与管理,2018,20(2):99-105.

[223] HAN K H,KIM J H. Quantum-inspired evolutionary algorithm for a class of combinatorial optimization[J]. IEEE Transactions on Evolutionary Computation, 2002,6(6):580-593.

[224] 龙亿,杜志江,王伟东.GA 优化的 RBF 神经网络外骨骼灵敏度放大控制[J].哈尔滨工业大学学报, 2015,47(7):26-30.

[225] 刘浩然,赵翠香,李轩,等.一种基于改进遗传算法的神经网络优化算法研究[J].仪器仪表学报,2016,37(7):1573-1580.

[226] 孙一睿,李钰鑫,陈磊,等.基于遗传算法优化神经网络的 SCR 催化剂失效预测[J].中国电机工程学报,2016,36(S1):112-120.

[227] 曾小华,李广含,宋大凤,等.基于遗传算法优化的 BP 神经网络侧翻预警算法[J].华南理工大学学报(自然科学版),2017,45(2):30-38.

[228] 金燕,刘少军,张建阁.基于遗传算法优化的人工神经网络下高速滚动轴承的疲劳可靠性[J].航空动力学报,2018,33(11):2748-2755.

[229] 王振华,龚殿尧,李广泰,等.遗传算法优化神经网络的热轧带钢弯辊力预报模型[J].东北大学学报(自然科学版),2018,39(12):1717-1722.

[230] 王文杰,袁寿其,裴吉,等.基于 Kriging 模型和遗传算法的泵叶轮两工况水力优化设计[J].机械工程学报,2015,51(15):33-38.

[231] 余滨杉,王社良,杨涛,等.基于遗传算法优化的 SMABP 神经网络本构模型[J].金属学报,2017, 53(2):248-256.

[232] 李鹏飞,马航.基于病毒协同遗传算法的自动化立体仓库货位优化模型[J].中国管理科学,2017, 25(5):70-77.

[233] 梅丹,王公宝,叶志浩,等.基于变阶遗传算法的舰船电力系统结构性能双层优化[J].中国电机工程学报,2018,38(19):5763-5771,5932.

[234] 邬丽云,吴正鹏,齐英剑.基于遗传算法的灰色区间数的 GM(1,1)优化模型[J].控制与决策,2019, 34(2):445-448.

[235] 李松,刘力军,翟曼.改进粒子群算法优化 BP 神经网络的短时交通流预测[J].系统

工程理论与实践,2012,32(9):2045-2049.

[236] 贾鹏,刘瑞菊,孙瑞萍,等.基于 BP 神经网络的邮轮旅游需求预测[J].科研管理, 2013,34(6):77-83.

[237] 吕霁.基于遗传算法优化神经网络的房地产评估模型及实证研究[J].计算机科学, 2014,41(S2):75-77,87.

[238] 李新运,王圆圆,徐瑶玉.基于混沌时间序列的 CPI 短期预测分析[J].经济与管理 评论,2015,31(2):33-38.

[239] 丁筠.学术期刊影响力指数(CI)预测模型的构建[J].情报科学,2017,35(2):27-32,37.

[240] 章军辉,李庆,陈大鹏.基于 BP 神经网络的纵向避撞安全辅助算法[J].西安交通大 学学报,2017,51(7):140-147.

[241] 陈征,黎青青,肖乃松,等.基于 GA-BP 神经网络的柴油喷雾贯穿距预测[J].中南 大学学报(自然科学版),2018,49(1):247-252.

[242] 黄亚驹,陈福集.基于熵值法的网络舆情组合预测研究[J].情报科学,2018,36(3): 70-74.

[243] 潘芳,张霞,仲伟俊.基于 BP 神经网络的微博网络社群突发舆情的预警监控[J].情 报杂志,2014,33(5):125-128.

[244] 孙玲芳,周加波,林伟健,等.基于 BP 神经网络和遗传算法的网络舆情危机预警研 究[J].情报杂志,2014,33(11):18-24.

[245] 王宗杰,邢明峰,王洪泊.基于粒子群优化 BP 神经网络的医患关系风险预警模型 [J].北京工业大学学报,2017,43(1):8-12.

[246] 段磊,胡明礼.基于 BP 神经网络和离散 GM 组合模型的对外贸易进出口总额预测 研究[J].中国管理科学,2017,25(11):650-655.

[247] 郝丽,胡大伟.基于 BP 神经网络和蜂群算法对在 T-JIT 环境下供应链协同风险的 预警研究[J].公路交通科技,2018,35(6):112-120.

[248] 彭飞,韩增林,杨俊,等.基于 BP 神经网络的中国沿海地区海洋经济系统脆弱性时 空分异研究[J].资源科学,2015,37(12):2441-2450.

[249] 成全,杨碧丽,许华斌,等.原始性创新环境影响因素研究:基于 BP-DEMATEL 模型 的实证[J].科学学研究,2016,34(4):591-600.

[250] 郭丹,杨若邻,李荣,等.人力资本产权考核:理论及应用[J].管理评论,2016,28 (10):169-180.

[251] 陈闯,CHELLALI R,邢尹.改进遗传算法优化 BP 神经网络的语音情感识别[J].计 算机应用研究,2019,36(2):344-346,361.

[252] 朱庆锋,徐中平,王力.基于模糊综合评价法和 BP 神经网络法的企业控制活动评价 及比较分析[J].管理评论,2013,25(8):113-123.

[253] 程波,贾国柱.改进 AHP-BP 神经网络算法研究:以建筑企业循环经济评价为例 [J].管理评论,2015,27(1):36-47.

[254] 任宏,马先睿,刘华兵.基于GA-BP神经网络的巨项目投入评价的改进研究[J].系统工程理论与实践,2015,35(6):1474-1481.

[255] 王冰,郭东强.基于BP神经网络的企业内部知识转移绩效综合评价研究[J].情报科学,2016,34(1):141-145,154.

[256] 孟超,胡健.基于BP神经网络的中国煤炭安全评价研究[J].科研管理,2016,37(8):153-160.

[257] FEYNMAN R P. Simulating physics with computers[J]. International Journal of Theoretical Physics, 1982,21(6/7):467-488.

[258] 张冲亚.黑龙江省高技术产业发展评价及驱动因素研究[D].哈尔滨:哈尔滨商业大学,2018.

[259] 匡海波,刘天寿,刘家国,等.基于PCA-TOPSIS的自贸区开放水平测度研究[J].科研管理,2018,39(3):69-79.

[260] 孟广文,刘铭.天津滨海新区自由贸易区建立与评价[J].地理学报,2011,66(2):223-234.

[261] YOCHUM G R,AGARWA V B. Static and changing port economic impacts[J]. Maritime Policy and Management, 1998,15(2):157-171.

[262] DAVIS H C. Regional port impact studies: a critique and suggested methodology[J]. Transportation Journal,1983,23(2):61-71.

[263] WANG J J, SLACK B. The evolution of a regional container port system: the pearl river delta[J]. Journal of Transport Geography,2000,8(4):263-275.

[264] BROOKE J. Environmental appraisal for ports and harbours[J]. Dock and Harbour Authority, 1990,71(7):89-94.

[265] GLEAVE M B. Port activities and the spatial structure of cities: the case of Freetown, Sierra Leone[J]. Journal of Transportation Geography,1997,5(4):257-275.

[266] TROZZI C,VACCARO R. Environmental impact of port activities[J]. Water Studies, 2000, 9: 151-161.

[267] PERIS-MORA E,DIEZOREJAS J M,SUBIRATS A, et al. Development of a system of indicators for sustainable port management[J]. Marine Pollution Bulletin, 2005, 50(12): 1649-1660.

[268] PALANTZAS G, NANIOPOULIOSA A,NALMPANTIS D, et al. The "hain" anagement of ship-generated waste and cargo residues in the port of Thessaloniki[J]. Journal of Marine Environmental Engineering,2005,8(2):161-169.

[269] SUZUKI T. Economic and geographic backgrounds of land reclamation in Japanese ports[J]. Marine Pollution Bulletin, 2003,47:226-229.

[270] 董国松,范厚明,温文华.我国低碳绿色港口目标系统构成分析[J].武汉理工大学学报(社会科学版),2011,24(5):672-675.

[271] 刘翠莲,刘健美,刘南南,等.DPSIR模型在生态港口群评价中的应用[J].上海海事

大学学报,2012,33(2):61-64.

[272] 赵宇哲,刘芳.生态港口评价指标体系的构建:基于 R 聚类、变异系数与专家经验的分析[J].科研管理,2015,36(2):124-132.

[273] 王其藩.高级系统动力学[M].北京:清华大学出版社,1995.

[274] 陶长琪.决策理论与方法[M].北京:中国人民大学出版社,2010.

[275] 侯剑.基于系统动力学的港口经济可持续发展[J].系统工程理论与实践,2010,30(1):56-61.

[276] 潘婧,杨山,沈芳艳.基于系统动力学的港城耦合系统模型构建及仿真:以连云港为例[J].系统工程理论与实践,2012,32(11):2439-2446.

[277] 赵黎明,肖丽丽.基于系统动力学的港口对区域经济发展的影响研究[J].重庆理工大学学报(自然科学),2014,28(7):116-122.

[278] 范厚明,李艳滨,温文华,等.考虑土地资源占用的港口与城市经济互动发展系统仿真:以深圳市为例[J].资源科学,2015,37(2):398-407.

[279] 乔文怡,管卫华,王晓歌,等.基于绿色理念的港口城市耦合系统动力学研究:以连云港市为例[J].南京师大学报(自然科学版),2018,41(1):140-148.

[280] WANG Q F. Advanced System Dynamics[M]. Beijing:Tsinghua University Press,1995.

[281] 曾光初.系统动力(态)学与草原生态[J].中国草业科学,1988,5(3):52-57.

[282] WANG Q F. System dynamies[M]. Beijing:Tsinghua University Press,1993.

[283] ROBINSON J B. Modeling the interactions between human and natural systems[J]. International Social Science Journal,1991(130):629-647.

[284] COSTANZA R,RUTH M. Using dynamic modeling to scope environmental problems and build consensus[J]. Environmental Management,1998,22(2):183-195.

[285] 贾仁安,丁荣华.系统动力学:反馈动态性复杂分析[M].北京:高等教育出版社,2002.

[286] 喻凡,林逸.汽车系统动力学[M].北京:机械工业出版社,2005.

[287] COYLE G. Qualitative and quantitative modelling in system dynamics:some research questions[J]. System Dynamics Review,2000,16(3):225-244.

[288] LANE D C. Should system dynamics be described as a hard or deterministic systems approach[J]. System Research and Behavioral Science,2000,17(1):3-22.

[289] 扬懿.集装箱港口通过能力系统研究[D].大连:大连理工大学,2006.

[290] 杨勇.港口对区域经济影响的动力模型研究[D].南京:河海大学,2006.

[291] 付博新.港口景观设计与评价方法研究[D].大连:大连理工大学,2007.

[292] 钱洁.论社会公共安全协同供给[D].南京:南京大学,2013.

[293] 王美美."互联网+"WEEE 回收演化博弈仿真研究[D].天津:天津理工大学,2018.

[294] 秦立伟.城际轨道交通对城市群经济发展的影响研究[D].深圳:深圳大学,2018.

[295] 闫媛媛,魏乐,江效龙,等.球磨机制粉系统的系统动力学建模与仿真[J].湖南电力,2015,35(5):12-15,37.

[296] 胡雷芳.产业集群发展中的人力资本积累研究:以杭州高新软件园为例[D].杭州:浙江大学,2014.

[297] 刘立云,雷宏振,邵鹏.基于系统动力学的我国旅游景区门票定价研究[J].旅游科学,2012,26(4):39-51.

[298] 李湘娟,柯尊友.云计算虚拟化系统建设规模分析与预估[J].系统工程,2014,32(10):143-148.

[299] 项小伟."免费西湖"背景下的杭州市旅游业经济效应研究[D].杭州:浙江工业大学,2013.

[300] 罗昌,贾素玲,张成,等.航空制造企业技改项目管理动态特性仿真研究[J].系统仿真学报,2007,19(24):5715-5721.

[301] 王军.产业组织演化理论及实证研究[D].济南:山东大学,2006.

[302] 何苗.基于分形理论的农业产业集群形成机理研究:兼论河南省鄢陵县花木产业集群[D].开封:河南大学,2009.

[303] 颜泽贤.复杂系统演化论[M].北京:人民出版社,1993.

[304] CUI Q, KUANG H B, WU C Y, et al. Dynamic formation mechanism of airport competitiveness: the case of China[J]. Transportation Research Part A: Policy and Practice,2013,47:10-18.

[305] 李旭.社会系统动力学:政策研究的原理、方法和应用[M].上海:复旦大学出版社,2009.

[306] 陈影.国际碳减排机制下我国海运业低碳发展SD模型[D].大连:大连海事大学,2015.

[307] 张萍,严以新,许长新.区域港城系统演化的动力机制分析[J].水运工程,2006(2):48-51.

[308] 吴传荣,曾德明,陈英武.高技术企业技术创新网络的系统动力学建模与仿真[J].系统工程理论与实践,2010,30(4):587-593.

[309] PAULK M C,CURTIS B,CHRISSIS M B,et al. Capability maturity model, version 1.1[J]. IEEE Software,1993,10(4):18-27.

[310] 贺俊,吕铁.战略性新兴产业:从政策概念到理论问题[J].财贸经济,2012(5):106-113.

[311] 黄慧玲.基于TRIZ理论的产业技术路线图研究[J].科技管理研究,2013,33(13):133-136.

[312] 朱知寿.我国航空用钛合金技术研究现状及发展[J].航空材料学报,2014,34(4):44-50.

[313] 谭玲玲,刘传庚.资源型城市低碳转型成熟度评价模型及实证研究[J].中国矿业大学学报(社会科学版),2014,16(3):74-80.

[314] 陈丹,陈曲和,朱萌.产业集群内企业知识共享成熟度评价体系研究[J].情报理论与实践,2015,38(4):99-104.

[315] 王泽宇,崔正丹,韩增林,等.中国现代海洋产业体系成熟度时空格局演变[J].经济地理,2016,36(3):99-108.

[316] 沈体雁,邱亦雯,周麟.基于产业生命周期视角的制造业集聚经济研究[J].东南大学学报(哲学社会科学版),2016,18(5):79-90,147.

[317] 杨立国,刘沛林,李强,等.旅游小镇成熟度评价指标体系与实证研究:以首批湖湘风情文化旅游小镇为例[J].经济地理,2017,37(7):191-197.

[318] 阮平南,张国红,魏云凤,等.基于专利分析的技术创新网络协同成熟度测度研究[J].科技进步与对策,2017,34(18):95-100.

[319] 漆苏,刘立春.基于全球创新指数的中国创新能力现状及影响因素分析[J].科技进步与对策,2018,35(18):1-10.

[320] 张威,蔡齐祥.人工智能产业与管理若干问题的思考[J].科技管理研究,2018,38(15):145-154.

[321] 彭晖,王哲,康利.中美制造业成熟度比较研究[J].经济体制改革,2018(4):165-172.

[322] 崔强,武春友,匡海波.中国空港可持续发展能力评价研究[J].科研管理,2012,33(4):55-61.

[323] 耿秀丽,王婕.基于复杂网络和偏好顺序结构评估法的产品服务系统设计方案评价[J].计算机集成制造系统,2019,25(9):2324-2333.

[324] 王悦.纺织行业爆炸危险环境电气安全评价研究[D].天津:天津工业大学,2017.

[325] TIRI A, BELKHIRI L, MOUNI L. Evaluation of surface water quality for drinking purposes using fuzzy inference system[J]. Groundwater for Sustainable Development, 2018, 6:235-244.

[326] WEI Y Y, ZHANG J Y, WANG J. Research on building fire risk fast assessment method based on fuzzy comprehensive evaluation and SVM[J]. Procedia Engineering, 2018, 211:1141-1150.

[327] YANG W C, XU K, LIAN J J, et al. Multiple flood vulnerability assessment approach based on fuzzy comprehensive evaluation method and coordinated development degree model[J]. Journal of Environmental Management, 2018, 213:440-450.

[328] WU D, YAN H Y, SHANG M S, et al. Water eutrophication evaluation based on semi-supervised classification: a case study in three Gorges Reservoir[J]. Ecological Indicators, 2017, 81:362-372.

[329] 杨燕,闫明仁,牛明伟.纺织行业火灾风险评估研究[J].山东纺织经济,2012(9):38-40.

[330] ZHAO H R, GUO S, ZHAO H R. Comprehensive assessment for battery energy storage systems based on fuzzy-MCDM considering risk preferences[J]. Energy, 2019, 168:450-461.

[331] LIU D, WANG Q S, ZHANG Y, et al. A study on quality assessment of the surface EEG

signal based on fuzzy comprehensive evaluation method[J]. Computer Assisted Surgery, 2019,24(sup1):167-173.

[332] HU J, CHEN J, CHEN Z, et al. Risk assessment of seismic hazards in hydraulic fracturing areas based on fuzzy comprehensive evaluation and AHP method(FAHP):a case analysis of Shangluo area in Yibin City,Sichuan Province,China[J]. Journal of Petroleum Science and Engineering,2018,170: 797-812.

[333] NABAVI-PELESARAEI A, RAFIEE S, MOHTASEB S S, et al. Comprehensive model of energy, environmental impacts and economic in rice milling factories by coupling adaptive neuro-fuzzy inference system and life cycle assessment[J]. Journal of Cleaner Production, 2019, 217:742-756.

[334] 明娇,刘代勇.基于改进层次模糊评判的地区电网 AVC 系统告警信息分级模型 [J].电力系统保护与控制,2011,39(2):50-54.

[335] JAYAWICKRAMA H M, KULATUNGA A K,MATHAVAN S. Fuzzy AHP based plant Sustainability evaluation method[J]. Procedia Manufacturing, 2017, 8:571-578.

[336] ILBAHAR E, KARASAN A, CEBI S, et al. A novel approach to risk assessment for occupational health and safety using Pythagorean fuzzy AHP & fuzzy inference system [J]. Safety Science, 2018, 103:124-136.

[337] WANG G, WANG Y, LIU L, et al. Comprehensive assessment of microbial aggregation characteristics of activated sludge bioreactors using fuzzy clustering analysis [J]. Ecotoxicology and Environmental Safety, 2018, 162: 296-303.

[338] WANG T, YAN J J, MA J L, et al. A fuzzy comprehensive assessment and hierarchical management system for urban lake health: a case study on the lakes in Wuhan City, Hubei Province, China[J]. International Journal of Environmental Research and Public Health, 2018, 15(12): 2617.

[339] DOŽIĆ S,LUTOVAC T, KALIĆ M. Fuzzy AHP approach to passenger aircraft type selection [J]. Journal of Air Transport Management, 2018, 68:165-175.

[340] TAYLAN O, BAFAIL A O, ABDULAAL R, et al. Construction projects selection and risk assessment by fuzzy AHP and fuzzy TOPSIS methodologies [J]. Applied Soft Computing, 2014, 17: 105-116.

[341] FATTAHI R, KHALILZADEH M. Risk evaluation using a novel hybrid method based on FMEA, extended MULTIMOORA, and AHP methods under fuzzy environment[J]. Safety Science, 2018, 102: 290-300.

[342] LIAO H M, YANG X G, XU F G, et al. A fuzzy comprehensive method for the risk assessment of a landslide-dammed lake[J]. Environmental Earth Sciences, 2018, 77 (22):1-14.

[343] ZHANG J, CHEN X, SUN Q. An assessment model of safety production management based on fuzzy comprehensive evaluation method and behavior-based safety [J].

Mathematical Problems in Engineering,2019：1-11.

[344]　徐嫣,祁振强,刘国明,等.ISO9000 与 CMMI 在航天型号研制中的应用[J].航天工业管理, 2010(3):21-24.

[345]　龙勇,王炳杨.基于产业角度对联盟风险以及联盟治理机制的研究[J].软科学,2011,25(12):1-6.

[346]　吕建伟,刘中华,杨建军,等.大型海军舰船研制技术风险综合评估的一种结构化方法[J].系统工程理论与实践,2012,32(10):2339-2344.

[347]　曲麒富,王崑声,马宽,等.技术成熟与技术风险评估方法在我国的适用性研究[J].科学决策,2015(7):69-78.

[348]　张宇栋,吕淑然,刘芳茗.系统安全风险管控能力成熟度模型研究[J].中国安全科学学报,2017,27(12):56-61.

[349]　徐一帆,吕建伟,谢宗仁,等.计及技术风险的复杂系统多分辨率风险评估方法[J].国防科技大学学报,2018,40(5):161-170.

[350]　伍晓榕,张树有,裘乐淼,等.基于 IDEF 的分层递阶工艺成熟度建模技术及应用[J].计算机集成制造系统,2013,19(8):2007-2017.

[351]　王敏,张卓.基于成熟度模型的复杂产品系统创新能力评价[J].科技管理研究,2016,36(11):52-57.

[352]　邱家稳,刘庆华,张也弛.基于成熟度评价的航天器跨领域成熟产品集成管理模式[J].航天器工程,2017,26(5):90-98.

[353]　汪旭晖,张其林,杜航.在线顾客评论对产品销量的影响:品牌强度和产品成熟度的调节作用[J].管理工程学报,2018,32(3):9-18.

[354]　蒋丹鼎,周竞涛,赵颖,等.用于产品方案设计阶段的系统工程模型成熟度评估方法[J].机械科学与技术,2018,37(11):1776-1782.

[355]　周少鹏,马宽,刘瑜,等.航天制造成熟度方法及其应用研究[J].科技管理研究,2014,34(23):115-120.

[356]　马宽,王崑声.广义技术成熟度评价模型[J].系统工程理论与实践,2017,37(3):735-741.

[357]　朱永国,陶斌斌,宋利康,等.基于粗糙集和信息熵的技术成熟度关键技术要素识别方法[J].现代制造工程,2018(1):1-5.

[358]　朱凌子,王时龙,杨波,等.基于成熟度模型的航空产品并行协同研制模式[J].重庆大学学报,2018,41(10):19-29.

[359]　刘庆东,史妍妍,崔洋,等.航空发动机传动系统技术成熟度评价方法的应用[J].航空发动机,2019,45(1):92-96.

[360]　席芮.成熟度模型理论在我国电子文件长期保存领域的适用性研究[J].档案学研究,2014(5):76-80.

[361]　耿超,曲世友,林廷宇,等.复杂数字化工业体系成熟度评估技术研究[J].系统仿真学报,2018,30(6):2020-2026.

[362] 段尧清,刘宇明.泛在网络环境下的政府信息服务成熟度研究[J].情报科学,2018,36(7):36-39.

[363] 李君,邱君降,窦克勤,等.基于成熟度视角的工业互联网平台评价研究[J].科技管理研究,2019,39(2):43-47.

[364] 董有德,米筱筱.互联网成熟度、数字经济与中国对外直接投资:基于2009年—2016年面板数据的实证研究[J].上海经济研究,2019,31(3):65-74.

[365] 高新才,李阳.中国农村金融成熟度测量与研究[J].南京师大学报(社会科学版),2009(1):64-69,75.

[366] 朱航.中国保险市场成熟度指数研究[J].保险研究,2013(6):35-42.

[367] 董理,茅宁.公司成熟度、剩余负债能力与现金股利政策:基于财务柔性视角的实证研究[J].财经研究,2013,39(11):59-68.

[368] 贾立,汤敏,胡晶晶.中国农村金融成熟度的测量与实证研究[J].南京审计大学学报,2017,14(1):21-28.

[369] 姚宏亮,艾刘可,王浩,等.一种结构成熟度的时序自回归股市预测算法[J].合肥工业大学学报(自然科学版),2018,41(11):1484-1490.

[370] 冯秀珍,高晶莹,金悦平.基于证据理论的信息服务成熟度评价模型研究[J].情报科学,2011,29(4):548-551,595.

[371] 叶世绮,赵喆,王辉.基于CMM/CMMI的云计算能力评价研究[J].计算机应用研究,2012,29(1):107-111.

[372] 罗建强,王嘉琳.基于熵权TOPSIS的延迟策略成熟度评价[J].统计与决策,2016(19):170-173.

[373] 吴龙刚,曾相戈,高欣.基于资源和成熟度要素的工业体系能力评价模型[J].科研管理,2017,38(S1):666-671.

[374] 陈刚,江华丽.基于成熟度因子的流程成熟度模型及评价方法[J].统计与决策,2018,34(23):181-184.

[375] 陈全,温贺,陈波.HSE管理体系成熟度评价研究[J].中国安全生产科学技术,2012,8(2):123-128.

[376] 李浩,纪杨建,暴志刚,等.企业现代制造服务系统实施框架与方法学[J].计算机集成制造系统,2013,19(5):1134-1146.

[377] 王礼恒,屠海令,王崑声,等.产业成熟度评价方法研究与实践[J].中国工程科学,2016,18(4):9-17.

[378] 徐雨晴,徐照,王广斌,等.BIM成熟度模型研究综述[J].建筑经济,2108,39(12):115-120.

[379] 王丙亮.国际建筑工程企业合作关系成熟度评价与实证研究:以安哥拉凯兰巴新城社会住房项目为例[J].建筑经济,2018,39(12):59-63.

[380] 袁潮清,刘思峰.区域创新体系成熟度及其对创新投入产出效率的影响:基于我国31个省份的研究[J].中国软科学,2013(3):101-108.

[381] 马永红,王晓彤.基于熵权物元可拓的区域创新系统成熟度评价[J].统计与决策,2014(22):48-51.

[382] 段进军,吴胜男.苏州创新生态系统成熟度研究:基于上海、杭州、深圳等16城市的比较分析[J].苏州大学学报(哲学社会科学版),2017,38(6):96-107,200.

[383] 尹彦.区域协同创新能力成熟度评价[J].统计与决策,2017(4):62-66.

[384] 傅为忠,徐丽君.区域工业绿色发展成熟度动态评价:基于熵值修正G1法和距离协调度改进模型的实证分析[J].工业技术经济,2018,37(3):61-69.

[385] 刘波,孙剑平.基于胜任力成熟度模糊划分的个性化培训需求分析[J].华东经济管理,2011,25(7):100-102.

[386] 江林,胡志刚,杨柳.面向卓越工程人才培养的教学团队能力评估与持续改进方法[J].高等工程教育研究,2012(6):31-37.

[387] 国福丽,姜艳萍."90后"毕业生的人力资源管理策略:基于职业成熟度的SWOT分析[J].山西财经大学学报,2015,37(S2):49-51.

[388] 冯胜平,李一军.基于成熟度理论的集团企业人力资源管理质量等级评价理论和方法研究[J].运筹与管理,2016,25(2):133-137.

[389] 刘瑞明,雷光和,肖俊辉.人力资源能力成熟度评价模型构建[J].统计与决策,2018,34(21):179-182.

[390] 陈光宇,孙志平,郑万国,等.基于进化曲线的大科学工程可靠性数据管理模型与成熟度研究[J].科技管理研究,2013,33(24):227-232.

[391] 李伟绵,崔宇红.研究数据管理生命周期模型及在服务评估中的应用[J].情报理论与实践,2015,38(9):38-41.

[392] 谢刚,冯缨,李治文.大数据背景下客户信息质量管理成熟度模型[J].中国流通经济,2015,29(5):94-99.

[393] 叶兰.研究数据管理能力成熟度模型评析[J].图书情报知识,2015(2):115-123.

[394] 童楠楠,朝乐门.大数据时代下数据管理理念的变革:从结果派到过程派[J].情报理论与实践,2017,40(2):60-65.

[395] 吴隽,王兰义,李一军.第三方物流企业能力成熟度模型研究[J].中国软科学,2009(11):139-146.

[396] 肖久灵,汪建康.基于CMM的供应链管理成熟度架构研究[J].科技管理研究,2010,30(10):90-93.

[397] 钟昌宝,魏晓平,聂茂林.供应链物流能力成熟度测度的新方法[J].统计与决策,2010(13):25-28.

[398] 聂彤彤,韩作生.基于贝叶斯网络的应急物流能力成熟度模型及应用研究[J].技术与创新管理,2011,32(4):363-368,394.

[399] 王丹.企业物流管理成熟度评价体系的构建与应用[J].中国流通经济,2014,28(1):73-78.

[400] 黄喜,李建平.基于成熟度的科研项目管理评测及改进研究[J].科研管理,2010,31(4):139-145.

[401] 何成,白思俊.项目管理成熟度模型中关键过程域的优化方法研究[J].科技进步与对策,2010,27(20):25-27.

[402] 陈华雄,欧阳进良,毛建军.技术成熟度评价在国家科技计划项目管理中的应用探讨[J].科技管理研究,2012,32(16):191-195.

[403] 朱方伟,孙秀霞,杨筱恬.战略项目管理情境对项目权力配置的影响研究:基于战略权变视角[J].南开管理评论,2013,16(4):143-153.

[404] 丰景春,蔡萌.水利工程项目建设管理信息化成熟度研究综述[J].科技管理研究,2016,36(3):200-205.

[405] 邹灵浩,郭东明,高航,等.协同产品开发设计成熟度的模糊预测方法[J].计算机辅助设计与图形学学报,2010,22(5):791-796.

[406] 王道平,孙庆彬,张学龙,等.基于 TRIZ 理论的工业煤粉锅炉专利产品技术成熟度组合预测[J].煤炭学报,2011,36(7):1212-1216.

[407] 黄艳辉,刘震,陈婕,等.利用地震信息定量预测烃源岩热成熟度:以琼东南盆地乐东—陵水凹陷为例[J].石油地球物理勘探,2013,48(6):985-994.

[408] 张惠琴,邵云飞,张宇翔.基于专利分析的产品技术成熟度预测:以液晶显示技术为例[J].技术经济,2014,33(10):1-7.

[409] 栾春娟,程昉.技术的市场潜力测度与预测:基于技术颠覆潜力与技术成熟度综合指标[J].科学学研究,2016,34(12):1761-1768,1816.

[410] 陈明亮,马庆国,田来.电子政务客户服务成熟度与公民信任的关系研究[J].管理世界,2009(2):58-66,187-188.

[411] 杨永发,王金香.借鉴软件能力成熟度模型对财政信息化实施能力成熟度模型的研究[J].经济问题探索,2011(3):83-88.

[412] 田军,邹沁,汪应洛.政府应急管理能力成熟度评估研究[J].管理科学学报,2014,17(11):97-108.

[413] 张宇杰,安小米,张国庆.政府大数据治理的成熟度评测指标体系构建[J].情报资料工作,2018(1):28-32.

[414] 刘荣莉.政府审计数字化管理系统能力成熟度评估与改进探析[J].财会通讯,2019(7):105-110.

[415] 张鹏,党延忠.企业知识管理成熟度模型研究[J].科学学与科学技术管理,2010,31(8):102-106.

[416] 尤霞光.知识管理成熟度模型比较分析[J].情报科学,2011,29(3):338-341.

[417] 汪建康,肖久灵,彭纪生.企业知识管理成熟度模型比较研究[J].情报杂志,2011,30(10):112-117.

[418] 肖久灵,汪建康.企业知识管理成熟度模型比较与借鉴[J].图书情报工作,2012,56(16):102-107.

[419] 高艳,吴宇军.创新型企业知识管理成熟度模型研究[J].中国科技论坛,2012(4):72-77.

[420] 战德臣,程臻,赵曦滨,等.制造服务及其成熟度模型[J].计算机集成制造系统,2012,18(7):1584-1594.

［421］ 张慧,程文渊,邢晨光,等.俄罗斯武器装备科技评价方法与模型研究［J］.科研管理,2015,36(S1):396-400.

［422］ 聂小云,何凤兰,李晔.基于TRL的海洋能装备技术成熟度等级划分及评估研究［J］.可再生能源,2018,36(11):1731-1738.

［423］ 淡晶晶,莫磊,徐隆波,等.大科学工程高精密光学元器件研制的技术成熟度评价实证研究［J］.科技管理研究,2018,38(24):196-201.

［424］ 李亮,宋敬华,郭齐胜.基于马尔可夫链的装备技术成熟度评估方法［J］.火力与指挥控制,2019,44(2):108-113,118.

［425］ PAULK M,CURTIS C,CHRISSIS M,et al. Pennsylvania:Capability maturity model for software ［R］. Pennsylvania:Carnegie Mellon University,Software Engineering Institute,1993.

［426］ 郭荣中,杨敏华,申海建.基于组合赋权法的长沙市耕地生态安全时空测度与演化［J］.应用基础与工程科学学报,2018,26(1):35-46.

［427］ 朱茵,孟志勇,阚叔愚.用层次分析法计算权重［J］.北方交通大学学报,1999,23(5):119-122.

［428］ 李娟娟.矿井提升机制动系统性能退化评估与故障诊断方法研究［D］.北京:中国矿业大学,2019.

［429］ 刘天寿,匡海波,刘家国,等.区间数熵权TOPSIS的港口安全管理成熟度评价［J］.哈尔滨工程大学学报,2019,40(5):1024-1030.

［430］ GLASER B G, STRAUSS A L. The discovery of grounded theory:strategies for qualitative research［M］. New York:Transaction Publishers,2017.

［431］ 王春芝,高强,GEBAUER H. 基于扎根理论的服务备件跨境物流协同系统研究［J］.管理评论,2015,27(2):178-186,208.

［432］ 王铁骊,方修园,LI L R.基于DEMATEL/ISM方法的平台企业组织即兴能力影响因素研究［J］.南华大学学报(社会科学版),2016,17(5):66-73.

［433］ 姚延波,张丹,何蕾.旅游企业诚信概念及其结构维度:基于扎根理论的探索性研究［J］.南开管理评论,2014,17(1):113-122.

［434］ 吴静,杜亚灵,柯洪,等.互联网思维下全过程造价咨询业务对客户满意度的影响机理研究［J］.科技管理研究,2016,36(18):206-212.

［435］ 沈世顺.世界自由贸易港和自由贸易区［J］.国际问题研究,1984(3):50-61.

［436］ 李晓乐.基于战略管理思维的武汉新港管理体制研究［D］.武汉:武汉理工大学,2012.

［437］ 陈斌.地主港模式在中国的发展探析［J］.中国水运,2006(3):30-31.